중국부역자들

중국여인

서명수

서고

서문

★ 부역(附逆)이라니, 나라를 팔아먹는 반역(反逆)이나 매국(賣國), 혹은 적과 내통해서 적을 이롭게 하는 이적(利敵)과 다름없는 부역행위라는 지적을 절대로 받아들이지 않는 그들의 반응은 충분히 예상했다.

지금껏 우리 사회가 비난해오던 친일이 아닌 '중국부역'이라는 낯설고 날선 용어는 불편할 것이다. '간첩'과 '스파이'와 '부역자'는 국가보안법상 반국가단체인 북한 뿐 아니라 중국이나 일본, 미국 등 타국을 위해 일하는 모든 행위자를 통칭한다. 일반 국민들과는 관계없는 이야기겠지만 국익을 좌우하는 정책을 결정하는 고위관료나 외교관, 정치인들이 중국을 옹호함으로써 국익을 해치면서도 상대가 중국이라는 이유로 문제 삼지 않는 경우가 수없이 많았다. 이런 불의와 부정을 알면서 모르는 척 무시하고 부화뇌동하는 것 또한 부역이라고 생각한다.

상대방의 지시를 받아 '적극적' 이적·간첩행위를 하지 않았더라도, 대가를 받지 않았다고 하더라도 동조하는 행위도 부역이다. 한·

중 관계는 구한말부터 롤러코스트를 타고 흐르다가 마침내 우리의 북방외교와 중국의 개혁개방정책이 맞물리면서 1992년 공식수교하기에 이르렀다. 냉전시대에 얼어붙었던 양국관계는 봄눈 녹듯 풀렸고 양국은 경제파트너이자 상호보완재로서 존중하는 사이로 성장을 거듭했다. 중국은 한국의 제1 무역국으로 자리 잡았고 한국도 중국 경제의 주요파트너로 자리매김하기에 이르렀다.

　한·중관계는 '한·미동맹'과 '북·중혈맹'이라는 인계철선과 같은 역사적·정치적·지정학적 관계와 운명적으로 결부돼있다. 북한의 존재는 한·중 모두에게 문제가 되지 않았다. 수교초기 양국관계 역시 순풍에 돛을 단 듯 순항했다. 장쩌민 시대 수교부터 끈끈해진 양국의 우호협력관계는 후진타오 시대에 이르기까지 20여 년간 발전을 거듭했다. 노태우에서 김영삼, 김대중, 노무현, 이명박, 박근혜 등 한국에서 정부가 5번 교체되는 동안 양국관계는 북한변수에도 불구하고 경제와 문화, 인적교류 등의 분야에서 기본 틀에 변화가 없었다.

양국관계의 균열은 중국의 급속한 성장과 이를 미국에 대한 위협으로 간주하기 시작한 신냉전이 본격화된 시기와 궤를 같이 한다. 보수색의 박근혜 정부도 한중관계를 중시하면서 미·중 사이 균형외교를 추진했다. 그 결과 중국 전승절 50주년 기념행사에 서방국가 최고지도자로는 유일하게 참석하기도 했다.

푸틴 러시아 대통령과 함께 톈안먼(天安門) 시진핑(习近平) 주석 옆에 선 박 전 대통령은 낯설었지만 한층 가까워진 한중관계를 증명했다.

그뿐이었다. 북한의 추가 핵실험과 장거리미사일 발사 등 군사적 위협이 '금도'를 넘어서자 정부는 전격적으로 '사드'(THAAD, 고고도 미사일방어체계) 배치를 발표했다. 중국은 성주에 배치된 사드에 대한 직접 공격가능성 등 군사적 협박은 물론 중국에 진출한 롯데 등 한국 대기업에 대한 직접 제재 등 교역·비교역적 분야를 망라한 무차별적 보복조치에 나섰다. 외교적으로 양국관계는 파국직전까지 간 셈이다.

우호적이던 국내 대중(對中)정서도 변했다. 무례를 넘어 안하무인으로 한국을 압박하는 중국을 친근한 이웃으로 보는 국민은 사라졌다. 동북공정과 한복과 김치공정 등 문화·역사왜곡 논란을 통해 형성된 '혐중'(嫌中), 반중정서는 사드사태로 격화됐다.

문재인 정부 들어 한·중관계는 정상화된 듯이 보였다.

한·중관계의 기조가 근본적으로 달라졌음에도 우리는 알아차리지 못했다. 한국 대통령이 중국에서 '소국'이라고 자기비하하면서 중국을 '대국'으로 치켜세우는 부끄러운 장면도 봤다. 장관급 중국 외교부장이 대통령의 팔을 치는 등 외교적 결례를 일상화하는데도 당국은 공식·비공식 항의도 하지 않고 '(그와)친한 사이'라는 변명으로 일관했다.

국격이 바닥으로 추락해도 청와대는 시진핑 주석 방한에 목을 맸다. 북한을 방문한 시 주석은 코로나19 바이러스 사태 와중에 미얀마까지 방문했지만 문재인 정부들어 한국은 단 한 차례도 방문하지 않았다. 2014년 방한한 이후 아직까지 그는 한국방문계획이 없다.

문재인 정부는 중국의 '대국'외교에 대해 항의하거나 '반중'(反中)

을 입에도 꺼내지 않고 눈치만 봤다. 태생적으로 '친중'이 '진영본색'이었다. '친중'성향이 어디에서 유래된 것인지 하나하나 따져보고 싶었다. 문 전 대통령은 '친중' 의식화교육을 받은 듯 '반일'을 입에 달면서도 중국에게는 구애(求愛)만 했다. 중국의 사드보복조치를 완화시키면서 양국관계를 정상화하는 일이 취임 초기 급선무라고는 해도 중국의 과도한 대응에 대해서는 단호해야 했다. 무엇보다 우리 주권을 포기한 사드 '3불1한' 합의는 한 용서받지 못할 '부역'이었다.

△사드포대를 추가배치하지 않고 △이미 배치된 사드부대의 운용도 제한하고 △미국의 MD에도 참여하지 않고 △한·미·일 군사동맹을 맺지 않는다는 중국의 요구를 받아주는 등 주권국가로서 안보주권을 포기하지 않고는 할 수 없는 비밀합의는 국민들을 기만한 이적행위였다.

그들이 주장해 온 균형외교의 실체가 그것이었다. 친중학자, '중국통'을 자처해 온 진보적 소장학자와 자주파 외교관들이 포진한 진보진영의 중국시각은 편협했다. 일방적 짝사랑이었다. 문 정부의 최고 외교책사인 문정인 특보는 '미국박사'였지만 중국에 경도돼있었다.

강경화 외교부장관과 외교안보분야 장·차관들의 성향은 따져볼 필요도 없다. '미국의 시각에서 중국을 보라'가 아니라 '한국 시각에서 중국을 보라'가 우리 외교의 기본인데 그들은 중국 시각에서 중국과 미국, 한국을 보는 듯 했다.

친중(親中)을 넘어 종중(從中)이 일상화된 그들의 뿌리는 거대하고 오래된 듯 보였지만 실체는 공허했다. 김용옥 교수 같은 '관심종자'가 공공연하게 '시진핑 찬가'를 출간하는 등 국민들에게 잘못된 중국관(中國觀)을 유포하고 있었다. '노태우 용비어천가'를 부르던 김 교수는 노 전 대통령에게 환대받지 못한 채 아예 무시당하자 곧바로 비난한 부끄러운 이력도 있었다.

따져보니 그 뿌리는 별 것이 아니었다. 운동권 의식화의 대부로 추앙받고 있는 고 리영희 선생이었다. 그의 〈전환시대의 논리〉와 〈우상과 이성〉, 그리고 〈8억 인과의 대화〉가 미친 영향은 어마어마했다. 중국 문화대혁명에 대한 오해를 통해 중국문화와 신중국, 마오쩌둥 주석 등 신중국의 지도자들 그리고 중국의 미래에 대한 낙관과 믿음을 우리 사회에 한껏 심었다.

그가 틀렸다.

제대로 중국을 보지 않고 보려는 노력도 하지 않았다. 단 한 번도 대륙중국에 직접 가서 중국을 보지 않았다. '리영희 중국'은 상상 속, '뇌피셜'에 존재하는 세계였다. 문화대혁명이 마오 주석 사망으로 10년 만에 막을 내리자 그는 절절하게 안타까워했다. 마오사망 후 실권을 장악한 '덩샤오핑'(邓小平)이 '개혁개방'을 통해 '원빠오'(溫飽 배고픔과 주거를 해결)를 향해 달려가자 리 교수는 '마오쩌둥을 버리고 자본주의의 길로 달려 간다'며 맹비난했다. 덩샤오핑 이후의 중국은 아예 외면한 것이 리영희 중국의 실체다.

그는 태생적으로 '마오이스트'(공산주의자)였다. 그의 사상적 실체를 밝힐 필요는 없다. '중국부역자'들을 양산한 원천이었지만 자신이 구축한 '우상의 왕국'을 파괴하려고 하지도 않았다.

〈당산시민을 위한 애도사〉란 칼럼은 리영희의 심경을 드러냈다. 그는 자신의 지적 실수와 종중(從中)의식이 허위로 만들어낸 '중국부역자들의 세상'에 대해 단 한 번도 진정성있게 사과하거나 오류를 인정한 적이 없다. '아류(亞流)리영희'라고 할 수 있는 〈짱깨주의의 탄생〉이 나타났고 동양철학자 김용옥노 시진핑 찬양대열에 줄을 섰다.

이 책은 누군가를 비난하고 저격하기 위한 것이 아니다. 현재의 우리 상황, 부역행위인지 인지하지 못하는 사이 서슴없이 저지르는 수많은 부역행위를 지적하고자 한다. 그들을 실명 거론한 것은 그들이 자신들의 행위를 부끄럽게 생각하지 않고 있기 때문이기도 하고 자기방어와 해명하고 대응할 기회를 주기 위해서다.

　중국의 세계 공략 전략이 전방위로 구현되고 있다. 이 책 말미에 적시한 초한전(超限戰)이 그것이다. 초한전은 손자병법 등에 적시된 병법(兵法)이나 전략이 아니다. 지금 이 시점에 한반도에서 은밀하게 전개되고 있는 중국의 상상을 초월하는 전쟁이다.

차례

서문　　　　　　　　005

프롤로그　　　　친중 우호인사 100명　016
　　　　　　　　자스민 혁명(茉莉花革命)　020
　　　　　　　　조선책략　026

1장　　　　　　 짱깨주의의 탄생　037
문재인의　　　　문재인은 왜..　039
착각　　　　　　박근혜의 중국 패착　046
　　　　　　　　자금성의 황금자켓　053
　　　　　　　　사드 배치 막전막후　056
　　　　　　　　노영민의 만절필동　059
　　　　　　　　문재인 국빈방중(訪中)　069
　　　　　　　　베이징대 강연　076
　　　　　　　　중국 대국론　079
　　　　　　　　제19차 당 대회　084
　　　　　　　　삼불일한(3不1限)　089
　　　　　　　　삼불일한이 무엇인가　098
　　　　　　　　최종건의 착각　102

2장

짱깨주의라는 괴물

느닷없이 등장한 '짱깨주의' **109**
사드배치는 중국겨냥? **114**
악마화한 중국인 **122**
코로나19사태 **126**
무시당한 짱깨주의 **136**
김희교의 시진핑 찬가 **140**
공자학당 **145**
국뽕영화에 대한 오해 **151**
한중수교가 변곡점이라는 주장 **158**

3장

리영희의 明暗

문재인과 리영희 **167**
탕산(唐山)대지진 **171**
우상파괴자, 우상이 되다 **183**
리영희의 역설 **188**
중국몽(中國夢)의 역설 **191**
전환시대의 논리 **195**
마오이스트 **197**
리영희 교수의 오류 **202**
사과 없는 반성 **206**
전환시대의 논리 속으로 **209**
리영희의 거듭된 고백 **214**
새는 좌우로 난다 **217**

4장

**김용옥의
시진핑(习近平)
찬가**

도올의 중국편린 223
김용옥의 중국 228
시진핑찬가 234
허구적 논리 241
김용옥의 좌충우돌 247
노태우 찬양 250
친중사대는 현재진행형 257
촛불집회 263
세월호 참여 271

5장

**초한전
(超限战)**

초한전이란 279
전사 저우위보(周玉波) 284
저우위보의 스파이소송 288
상하이스캔들 292
저우위보 소송 298
그녀의 행적과 업적 301
중국의 언론사 위장사이트 307
위장사이트는 계속 발견된다 316
초한전 : 조선족 출신 시의원 319
초한전 : 국회의원까지 노린다 325
중국공산당 중앙당교와 민주당 민주연구원 329
초한전 : 한중의원연맹결성 335
중국통 국회의원 341
한동훈이 쏘아올린 중국인 투표권문제 347
샤오펀훙과 우마오당 351
차하얼학회 360

덧붙이는 말 374

프롤로그

친중 우호인사 100명

★   2019년 12월 5일 왕이(王毅) 국무위원 겸 외교부장이 4년여 만에 한국을 방문했다. 사드배치에 대한 중국의 보복조치 등 한·중간의 갈등으로 공식 외교창구마저 불통된 지 아주 오랜만에 중국 외교수장이 직접 찾아온 것이다.

왕 부장은 이날 오후 3시 청와대를 방문, 문재인 당시 대통령을 예방했다. 이미 2017년 양국간 '삼불일한'합의로 사드배치 관련 갈등을 봉합한 바 있기에 왕 부장의 갑작스러운 방한 목적에 시선이 집중됐다.

문 전 대통령이 "올해가 신중국 건설 70주년과 대한민국 임시정부 수립 100주년으로 한중간 외교 국방 교류가 잘 이뤄지고 있다"고 인사말을 건네자 왕 부장은 "제가 이번에 방한한 것은 한국 측 동료들과 전략적 소통을 위해서"라고 답했다.

그러면서 "현재 국제정세는 일방주의와 강권정치의 위협을 받고 있다. 한중 양국은 이웃으로서 제때 대화와 협력을 강화해 다자주의와 자유무역을 수호하고 기본적인 국제규칙을 잘 준수해야 한다"고 덧붙였다. 이는 다분히 갈등관계에 있는 미국을 비난하면서 한국이 미국의 대중압박에 동참하지 말 것을 압박한 것으로 해석됐다.

왕 부장이 급하게 방한한 이유는 바이든 행정부가 추진하고 있던 미국의 대중압박에 한국정부가 동참하지 않도록 압박하려던 것 외에는 달리 찾을 수 없었다.

왕이 부장의 방한에 더 큰 이목이 쏠린 것은 그가 한국에 도착하자마자 소집한 환영오찬 때문이었다.

주한중국대사관은 한국의 이수성 전 국무총리 등 전·현직 고위관료와 국회의원은 물론 기업인과 언론인 등 자신들이 선정한 친중 '우호인사' 100여명에게 왕이 부장의 방한에 맞춰 오찬을 갖겠다며 급하게 참석을 요청했다. 왕 부장의 방한 일정은 오래 전 미리 잡힌 게 아니었기에 일부 인사에게는 오찬 하루 전 통보하듯이 참석을 요청했다는 것이다.

말이 초청이지 사실상 오찬 통보를 받은 친중 우호인사들도 주한중국대사관의 초청장을 받아들고서는 당혹감을 감추지 못한 경우가 적잖았다.

당시 조선일보도 '한 전직 외교부 차관은 (중국의) 일개 장관이 방한을 코앞에 두고 한국 오피니언 리더들에게 '내가 서울에 가니 점심시간을 비우라'는 식으로 통보한 것은 한국을 무시한 처사라고 했다.'고 보도한 바 있다.

실제로 주한 중국 대사관은 100여명의 한국 정·관·재계·언론계 주요 인사들에게 "5일 오후 12시 왕이 부장이 서울 신라호텔에서 친선 오찬회를 마련하고 우호 인사 100명을 초청한다"며 초청 같지도 않은 초청장을 급하게 보낸 것으로 알려졌다. 주한 중국대사관의 이 같은 처사는 특히 중국에서 사업을 하고 있는 대기업에 엄청난 부담으로 작용한 일방적인 통보였을 것이다.

 이와 관련, 국내언론들이 외교적 결례라는 지적을 하자 뒤늦게 중국대사관측은 왕이부장 방한일정이 촉박하게 진행되면서 대사관 실무진이 오찬행사를 준비하는 과정에서 빚어진 해프닝이라는 해명을 내놓았다.

 중국 측의 이와 같은 무례한 외교결례는 이명박 정부시절인 2010년에도 있었다.

 당시 다이빙궈(戴秉國) 외교담당 국무위원이 방한하면서 빚어진 사태와 다를 바 없었다.

 다이빙궈 국무위원은 2010년 11월 연평도 포격 직후 1박 2일 일정으로 방한했는데 당시는 한·미의 서해 연합훈련을 하루 앞둔 날이었다. 중국 측은 11월 27일 오후 3시 "한국에 갈 테니 서울공항을 비워달라"고 통보하고는 15분 뒤 무작정 중국 공항을 이륙했다.

서울공항에 도착한 직후에는 곧바로 이명박 당시 대통령과의 면담을 무례하게 요구해서 다음 날 이 전 대통령을 청와대에서 만났다.

왕이 부장이 소집(?)한 신라호텔 환영오찬행사에는 100명을 초청했지만 한국측 친중우호인사는 60여명이 참석했다.

최고위급으로는 이수성 전 총리가 환영 축사에 나섰고 윤병세 전 외교부장관을 비롯. 김한규 21세기한중우호협회장, 송영길 당시 더불어 민주당 동북아평화협력특별위원장, 박상철 경기대부총장, 김동엽 경남대 교수, 고 김원웅 광복회장, 고유환 동국대 교수 등이 참석했다.

모두 한·중우호 협력에 앞장서 온 '친중'이라는 꼬리표를 단 인사들이었다.

자스민 혁명(茉莉花革命)

★   2010년 튀니지에서 시작된 '자스민 혁명'은 중국으로 확산됐다. 중국에서 아랍세계를 휩쓴 자스민 혁명 열풍이 알려지자 웨이보 등의 SNS를 통해 중국에서도 자스민혁명을 촉구하는 글이 확산되기 시작했다

웨이보에서는 중국 최초의 자스민시위 거사 날자와 장소가 속속 올라왔다.

1989년 6. 4. 톈안먼(天安門)사태이후 22년 만에 일어난 첫 민주화 시위였지만 유혈사태는 일어나지 않았다. 공안당국의 사전 봉쇄로 시위가 전개되지 않은 탓이었다.

이날 오후 2시 베이징 왕푸징 거리 맥도날드 매장 앞에서 일단의 사람들이 모였지만 중국공안의 대대적인 검문과 차단으로 중국의 자스민 시위는 단 1회로 끝났다.

SNS상에서 나돈 시위구호는 다음과 같다.

'我们要食物、我们要工作、我们要住房!
우리는 음식을 원하고, 일을 원하고, 집을 원합니다!

我们要公平、我们要正义!
우리는 공평(공정)과 정의를 요구합니다!
启动政治改革、结束一党專政!(停止一党專政)
정치 개혁을 주도하고 일당 독재를 끝내라! (일당독재를 멈춰라)
开放报禁、新闻自由!
보도금지조치를 해제하고 언론자유를 보장하라!
自由万岁、民主万岁!
자유 만세, 민주 만세!'

2011년 2월 20일이었다.

아랍에서 중국으로 불어온 자스민 향기는 중국을 긴장시켰다. 중국의 첫 모리화혁명 시위장소로 공지된 베이징 왕푸징 거리 맥도날드 매장 앞은 시위예정시각이 다가오면서 긴장감이 감돌았다. 시위를 원천차단하기위해 공안들(경찰)이 겹겹이 둘러선 탓에 시위는 불발됐다. 대신 중국의 첫 자스민 시위를 지켜보기 위해 몰려든 베이징 특파원 등 서방언론의 취재열기만 뜨거웠다. 웨이보 상에서 베이징과 상하이 광저우 등 중국내 13개 대도시에서 동시에 시위를 벌이자는 내용이 고지됐다. 자스민 혁명은 중국어로는 '모리화(茉莉花)

혁명'이라고 불렀다.

　홍콩에서 발행되는 '명보'(明報)는 베이징을 비롯한 주요 도시에서 중국판 자스민 시위에 호응한 사람은 매우 적었지만 베이징과 상하이 등에서 일부 인사들이 사전에 체포됐다고 보도했다.

맥도날드 매장 앞에 나타난 존 헌츠먼 주중미국대사에게 한 중국인이 "중국이 혼란에 빠지기를 원하는가?" 묻는 장면, #웨이보

베이징의 집회 예정지인 왕푸징 맥도날드 부근에는 '이날 낮 2시 백 여명의 군중이 모였으나 구호를 외친 사람은 없었고 한 청년이 준비해 온 '모리화'를 땅에 내려놓는 순간 경찰에 연행됐으며 경찰들이 즉각 군중들을 해산시켰다고 신문은 전했다.

또한 왕푸징 거리와 인접한 톈안먼(天安門) 광장 주변에도 삼엄한 경비가 펼쳐지면서 공안이 광장으로 진입하는 사람들의 가방까지 일일이 검색하는 장면이 목격되기도 했다.

이날 시위 현장에는 당시 주중미국대사 존 헌츠먼(Jon Huntsman Jr.)이 맥도널드 매장앞에 나타나 중국당국을 긴장시키기도 했다. 주중미국대사가 자스민 시위현장에 나타난 것은 중국당국으로서도 민감하게 받아들일 수 있는 사안이었다.

이날 시위 현장에는 한국특파원 중에서도 한 언론사 기자와 카메라 기자의 모습이 보였다. 그러나 한국언론은 베이징의 자스민 시위 현장을 직접 촬영한 화면을 보도하지 못한 것으로 전해졌다.

그 뒤에 후문으로 알려진 사실은 해당 언론사 기자가 왕푸징 거리의 상황을 촬영한 장면을 한국으로 보내려고 사무실에 도착하자, 외국특파원들을 관리하는 외교부 외사판공실에서 긴급 호출을 했다고 한다. 즉시 중국 외교부 '외사판공실'로 들어오라는 호출을 했다.

 특파원들이 중국 당국의 지시에 따르지 않을 경우, 최악의 경우 즉시 추방되거나 중국에서의 취재활동에 여러 가지 불편함과 불이익을 당할 수 있다는 것을 알고 있던 기자는 촬영한 화면을 편집하다 말고 즉시 외사판공실로 달려갔고 결국 무슨 이유에서 인지 그날 촬영한 왕푸징 시위현장의 그림을 편집하지 않았고 한국으로 송출하지 않았다는 이야기가 전해졌다.

 언론통제가 일상화된 중국에선 중국당국이 허가하지 않은 뉴스는 노출되지 않는다.

 자스민 시위 10년 후인 2022년 코로나19바이러스 사태가 막바지에 이르던 11월 중국 방역당국의 '제로 코로나' 방역에 항의하는 상하이 시민들의 시위현장을 취재하던 영국 BBC방송 기자가 현지 공안에 붙잡혀 몇 시간 동안 구타당하다 풀려났다.

 BBC는 대변인 성명에서 "BBC 소속 에드 로런스 기자가 중국 상하이에서 취재 도중 수갑에 채워진 채 연행됐다"며 "로런스 기자에 대한 대우가 극히 우려스럽다"고 밝혔다. BBC는 "석방될 때까지 몇 시간 동안 붙잡혀 있었으며 그동안 공안이 로런스 기자를 손발로 구타했다"고 덧붙였다.

  2011년 베이징 왕푸징 자스민 시위 때는 현장에서 체포하거나 구금한 것도 아니었지만 한국기자의 화면송출을 막은 외사판공실의 수단이 무엇이었는지 궁금하다.
  베이징 당국의 언론 통제는 시진핑 집권 2기를 넘어서면서 더욱 강화되고 있다는 것을 반증하는 셈이다. 2011년 자스민 시위 당시는 후진타오 집권 말이었다. 같은 해 11월 15일 시진핑은 중국공산당 총서기에 취임했고 다음 해 3월 국가주석에 올라 중국공산당과 국무원 등 권력을 모두 장악했다.

조선책략

★ "…조선의 땅은 실로 아시아의 요충에 자리 잡고 있어서 형세가 반드시 싸우는 곳이 되니, 조선이 위태로우면 즉 동아시아의 형세가 날로 급해질 것이다. 러시아가 땅을 공략하고자 하면 반드시 조선으로부터 시작할 것이다. 아! 러시아가 범과 이리 같은 진나라처럼 정벌에 힘을 쓴 지 300여 년, 처음에는 유럽에 있었고, 다음에는 중앙아시아였고, 오늘날에는 다시 동아시아에 있어서 조선이 그 피해를 입게 될 것이다. 그러므로 오늘날 조선의 책략은 러시아를 막는 일보다 더 급한 것이 없을 것이다. 러시아를 막는 책략은 무엇인가. 중국과 친하고(親中國) 일본과 맺고(結日本), 미국과 연결(聯美國)함으로써 자강을 도모할 따름이다."

중국과 친하다는 것은 무엇을 말하는가. 동·서·북쪽이 모두 러시아와 경계가 잇닿아 있는 것은 중국뿐이다. 중국은 땅이 크고 물자가 풍부하며, 그 형세가 아시아주를 차지하고 있다. 그런 까닭으로 천하에 러시아를 제어할 나라로는 중국만한 나라가 없다고 생각하고 있다. 중국이 사랑하는 나라로는 또한 조선만한 나라가 없다.

조선이 우리 번속(藩屬)이 된 지 이미 1000년이 지났다. 중국은 덕으로써 편안히 지내게 하고 은혜로써 품어줄 뿐, 한 번도 그 토지와 인민을 탐내는 마음을 가진 적이 없었음은 천하가 함께 믿는 바이다. 하물며 우리 대청(大淸)은 동쪽 땅에서 제국을 일으켜, 먼저 조선을 평정하고 후에 명나라를 정벌해서 200여 년 동안 덕으로 소국을 아꼈고 조선은 예로써 대국을 섬겨 왔다.

강희(康熙), 건륭(乾隆) 시대에는 무슨 일이든지 서로 묻지 않은 것이 없어서 내지(內地)의 군현과 다름이 없었다. 이는 문자가 같고, 정교(政敎)가 같고, 정의(情誼)가 친목할 뿐만 아니라, 또한 형세가 서로 접하여 북경을 껴안아 호위하는 것이 마치 왼팔과 같다. 기쁨과 슬픔을 함께하고, 환란을 함께하였다. 저 베트남과의 소원한 관계나 미얀마처럼 저 멀리 떨어져 있는 것과 본래 몹시 차이가 있었다. 지난번 조선에서 일이 있을 때에는 중국은 어김없이 천하의 양식을 다 써버리고 천하의 힘을 다하여 싸웠다. 서양의 통례에 따르면, 양국이 전쟁할 때면 국외의 나라는 그 사이에서 중립을 지키고 한편을 도와줄 수 없으나 다만 속국은 곧 예외이다.

오늘날 조선은 중국 섬기기를 마땅히 예전보다 더욱 힘써서 천하의 사람들로 하여금 조선과 우리는 한 집안 같음을 알도록 해야 할 것이다. 대의가 밝혀지고 응원이 자연히 왕성해지면 러시아 사람은 그(조선의) 형세가 고립되지 않았음을 알고 조금은 돌아보고 꺼림이 있을 것이다. 일본 사람은 그 힘이 대적할 수 없음을 헤아리고 가히 더불어 연결하여 화친하고자 할 것이다. 그렇게 되면, 기필코 외국의 혼란은 슬며시 없어지고 나라의 근본은 더욱 견고해질 것이다. 이런 까닭으로 중국과 친하여야 한다는 것이다.

일본과 맺어야 한다는 것은 무엇을 말함인가. 중국 이외에 가장 가까운 나라는 일본뿐이다. 옛날 선왕이 사신을 보내어 통교(通交)한 나라는 맹부(盟府))에 실려 있고, 그들은 대대로 맡은 일에 충실하였다. 근래에 이르러서는 즉, 북으로 승냥이와 호랑이가 어깨와 등을 걸쳐 타고 있어 만일 일본이 혹 땅을 잃으면 조선 8도가 능히 스스로 보전할 수가 없을 것이다. 조선에 한번 변고가 생기면 규슈(九州), 시코쿠(四國) 또한 일본이 차지할 수 없게 될 것이다. 고로 일본과 조선은 실로 보거상의(輔車相依)의 형세에 놓여 있다. 한(韓), 조(趙), 위(魏)가 합종(合縱)하자 진이 감히 동쪽으로 내려오지 못하고, 오(吳)와 촉(蜀)이 서로 결합하자 위(魏)가 감히 남쪽으로 침략해 오지 못하였다. 저들이 강대한 이웃 나라의 핍박으로 순치(脣齒)의 교분을 맺고자 하니, 조선으로서는 작은 거리낌을 버리고 큰 계책을 도모하여, 옛날의 우호를 닦고 외부의 지원과 결합하여야 할 것이다. 그리하여 훗날 양국의 윤선과 철선이 일본의 바다 위에 종횡으로 누비게 되면 외국의 업신여김은 절로 들어올 길이 없어질 것이다. 이런 까닭으로 일본과 맺어야 하는 것이다.

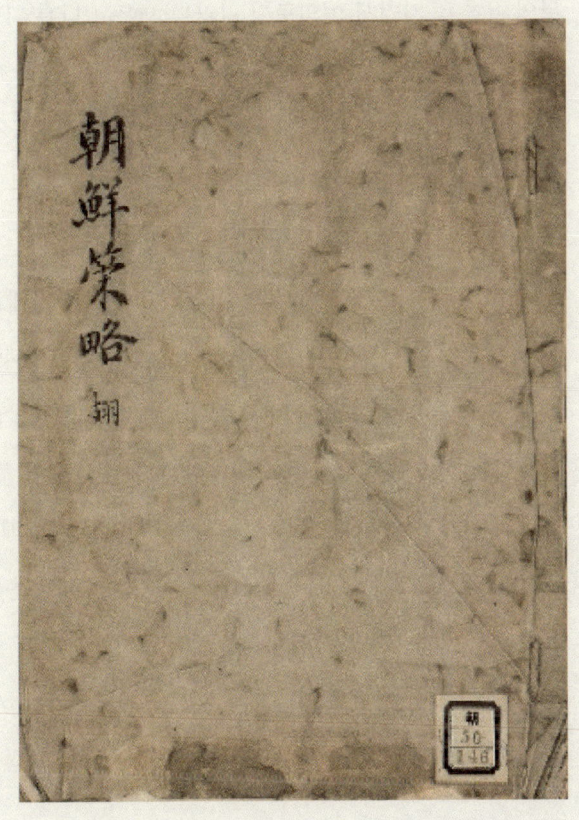

미국과 연결해야 한다는 것은 무엇을 말하는가. 조선의 동해에서 가면 아메리카가 있는데, 즉 합중국이 도읍한 곳이다. 원래 영국의 속국이었는데 100년 전에 워싱턴이란 자가 유럽인의 학정을 받기를 원하지 않고 떨쳐 일어나 자립하여 한 나라로 독립하였다. 그 뒤 선왕의 유훈을 지켜서 예의로써 나라를 세우고 다른 나라의 토지와 인민을 탐내지 않고, 굳이 다른 나라의 정사에 간여하지 않았다. 중국과 조약을 맺은 지도 10여 년이 되었는데, 그동안 조그마한 분쟁도 없는 나라이다. 일본과의 왕래에 있어서는 통상을 권유하고, 군사 훈련을 권유하고, 조약을 고치도록 도와주었으니, 이는 천하만국이 모두 알고 있는 것이다. 대개 민주국이란 공화를 정체로 하기 때문에 남이 독점하는 것을 이롭게 여기지 않는다. 미국이 나라를 세운 초기에 영국 정부의 혹독한 학정으로 말미암아 떨쳐 일어났으므로 항상 아시아와 친하고 유럽과는 소원하나 인종은 사실 유럽과 같다.

그 나라가 강성하여 항상 유럽의 여러 대국과 함께 동, 서양 사이로 내달리므로 항상 약소한 자를 도와주고 공정한 논의를 유지하여, 유럽 사람으로 하여금 나쁜 짓을 함부로 할 수 없게 하였다. 나라의 형세가 대동양(大東洋)에 두루 미치고 그 상무(商務)가 홀로 대동양에서 왕성하였다. 또한 동양이 각기 제 나라를 보전하여 편안히 살며 무사하기를 희망하여 그 사절을 보내지 않았다. 그러므로 조선으로서는 마땅히 항상 만 리 대양 밖에 사절을 보내서 그들과 더불어 수호해야 할 것이다. 하물며 그들이 계속해서 사신을 보내어 조선과의 연결을 유지하려는 뜻이 있음에랴! 우방의 나라로 끌어들이면 도움을 얻고 근심을 풀 수 있다. 이것이 미국에 연결해야 하는 까닭이다.

무릇, 중국과 친하다는 것은 조선이 믿을 것이요, 일본과 맺는 것은 조선이 반신반의할 것이요, 미국과 연결하는 것은 조선이 매우 의심할 것이다.

……(중략)……

이미 모든 의심이 풀리고 국시(國是)가 정해지면, 중국과 친해지는 데에는 옛 헌장(憲章)을 조금 변경하고, 일본과 맺는 데에는 조규(條規)를 빨리 수정하고, 미국과 연결하는 데에는 좋은 맹약을 급히 체결해야 할 것이다. 곧 황제에게 주청(奏請)하여 조선의 관리가 북경에 항상 상주하도록 하고, 또 사신을 보내어 도쿄에 주재시키고 또는 사신을 워싱턴에 보내어 소식을 통하게 한다. 그리고 또 주청하여 봉황청(鳳凰廳)의 무역을 확장하고 중국 상인이 배로 부산·원산·인천 등 각 항구에 와서 통상하게 함으로써 일본 상인의 농단을 막고, 또한 국민이 나가사키(長崎)·요코하마(橫濱)에 가서 무역을 익히게 한다. 그리고 곧 주청하여, 육해군이 중국의 용기(龍旗)를 사용하여 이를 전국의 휘장으로 삼는다. 또 학생을 보내어 북경 동문관(同文館)에서 서방의 언어를 익히고, 직예(直隸)에 가서 회군(淮軍)의 군사 훈련을 익히고, 상하이 제조국에 가서 기계 만드는 것을 배우고, 복주(福州) 선정국(船政局)에 가서 배 만드는 것을 배운다. 무릇 일본의 선창·총포국·군영에도 대개 가서 배울 수 있고, 서양인들의 천문·산법(算法)·화학·광학·지학(地學)도 모두 가서 배울 수 있다. 또 부산 등지에 학교를 설립하여 서양인을 맞아들여 교습시킴으로써 무비(武備)를 널리 닦아야 한다. 참으로 이 같이 할진대 조선 자강의 터전은 이로부터 이룩될 것이다.
……(하략)……

격동의 19세기 말 서구열강들이 물밀듯이 몰려오던 시기에 풍전등화의 처지에 빠진 청제국의 주일공사관 황준헌(黃遵憲)이 마련한 조선책략은 놀랍다.
러시아의 남하를 경계하는 것이 주목적이지만 '친중국, 결일본, 연

미국'의 외교방책을 제시한 것만으로도 당시 중국이 바라보는 세계관이 얼마나 종합적이고 다각적이었던가를 짐작할 수 있게 한다.

물론 이 조선책략이 진정으로 조선의 자주독립과 부강을 위한 책략이 아니라 중국에 의존해서 개혁책을 자구하라는 것을 강조했다는 점에서 중국의 한계는 분명하다.

그 때이후 한반도는 중국 일본 미국 러시아 등 4강의 먹잇감이자 놀이터이자 전쟁터가 되었고 우리가 어쩌지 못하는 사이에 우리나라는 늘 그들의 전리품이 되다시피 했다.

조선책략은 우리 조정 내에서 위정척사파와 개화파사이의 격렬한 논쟁을 야기하면서 위정척사의 난을 불러왔으나 망하는 나라를 다시 일으키지는 못하였다.

황준헌의 조선책략(私擬朝鮮策略)의 핵심은 러시아의 아시아남하정책에 대한 '방아책'(防俄策)의 한 방법으로서 조선으로 하여금 '친중국'(親中國)·결일본(結日本)·연미국(聯美國)함으로써 조선의 자강을 도모하라는 것이다. 특히 러시아의 남침을 방어하기위해 미국과의 조기수교론(聯美國修交論)도 제시했다.

당시 정(淸)나라는 미국을 신생대국으로서 영국 프랑스 독일 등

유업열강 들에 비해 비교적 공명정대하고 정의로운 나라로 바라보고 있었다.

또한 일본에 대해서도 '결일본'이라는 방안을 제시하면서 일본의 한반도 침략야욕을 전혀 파악하지 못한 데서도 그 오류가 두드러진다. 그 때까지만 해도 청제국은 일본을 과소평가한 셈이다. 확실히 쇄국정책을 펴고 있던 대원군을 비롯한 조선의 조정이 파악하고 있는 것보다는 몇 걸음 앞선 세계정세에 보다 정확한 판단이었다.

위정척사운동 등 개화파와 척사파의 갈등 속에서도 조선의 조정은 조선책략의 내용을 무시하지 않고 통리기무아문(統理機務衙門)을 설치하고 동시에 신사유람단과 영선사를 각각 파견하고 별기군을 편성, 신식군대훈련에 착수하는 등 완고한 쇄국(鎖國)에서 벗어나 개화책을 하나씩 실천해나가기 시작했다.

1장

문재인의
착각

짱깨주의의 탄생

2022년 6월 20일

'오랜만에 책을 추천합니다. 김희교 교수의 〈짱깨주의의 탄생〉, 도발적인 제목에 매우 논쟁적입니다. 책 추천이 내용에 대한 동의나 지지가 아닙니다. 중국을 어떻게 볼 것이며 우리 외교가 가야 할 방향이 무엇인지, 다양한 관점을 볼 수 있습니다. 다양한 관점 속에서 자신의 관점을 가져야 합니다.

이념에 진실과 국익과 실용을 조화시키는 균형된 시각이 필요합니다. 언론이 전하는 것이 언제나 진실은 아닙니다. 세상사를 언론의 눈이 아니라 스스로 판단하는 눈을 가지는 것이 매우 중요하다는 것을 새삼 느끼게 해줍니다.'

퇴임한 지 불과 얼마되지 않은 문재인 전 대통령이 자신의 페이스북을 통해 느닷없이 책 한권을 소개한다.

〈짱깨주의의 탄생〉은 짱깨주의라는 제목에서부터 논쟁을 불러일으키겠다는 의도가 엿보인다.

한 대학 교수가 쓴 이 책은 출간 초기에는 별다른 주목을 받지 못했으나 문 전 대통령의 추천이후 엄청난 논쟁을 불러일으키면서 베스트셀러에 올랐다.

문재인은 왜..

　문재인 전 대통령은 〈짱깨주의의 탄생〉에 대한 자신의 책 추천이 책 내용에 대한 동의나 지지가 아니라고 전제했다.

　웃기는 이야기가 아닐 수 없다. 책 내용에 대한 공감이나 지지가 아니라면 왜 이 책을 읽어보라고 추천하겠는가? 비겁하고 뻔뻔한 수작이라고 지적하지 않을 수 없는 문재인의 작태다.
　과연 이 〈짱깨주의의 탄생〉이 우리가 중국을 어떻게 볼 것이며 우리 외교가 가야 할 방향이 무엇인지 다양한 관점을 볼 수 있는 새로운 참신한 책이라고 보지 않았다면, 자신이 갖고 있는 중국관과 같지 않다면 추천할 수는 없는 일이다.

　다양한 관점 속에서 자신의 관점을 가져야 한다는 말은 원론적인 말이다. 국가지도자는 다양한 관점 속에서 취사선택해야 할 관점을 가지는 자리가 아니다. 오로지 국제정세에 대한 냉철한 판단과 분석 속에서 대한민국의 국익을 위해 가장 올바른 외교노선이 무엇인지 방향을 정해야 하고 정해진 방향에 맞도록 일관된 정책을 추진하는 자리이다. 새롭게 책 한권 읽고 나양한 관점이 있다며 감탄해야 할 자리가 아닌 것이다.

 중국과 미국이라는 양대 강대국이 한반도에 막강한 직접적인 영향력을 끼칠 뿐만 아니라 우리의 안보와도 직결돼있는 분단국 상황에서 대한민국의 길은 미·중 양국 사이에서 줄타기를 하는 균형외교가 아니라 일관된 외교노선에 따라 전략적으로 움직이는 것이 필요하다.

 좌우 이념적 성향이 다른 정부에 따라 정부의 외교노선이 변경되는 것은 국익에 맞지 않는 망국의 길이다. 남북분단의 현실에서 일관되게 친미외교노선을 가져 오면서 중국과는 전쟁을 치른 것이 대한민국의 현실이다. 신데탕트의 시대를 거쳐 이념의 벽이 무너진 실용의 시대에는 더 더욱 국익과 일관된 외교노선이 절실하다.
 중국이 마오쩌둥 사후 개혁개방의 길로 들어섰다고 하더라도 중국공산당이 이끄는 사회주의 독재국가라는 체제라는 성격에는 변함이 없다.
 한중 수교와 교역 강화로 한중이 전략적 동반자 관계로까지 격상됐다고 하더라도 어디까지나 한중관계는 긴장과 경쟁의 관계라는 본질은 변하지 않는다. 중국이 우리의 진정한 전략적 파트너가 된 적이 단 한 번이라도 있었던가?
 문화대혁명 10년 등 중국이 경제적으로 낙후된 30년이 있었지만 이제 중국은 미국을 뒤쫓는 '투키디데스의 함정'에 빠진 강대국 G2로 자리잡아 때론 우리 경제를 위협하는 경쟁자로 때로는 우리를 압박하는 경제대국으로서의 행패를 유감없이 발휘하고 있다. 그럼에도 우리는 우리의 가장 가까운 이웃국가인 중국과의 경제협력에 소홀함이 없어야 하는 것은 당연하다.

그러나 북핵문제에 있어서 중국의 태도는 일관되게 북한편이었다. 단 한 번도 북한을 압박하지 않았고 단 한번도 한반도의 평화를 위해 진정성있는 자세를 보여준 적이 없다. 오로지 자국과 동맹국의 이익을 위해 행동하는 것이 중국외교노선의 본질이다.

굳이 사드사태를 끌어오지 않더라도 그런 사실은 명약관화하다.

북핵에는 영향력있는 중재자인양 행세하면서 주도권을 장악하려던 중국이 북한의 3차 핵실험이후 북핵고도화에 이르러 우리 정부가 미국의 사드미사일방어체계 도입방침을 밝히자 마자 융단폭격식 대한반도 군사적 위협을 가해왔다. 뿐만 아니라 중국에 진출한 국내대기업의 경제활동을 압박하고 비자와 무역 등 비교역적 방식으로도 엄청난 압박을 가했다.

'사드는 북핵방어용이며 사드레이더도 중국을 겨냥하지 않을 것이라는 우리 측의 해명은 받아들이지 않으면서 우리의 주권을 무시하는 굴욕적인 사드3불원칙이라는 것을 강요했다.

중국이 산둥성과 랴오닝성에 배치한 대규모 레이더기지가 한반도 전역을 커버할 뿐 아니라 일본의 오키나와와 태평양함대까지 사정권에 두고 있으면서도 왜 우리의 방어용 사드미사일에만 눈을 부라리는지 우리 정부는 아무런 항의도 하지 않았다.

서슬퍼린 중국의 협박에 우리 정부는 지레 주눅이 들어 '대국과 소국' 운운하는 데에도 항의 한 마디도 하지 않았고 차관급 하급 중국

관리들의 안하무인식 협박에도 아무런 대꾸도 하지 못했다.

다음은 〈짱개주의의 탄생〉에 대한 저자의 간략한 단상을 2022년 당시 소회한 대목이다.

책에 대한 자세한 분석은 이어서 하도록 하겠다.

서울의 한 대학 강단에 서고 있는 현직 교수가 학자라기에는 중국에 편중된 시각으로 일관된 주장을 책으로 엮어 출간했다는 사실보다도, 이 책을 문 전 대통령이 추천했다는 사실이 더 충격적으로 다가왔다.

시진핑(习近平) 주석부터가 2017년 4월 트럼프 당시 미국 대통령과의 회담에서 "한국은 역사적으로 중국의 일부"라고 말하는 등 중국 관리들의 시대착오적 한반도관(觀)은 뿌리가 깊다.

중국이 2016~17년 주한미군 사드 배치 결정에 반발해 융단폭격식 보복 조치를 퍼붓고, 관제 혐한 시위가 봇물을 이룰 때도 이를 조장·두둔하던 중국 관영매체들의 논리는 '소국이 대국의 이익을 크게 침해했다'는 것이었다. 2016년 12월 한국의 연기 요청을 무시하고 방한한 천하이 중국 외교부 아주국 부국장은 한국 기업인들을 만난 자리에서 "소국이 대국에 대항해서 되겠느냐"고 따졌다.

하지만 한국 정부는 중국의 노골적 하대와 부당한 보복에 전혀 항의하지 않았다. 문재인 정부는 중국을 달래기 위해 2017년 10월 '미국 MD(미사일방어) 참여, 사드 추가 배치, 한·미·일 군사 동맹을 하지 않겠다'(사드 3불)고 약속해 군사주권 포기 논란을 자초했다. 그 직후 방중한 문 대통령은 베이징대 연설에서 대한민국을 '작은 나라'로, 중국을 '높은 산봉우리' '대국'으로 표현했다.

우리나라에 저자의 주장처럼 '짱깨주의'가 실재(實在)하는지 진지하게 되묻고 싶다. 동북공정에서부터 사드 배치로 촉발된 '반중(反中)·혐중(嫌中) 정서'가 보수 언론이 '유사인종주의'를 동원하거나 국민을 선동해서 형성된 비이성적인 정서인가 말이다. 중국의 '동북공정'과 사드 배치에 대한 중국의 공공연한 협박 및 보복 조치 등은 중국이 응당 취할 수 있는 중국의 주권이자 자위책이고, 우리는 그런 보복을 당하는 것이 당연하다는 것이 책에 기술된 저자의 주장이다.

'짱깨주의의 탄생'이 일관하는 논리는 '샌프란시스코 체제'라는 전후 미국이 주도했다는 '신(新)식민주의'라는 점에서 책을 읽는 내내 헛웃음이 나왔다. 스스로 '30년간 중국 옹호론자였다'는 자기 고백처럼 이 책은 중국 연구의 결과물이라기보다는 중국은 잘못이 없다는 무오류의 중국 찬양가라고 해도 과언이 아닐 정도였다.

어느 누구도 다른 나라를 혐오할 권리나 다른 나라 국민을 차별하는 유사인종주의가 있어서는 안 된다.

책 속으로 직접 들어가서 논리가 비약되거나 근거가 미약한 저자의 주장들을 직접 옮겨본다.

"동북공정은 중국에서 시작한 고구려사를 둘러싼 역사 재해석 프로젝트로서 팽창정책과는 거리가 먼 수세적인 중국의 북한 붕괴 대비책이었다."북한 핵실험에 대한 우리의 군사적 대응 조치였던 사드 배치에 대한 저자의 견해는 완전히 중국과 일치했다. 사드 배치는 미국 주도의 신냉전체제로의 회귀였고, 그에 대한 중국의 경제 보복 조치로 인해 중국인을 혐오하는 유사인종주의가 국내에 등장했다면서 '하루아침에 결정된' 사드 배치는 한국의 안보적 보수주의자에게는 '신의 한 수'였다고 주장한다. 중국의 사드 대응은 과잉 대응이 아닌 정당방위라는 주장에서는 실소가 나왔다.

시진핑 주석이 올가을 '3연임'을 통해 종신 집권의 길로 들어서려는 것에 대해서도 그가 '황제'나 '독재자'가 아닌 중국공산당의 '관리독재'라고 순화시킨 뒤 아직 확정되지도 않은 일이라고 견강부회했다.

급기야 저자는 '미국이 문제지만 중국도 문제'라는 중국 연구자들의 자세를 비판하기에 이른다. 문 전 대통령이 "중국몽(中國夢)과 함께하겠다"며 운명공동체 발언으로 친중(親中) 정권을 자처했다는 비판에 대해서는 한반도 평화체제 구축을 위한 종전선언 등에 대한 중국의 역할을 끌어내기 위한 방안이었다고 강변하는 등 논리를 제대로 갖추지 못했다.

그러면서도 인류 역사상 최대의 재앙으로 드러난 문화대혁명을 옹호하는 등 중국 인식에 심각한 오류를 일으킨 리영희 교수에 대해 "실천적 중국학의 한 전형이었다"는 찬양을 늘어놓기에 이른다.

저자는 중국의 스파이거나 중국에 경도된 사이비 학자에서 한 치도 벗어나지 못한 모양이다. 중국은 우리 역사에서 단 한 번도 우리

편인 적이 없었다는 사실을 잊고 있다.

  2017년 12월 17일 중국 국빈방문한 문 대통령 일행이 중국측으로부터 식사의전조차 받지 못하다가 아침마다 수행원들과 중국서민식당에 몰려가서 혼밥을 했다. 그러고는 중국서민들의 삶을 들여다보는 좋은 기회라고 둘러댔다. 기가 막히게 웃픈(웃기면서도 슬픈) 풍경이다.

베이징서민식당에서 수행원들과 식사하는 문 전 대통령 내외

박근혜의 중국 패착

한중관계는 한중수교(1992년)이후 문재인 정부에서 최악의 상태로 빠져들었다.

박근혜 정부 당시인 2015년 9월 3일 중국 베이징 톈안먼 광장에서 열린 중국 전승절 행사 때까지만 해도 한중관계는 상호존중하고 배려하는 최고의 전략적동반자관계를 유지했다.

중국공산당이 대일항전 승리 70주년을 기념하기 위해 마련한 전승절 행사는 시진핑 주석이 주도면밀하게 기획한 대외선전행사였다. 덩샤오핑이래 지켜 온 '도광양회'를 버리고 마침내 중국굴기를 대내외에 선포하는 자리였다.

그래서 미국을 비롯한 친서방국가에서는 최고위급 외교사절을 보내지 않은 반면 푸틴 러시아 대통령 등 사회주의 진영 최고위급 인사들이 중국의 초대에 응했다. 박근혜 전 대통령도 초청을 받았지만 미국과의 관계를 의식, 참석하지 않는 것이 좋겠다는 외교전략을 구사할 것으로 예상됐다.

이후에는 미중 균형외교론자들의 조언에 따라 전승절 행사에는 가되 열병식에는 참석하지 않는 것으로 이중전략을 짜놓기도 했다.

미중 충돌이 본격화되고 있는 시점에 중국의 손을 들어주는 식의 신호를 보내는 것은 한미동맹을 균열시킬 수도 있다는 외교전략이 우세했다. 그리고 중국 측으로서도 초청장을 보내면서도 박 대통령의 열병식 참석에 크게 공을 들이지는 않았다.

북핵과 미사일 문제가 계속 해소되지 않는 교착국면에서도 우리 정부는 중국 측 주재로 이 문제를 해결할 수 있을 것이라는 비교적 낙관적 기대감을 갖고 있었던 것도 사실이었다. 박 대통령을 움직인 것은 중국의 기대에 호응하면 시 주석이 북핵해결에 보다 의지를 보여줄 것이라는 검증되지 않은 전략적 모호성으로 움직였을 가능성이 높다.

그러나 애초부터 중국은 북핵문제와 관련, 북한에 대해 강제하는 식의 주도권을 전혀 발휘할 생각이 없었고 미중대결국면을 활용하는 전략적 차원에서 북핵문제에 대응해왔고 향후에도 그럴 것이라는 것을 우리는 깨닫지 못했다.

더 큰 문제는 박 대통령의 전승절행사 참석으로 인해 기대했던 중국의 호의와 환대는 고사하고 한국정부의 한미관계 및 대미정책에 대한 미국정부의 의구심만 높아지는 등 외교적 전략부재와 역효과만 두드러졌다는 점이다.

그 결과가 북한의 3차 핵실험 직후 박근혜 정부의 대북강경기조 회귀였다. 박 대통령은 개성공단을 전격 폐쇄시켰고 논란이 가시지 않던 사드배치를 결정함으로써 중국과의 갈등수위를 최고조로 올려놓았다. 물론 사드배치는 전적으로 한국의 주권문제이며 중국을 겨냥한 도발이 전혀 아니었음에도 중국은 사드 미사일과 사드운용 레이더가 자신들을 겨냥해서 사용될 것이라는 우려를 노골화하면서 대대적인 압박에 나섰다.

  중국은 사드배치문제를 이용해서 한국을 압박하는 동시에 미국의 대아시아전략을 공격하는 이중전략으로 대응했다.
  반면 박근혜 정부는 전승절 행사 참석 이후의 한중관계의 예상프로토콜을 잘못 예측함으로써 수렁으로 빠져들었고 결국 친중 일변도의 민주당 등 야권의 압박공세에 밀려 북핵문제와 남북문제에 있어서 보수강경노선으로 회귀할 수밖에 없었다.
  말하자면 당시 우리 정부는 보다 면밀한 대중전략을 세워놓지도 않고 시 주석의 박 대통령에 대한 막연한 호의와 중국인들의 한류사

랑 등을 바탕으로 중국대응을 오판함으로써 외교의 방향을 잃어버렸다.

전승절행사의 실패를 들여다 볼 수 있는 단초 중의 하나가 비선실세 최순실의 존재와 역할이었다는 점을 되짚어볼 필요가 있다. 박근혜 탄핵의 모티브가 된 최 씨의 국정농단은 국정 전반에 걸쳐 막강한 영향력을 발휘하고 있었고 중국과 미국 등 우리의 외교전략에도 왜곡돼 투사됐던 것으로 보인다.

그것은 서구가 외면한 전승절행사에 박 대통령 참석으로 이어졌고 우리의 정확한 메시지는 제대로 마련하지 않은 채 중국과 미국 양국으로부터 우리 정부의 불투명한 미중균형과 양다리전략으로 읽혀져 바보취급당한 데서도 유추할 수 있다.

무엇보다 그날 전승절 행사에서 무슨 일이 있었는지 복기할 필요가 있다.

박 대통령은 2015년 12월 2일 '항일전쟁 및 세계 반파시스트 전쟁 승전 70주년'(전승절) 기념행사 참석을 위해 2일 오전 출국 중국 베이징에 도착했다.

중국측의 환대는 예상을 웃돌았다. 미국과 동맹 서방국가 중에서는 유일하게 참석한 정상이었기 때문이다.

시 주석은 이날 인민대회당에서 박 대통령을 맞아 한중정상회담을 열었다. 전승절행사에 참석하기위해 방중했기에 굳이 정상회담을 할 필요는 없있지만 시 주석의 환대는 극진했다.

양자간 6번째 정상회담으로 이뤄진 이날 정상회담은 당초 예정된 20분(의례적인 회담)을 넘겨 34분간 진행했다.

이어 그 자리에서 시 주석과 박 대통령간의 단독 오찬으로 바로 이어졌다.

정상회담에 참석한 정상 중에서 전승절 열병식 하루 전이긴 해도 시 주석과 오·만찬을 함께 한 것은 박 대통령이 유일했다.

우리 정부에서는 윤병세 외교부장관과 김장수 주중대사 주철기 외교안보수석 안종범 경제수석 등이 자리를 함께 했고 중국 측에서는 왕후닝 중앙정책연구실 주임, 리짠슈 중앙판공청 주임(비서실장), 양제츠 국무위원, 양웨이 외교부장 등이 참석했다.

오찬에서는 아리랑과 대장금 주제곡 별에서 온 그대 주제곡 등이 흘러나왔고 첨밀밀은 중국 측이 준비한 노래였다.

그야말로 한중최고지도자에게는 최고의 시간이었을 것이다. 오찬은 약 1시간 정도 이어졌다. 박 대통령으로서는 잊을 수 없는 중국측의 환대였다.

그런데 어쩌다 전승절행사가 마무리된 후 중국측의 태도는 돌변했던 것일까? 오찬과 정상회담 등에서 무슨 일이 벌어진 것일까?

박 대통령은 이후 리커창 총리와도 별도 회담을 갖고 40여분간 한중 경제협력방안을 논의했고 이날 저녁에는 시 주석이 주최한 전승절행사 참석 외교사절을 위한 환영만찬에서 다시 한 번 시 주석의 환대를 받았다.

작은 균열은 이날 정상회담이었고 저녁때 벌어진 시 주석 주최 환영만찬이 그 시작이었다.

이 자리에 참석한 박 대통령의 의상을 총괄한 것은 물론 당시 청와대 의전비서관일 것이다. 후문을 종합하면 박 대통령의 해외출장 의상은 전적으로 비선실세 최순실의 의도에 따라 제작되고 입혀졌다. 박 대통령 의상에서 빚어진 한중간의 미묘한 갈등은 일차적으로는 최순실 몫이었다.

이날 만찬에서의 박 대통령의 의상은 아주 돋보이는 짙은 노랑색 한복이었다는 점에 주목할 필요가 있다. 만찬장에서 박 대통령은 아주 두드러지게 보였을 것이다. 전승절 70주년 축하사절로서는 최고의 의상을 입었다고 자부할만한 한복이었다.

그러나 문제는 시 주석 등 중국고위층의 반응이었다.

전승절 행사는 무엇보다 축하의 의미보다는 비장함과 결연한 중국측의 대일항전과 승리의식을 드러내는 데에 의미가 있었다.

박 대통령 의전팀은 이 행사의 정치적·역사적 의미에 대해 제대로 통찰하지 못했다. 그저 대통령 참석하는 행사이니만큼 그에 걸맞는 의상을 준비했을 것이다.

전통적으로 황금색은 중국황실의 색으로 간주되는 것이 중국인의 기본적인 인식이다. 그래서 자금성의 지붕은 붉은 금색으로 칠해져 있지 않은가?

무엇보다 황금색 옷은 외교적 공식행사에서 누구나 입지 못하는 금기의 색이다.

그런데 외교사절로 참석한 박 대통령이 느닷없이 황후처럼 화사한 황금색 한복을 입고 등장했다. 중국측이 공식적으로 항의할 수 없는 모드이긴 해도 뜨악했을 것이라는 것은 충분히 짐작할 수 있다.

어쨌든 그날의 환영만찬의 뒷얘기나 중국측의 공식반응은 전혀 보도된 바가 없어 짐작만 할 뿐이다.

더 큰 문제는 다음날인 3일의 전승절 열병식이었다.

자금성에서 초청된 정상급 외교사절들을 일일이 맞이하던 제국의 황제 시진핑 주석은 검은 인민복을 단정하게 차려입었다.

인민복은 중화민국 총통을 지낸 중산(中山) 쑨원(孫文)이 즐겨입던 옷으로 중국인들에게는 지도자의 검약한 자세를 상징하는 최고의 예복이라고 할 수 있다.

지금의 외교무대 예복이 양복이지만 중국 공식행사에서의 최고의 예복은 인민복이다. 마오쩌둥과 덩샤오핑 역시 늘 인민복을 입었다.

시 주석과 함께 곁에서 외교사절을 맞이하던 펑리위안 여사는 붉은 색 치파오를 단정하게 차려입은 모습이었다.

그런데 시 주석에게 다가가는 박 대통령의 모습이 어색해보였다. 대부분의 외교사절이 무채색의 외교의상을 입은 데 반해서 박 대통령은 다시 황제를 연상케 하는 황금색 자켓을 입은 것이다.

아뿔싸! 지난 밤 만찬에 이어 전승절 열병식이라는 진짜 행사에서도 외교적 프로토콜을 제대로 이해하지 못하는 대한민국 대통령이라니.

자금성의 황금자켓

문제는 중국 전승절 70주년 행사에서의 박근혜 대통령의 의상 해프닝에 대해 중국 측이 직접적으로 불쾌감을 표시하거나 항의하는 등의 외교적 조치를 하지 않았다는 점이다.

그러나 우리 정부와 청와대는 전승절 행사에 서방국가 국가원수로서는 유일하게 참석한 박근혜 대통령의 외교적 프로토콜 무시의 후폭풍을 충분히 알고 있었다.

중국이 공식적으로나 비공식적으로 불쾌감을 표시할 정도의 제스처를 취하지는 않았더라도 중국을 아는 주중대사관측이나 외교가에서는 충분히 감지할 수 있는 중국 측의 반응을 확인했다는 것이다.

저자는 전승절 행사 당일 한 종편에 출연, 화면에 비쳐지는 박 대통령의 의상이 맞지않다는 점을 지적한 바 있다. 그러자 사회자는 아주 당황했고 저자의 의상지적은 곧바로 당시 청와대 의전비서관실에서도 캐치할 수 있었다.

마침 그날 저녁 언론사 기자로 일하다가 박근혜 청와대 부속실에서 근무하고 있던 한 후배와 모임을 하는 자리가 있었다. 그 자리에서 저자는 낮에 출연한 방송에서 지적한 대목에 대해 청와대에서 캐치를 하고 있었고 의상을 담당했던 비선 실세측이 방송을 보지 않았으면 좋았을 것이라는 이야기를 전해들었다.

　최순실(최서원) 국정농단사태가 불거진 후에 비선실세 최순실이 2013년부터 2017년까지 세차례에 걸쳐 비밀의상실을 운영하면서 박 대통령의 외국순방의상은 물론, 일상의상까지 모두 제작해서 공급했다는 사실이 드러났다.

　즉, 전승절행사에 참석한 박 대통령의 황금색 한복과 황금자켓 모두 최 씨의 기획으로 맞춤제작된 것이라는 것이다.
　그러니 누구도 당시 박 대통령의 의상에 대해 외교적 프로토콜에 맞지 않다는 지적을 할 수가 없었을 것이다.
　중국의 문화를 정확히 모르면서 중국인의 황금 및 붉은 색 취향을 알고 있던 최순실이나 관계자 입장에서는 전승절행사에 참석하는 박 대통령에게 황제의 옷을 입혀놓고도 무엇이 잘못된 것인지 전혀 알 길이 없었을 것이다.
　이 문제는 그 때나 지금까지 누구도 지적하지 않은 박 대통령시절의 중국과의 의전과정에서의 실수지만 드러나지 않은 사안이었다.

사드 배치 막전막후

한반도 '사드'(THAAD, 고고도미사일방어)배치는 2014년 6월 커티스 스캐퍼로티 주한미군 사령관이 처음으로 한반도 사드 배치 발언을 꺼낸 이후, 국제적인 관심의 대상이었다.

중국 측은 사드가 북한을 겨냥한 것이 아니라 미국의 대중 포위전략의 일환이라는 시각에서 강한 반대 입장을 표명하고 나섰다.

"사드배치는 중국의 핵심이익을 침해하는 것으로 안보적으로 한국이 중국의 친구에서 전략적 타격의 목표로 변할 수 있다는 것을 의미한다. 반미 반한 정서가 중국에서 일어날 것이며 북한문제 등 한중관계에 나쁜 영향을 끼치게 될 것이다."

그러나 박근혜 정부는 (미군의 사드배치에 대해) "요청도 협의도 결정된 것이 없다"며 사드배치에 대한 당시 우리 정부의 입장을 설명했다.

중국의 반대 논리는 "남북 사이는 거리가 너무 가까워 사드로는 북한 미사일을 기술적으로 요격할 수 없는데도 미국이 굳이 한국에 배치하려는 것은 한국을 끌어들여 중국을 견제하기 위한 것으로밖에 볼 수 없다"는 것이다. 사드배치는 북한 미사일 요격용이 아니라 중국을 겨냥한 것이라는 것이다.

그러나 이런 입장에 변화를 준 사건이 터졌다.
2013년 2월 12일 북한이 제3차 핵실험을 했다.

4차 핵실험은 그로부터 3년이 지난 2016년 1월 6일이었다.
곧 이어 북한은 2월 7일 장거리 미사일인 '광명성'을 발사했다.
북한의 핵 및 대량살상무기 도발이 계속되자, 사드배치에 대한 정부의 입장이 달라졌다.
한국정부는 미국 측과 사드배치관련 실무협의에 속도를 냈다.

한미당국은 2016년 7월 8일 주한미군에 사드체계를 배치하기로 한미동맹차원에서 결정했다고 공식 발표했다.
양국은 발표문을 통해 "양국은 북한의 핵과 대량살상무기, 탄도미사일 위협으로부터 대한민국과 우리 국민의 안전을 보장하고 한미동맹의 군사력을 보호하기 위한 방어적 조치로 결정하게 됐다"며 "사드체계가 조속히 배치될 수 있도록 긴밀히 협력 중이며, 세부 운용 절차를 발전시켜 나갈 것"이라고 설명했다.
양국은 "한미 공동실무단은 수개월 간의 검토를 통해 대한민국 내 사드 체계의 군사적 효용성을 확인했으며, 사드 체계의 효용성과 환경, 건강 및 안전을 보장할 수 있는 최적의 부지를 양국 국방장관에게 건의할 수 있도록 최종 준비 중에 있다"고 전했다.
특히 "사드 체계가 한반도에 배치되면 어떠한 제3국도 지향하지 않고, 오직 북한의 핵과 미사일 위협에 대해서만 운용될 것"이라고 강조했다. 이어 "사드 체계 배치는 다층 미사일 방어에 기여하여 북한의 미사일 위협에 대한 한미동맹의 현존 미사일 방어 능력을 강화시키게 될 것"이라고도 했다.

   그로부터 두 달이 지난, 북한정권수립기념일인 9월 9일 북한은 5차 핵실험을 강행했다.

노영민의 만절필동

노영민은 시인이다. 3선(17~19대) 국회의원 출신으로 문재인 전 대통령의 당대표시절 원내 최측근으로 '문지기'(문재인을 지키는 사람) 모임을 조직한 측근 실세로 통했다. 그래서 노영민은 대선 당시 후보비서실장을 맡아 '캠프'를 총괄했다. 민주당 문재인 대표 시절 당직 인선에 영향을 미친 것은 물론 재보선 참패 후 기자회견을 통해 사퇴론을 일축할 때도 상의할 정도로 노영민은 막후 측근 역할을 했다.

그가 20대 총선에 출마하지 못하고 공천배제된 것은 국회산업통상자원위원장 시절, 자신의 두 번째 시집 〈하늘아래 딱 한송이〉를 출간하면서 국회 의원회관에 카드단말기까지 설치, 피감기관에 대량으로 시집을 판매했다가 논란이 됐기 때문이다. 언론에서 의혹을 제기하자 노 위원장은 피감기관에 책 대금을 모두 반환하고 산자위원장직도 사퇴했으나 파문은 쉽게 가라앉지 않았다.

'국회의원은 사업자가 아니기 때문에 사무실에 카드결제 단말기를 설치할 수 없다.'

결국 노 의원은 20대 총선 불출마를 선언하고 '문재인 대통령 만들기'에 올인했다.

노영민은 시집판매 외에도 수많은 설화와 구설수를 양산했다.

청와대 비서실장 시절 코로나19사태 속에서 보수세력들이 광복절 집회를 열자 더불어민주당 의원들이 집회주동자를 '도둑놈'이라고 공격했다. 이에 노 실장은 "도둑놈이 아니라 살인자"라며 고함을 질러댔다. 그는 집회금지조치에도 불구하고 군중집회를 열어 코로나 확산의 주범이 된 것은 살인자와 다름없다는 논리를 폈으나 야당 의원들이 국민을 살인자로 몬다며 반발하자 "표현이 과했다"고 물러섰다.

이어 2020년 11월 국회운영위에서 야당의원들이 노 실장의 살인자발언을 문제삼자 "국민에게 살인자라고 한 적이 없다. 가짜뉴스"라며 극구 부인했으나 속기록 확인결과 살인자 발언을 한 사실이 확인돼 고개를 숙일 수밖에 없었다.

또 다른 논란은 부동산정책 실패로 고위공직자의 다주택보유에 대한 여론이 좋지 않자 청와대는 장관급과 청와대 참모 등 다주택 보유 고위공직자들에게 실거주 1주택을 제외하고는 매각할 것을 권고한 바 있다.

이에 자신의 지역구였던 청주와 서울 강남(서초동)에 각각 1채씩의 아파트를 보유하고 있던 노 실장은 서울의 똘똘한 아파트(20평)는 두고 청주 아파트(47평)를 팔아서 재건축 등 투기를 노린 것이라는 비난을 자초했다. 자신이 거주하던 청주 아파트를 팔고 아들이 살던 작은 강남 아파트를 남겨둔 것은 투기행위와 다를 바 없었.

결국 두 아파트 모두 처분했지만 청주 아파트를 먼저 매각함으로써 절세효과는 봤다는 후문이다.

두 권의 시집을 낸 시인인 노 전 실장은 원래 전교조 교사였다. 시인이자 교사였던 만큼 문학은 물론 글에도 상당한 조예가 있었을 것이다.

문재인 전 대통령은 취임하자마자 중국대사에 주저없이 자신의 측근이자 비선실세로 알려진 노 전 의원을 내정했다. 중국 측에 자신의 최측근인사를 보낸다는 신호를 보내고 싶었던 모양이다. 박근혜 전 대통령이 초대 중국대사에 대선공신인 권영세 의원을 보냈고 후임에는 김장수 전 청와대 국가안보실장을 보낸 것도 전문성보다는 대통령과의 관계를 감안한 인사였다.

문 전 대통령도 초대 중국대사에 노 전 의원, 후임으로 문재인 정부의 대표적인 경제정책인 '소득주도성장'을 주도한 장하성 전 청와

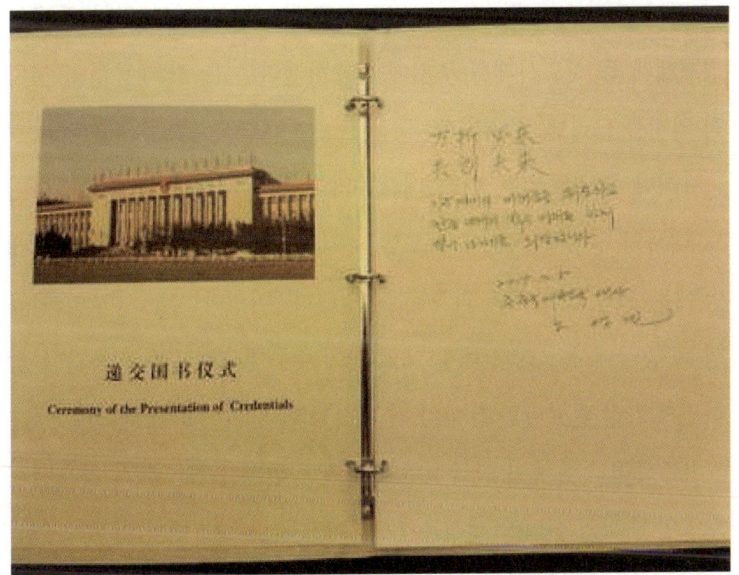

노영민이 방명록에 쓴 '만절필동 공창미래'

대 정책실장을 보임한 것도 그러한 이유 때문이었을 것이다. 장하성 전 대사는 외교경험은 고사하고 중국어 구사도 하지 못했다. 미국에서 경제 및 경영학 석·박사학위를 딴 교수출신으로 청와대는 당시 "고려대 교수 시절 중국 상하이 푸단대(复旦大)에 가서 방문학자로 1년여 유학을 갔다 온 점"을 중국통이라고 포장한 바 있다.

노 전 의원을 문재인 정부의 초대 중국대사로 내정하고 중국정부로부터 신임장(아그레망)을 제정 받으려고 했으나 중국은 노 대사의 신임장 제정을 차일피일 미뤘다. 문 전 대통령이 노 전 의원을 중국대사로 내정한 것이 대통령에 취임한 직후인 2017년 5월 12일이었다. 4강대사 중에서 중국대사만 먼저 내정한 사실을 흘렸다. 그런데 노 전 의원의 중국과의 인연은 아무 것도 없었다. 대선 당시 후보 비서실장을 지내기도 한 문 전 대통령의 최측근 인사를 중국대사로 보내 사드(THAAD 고고도미사일방어체계) 배치문제로 인한 중국의 경제제재 등 사드사태를 조기에 해소하겠다는 문 전 대통령의 정치적 의지를 드러낸 인사였다.

그러나 중국은 다른 나라 대사들의 신임장 제정과 함께 하겠다며 노 대사의 신임장 제정에 속도를 내지 않았다. 중국 정부의 '아그레망'에는 통상 10일 정도의 기간이 걸렸다. 이명박 정부 당시의 이규형 전 중국대사가 대사 내정 16일 만에 주중대사로 공식 활동을 시작하면서 가장 빨랐다면 류우익 전 대사는 한 달이 소요됐다.

사드사태로 중국이 한국정부와 불편한 관계를 해소하지 않으면서 노영민 대사의 신임장 제정은 7개월여가 걸린 12월에야 마무리됐다.

노 대사의 신임장 제정은 실제로는 그가 11월 10일 베이징에 부임한 후 56일 만이라고 한다.

윤석열 정부의 초대중국대사로 2022년 7월에 내정된 정재호 대사도 코로나19 방역사태로 인해 70여개국 주중대사가 한꺼번에 받는 바람에 9개월여가 지난 2023년 4월 24일에야 신임장을 받았다.

문 전 대통령의 최측근으로 자부해 온 노영민 대사는 중국 측이 신임장을 빨리 제정해주지 않으면서 7개월여 동안 제대로 활동도 하지 못하고 전전긍긍하다가 주는 바람에 조바심이 났을 것이다.

그래선가 그는 신임장 제정을 위해 베이징의 인민대회의당에 도착해서 방명록을 쓰면서 엄청난(?) 실수아닌 실수를 했다.

노 대사는 방명록에 '만절필동(萬折必東) 공창미래(共創未來)'라고 한자로 쓴 뒤 한글로 '지금까지의 어려움을 뒤로 하고 한·중 관계의 밝은 미래를 함께 열어나가기를 희망합니다'라고 썼다.

순자(荀子) 유좌편(宥坐篇)에 등장하는 '만절필동'은 '(황하의) 강물이 일만 번을 굽이쳐 흐르더라도 반드시 동쪽으로 흘러간다'는 뜻이다. 곧이곧대로 해석하면 '일이 수없이 많은 곡절을 겪더라도 이치대로 이뤄진다'는 것을 의미한다.

그러나 만절필동은 '천자(황제)에 대한 제후들의 충성맹세와 다름없게 쓰여 왔다. 특히 조선시대에는 명나라에 대한 변함없는 충성을 의미하는 구절로 주로 쓰인 바 있다. 명나라를 무너뜨리고 청나라가 발흥하자 조선의 조정과 사대부들이 망한 명나라를 받들면서 청나라를 배척하는 뜻으로 만절필동을 주로 써왔다.

시인이자 교사출신으로 단어 하나하나의 의미를 누구보다 잘 알고 있는 노 대사가 '만절필동'이 품고 있는 여러 함의를 모르고 신임장을 제정받기 위해 간 인민대회의당 방명록에 그런 글귀를 쓸 리는 없다.

사실상 봉건시대 황제와 다름없는 시진핑(习近平) 주석을 처음으로 접견하게 됨에 따라 중국측과 갈등을 빚고 있는 사드사태를 해소해야 하는 이웃나라의 대사로서 '충성맹세'쯤은 하고도 남는다는 심정에서 쓴 문장이었을 것이다.

그러나 한 나라를 대표하는 주재국 대사가 신임장을 제정하는 자리에서 주재국에 대한 충성을 맹세하는 것은 친중사대주의를 표방하더라도 지나쳤다는 비난을 피할 수 없는 공직자로서는 있을 수 없는 매국적인 행위였다.

게다가 노 대사가 시 주석에게 우리 정부의 신임장을 제정한 것은 우여곡절 끝에 취임 후 첫 중국 국빈방문일정이 확정된 문 전 대통령의 순방을 앞두고 이뤄진 것이어서 노 대사로서는 마침내 문 전 대통령의 중국방문이라는 첫 과업수행에 성공했다는 감회가 새로웠을지도 모른다.

시 주석은 노 대사를 만난 자리에서 "한·중 관계가 양호하게 발전하고 있으며 문 대통령 방중 기간에 열릴 한중 정상회담을 기대하고 있다"고 밝혔다. 이어 "이번 회담을 통해 한중 관계 발전 문제를 비롯한 양국의 공통 관심사에 대해 깊이 있는 의견을 교환하고 많은 공동인식에 도달할 수 있기를 희망한다"며 "노 대사가 재임기간 한중관계 발전에 큰 기여를 할 수 있기를 바란다"면서 "중국 정부는 이에 필요한 모든 지원을 할 것"이라고 약속했다.

노 대사가 아무리 "만 번 굽이쳐도 결국 동쪽으로 흐르듯 의지를 갖고 함께 미래를 만들어나가자"는 뜻이라고 우겨도 중국은 "수만 번 강물이 꺾이더라도 (한국은)중국에 충성하겠다. 중국공산당과 더불어 미래를 만들어 나갈 것"이라는 뜻으로 여겼을 것이다.

주중대사 노영민

노영민 주중한국대사는 외교의 기본은 물론이고 한중관계의 기본 틀과 원칙을 전혀 몰랐다. 대통령과 친하다는 측근이라는 점 외에는 중국대사가 돼야 할 자격을 갖추지 못했다. 그러니까 문재인 전 대통령의 방중을 연내(2017년)에 성사시키는 목표 외에는 다른 생각을 갖지 못했다는 것을 십분 이해할 수는 있다.

물론 대통령의 방중은 한중 외교당국간 협의에 따라 진행되는 것이 순서였으나 처음부터 잘못 꿰어진 단추처럼 엇나가있는 한중관계의 꼬인 매듭을 대중외교에 아마추어에 불과한 문재인 청와대가 직접 나서서 중국당국과 조율하는 것이 얼마나 엉터리였을 지는 짐작하는 것 이상이었을 것이다. 문 전 대통령의 연내 중국국빈방문을 성사시켜야 하는 청와대는 사드문제에 대한 중국측의 요구를 들어줄 수밖에 없었다.

거칠고 거센 중국의 사드압박을 풀지 않고서는 문 전 대통령의 취임 후 첫 방중문제를 한 발자국도 더 진전시킬 수 없었을 것이다.

신임 중국대사로 간 노영민은 그러나 외교적 프로토콜을 알지 못했고 무엇보다 중국에 머리를 조아리는 것 외에는 할 수 있는 해법을 생각해낼 수 없었다. 그저 운동권출신으로 시인이자 전교조 운동을 해 온 교사출신 정치인으로서 평소 짝사랑하던 중국과의 관계를 풀기 위해서는 중국 측의 요구를 들어주는 것 이상의 대응방안을 내놓을 수 없었다.

국회의원회관에 카드단말기를 설치하고 팔다가
논란을 빚은 노영민의 시집

주중한국대사는 꽉 막힌 한중관계를 풀기위해 동분서주하면서 중국공산당의 실력자들을 찾아가서 막후협상을 벌이는 노력을 해야 했으나 단 한마디의 중국어도 하지 못하고 중국에 대해 아는 게 없었던 백지상태에서 중국대사가 된 노영민 입장에서는 막막했을 것이다.

그래도 문 전 대통령의 최측근이라는 점이 중국 측에 어필되면 중국공산당 최고지도부나 장관급 정도는 무시로 만날 수 있어야 하는데 중국은 중국의 사정을 전혀 모르는 노영민을 만날 필요가 없었다. 만나주지 않는 것이 한국을 더 강하게 압박한다는 것을 아는데 굳이 주중한국대사를 만날 이유가 없었다. 조바심이 나고 안달이 나는 것은 한국이었다.

그래선가 노 대사는 중국 현지에서 겉돌았다. 노 대사는 중국 측과는 차관보 이상의 고위급을 면담하는 것도 힘들었다고 한다. 그런 사정은 청와대에 있다가 중국대사가 된 이명박 정부 때의 류우익, 장하성 전 대사 역시 마찬가지였다.

2018년 김정은 북한 국방위원장이 극비리에 3차 방중에 나섰다는 사실이 대서특필되는 상황에서 노영민은 휴가를 내서 귀국, 자신의 지역구였던 청주에 내려가서 볼일을 보고 있었다. 북핵과 남북문제 해법을 도출하기 위해 중국과 북한의 동향에 촉각을 곤두세우고 있던 시기에 김정은이 전격적으로 중국을 방문했는데도 중국대사는 한국에서 휴가를 즐기고 있었다니 이는 중국 측이 우리 정부나 대사관에 김정은 방중에 대한 정보조차 주지 않았다는 것을 반증하는 것으로 노영민 대사가 중국에서 허수아비처럼 겉돌았다는 것을 입증해주는 팩트였다.

김정은 방중에 대한 정보가 아예 없었으니 노영민 대사는 되돌아가고 싶은 정치권만 기웃거렸을 것이다.

노영민은 그 후 4차 김정은 방중 때도 임종석 초대 비서실장 후임으로 내정되자마자 뒤도 돌아보지 않고 베이징을 떠났다. 비서실장 임명장을 받으러 가는 일보다 더 시급한 것이 중국측의 협조를 얻어 김정은 4차 방중 동향을 파악하고 정보를 받아 향후 남북관계에 미칠 영향을 면밀하게 분석하고 대응하는 것이 당시 문재인 정부 실세로서 응낭 해야 힐 자세였다.

그러나 그는 그러지 않고 김정은이 베이징에 도착하는 날 아침 김정은 방중일정을 확인하기도 전에 서둘러 아침 항공편을 이용, 귀국했다. 김정은의 방중동향 등의 중차대한 현안파악은 베이징 한국대사관의 정무공사에게 맡겨놓았던 것이다. 대통령비서실장이라는 최고위급 정무직 공직자로서의 책임의식이 전혀 없었다.

중국대사로서도 제 역할을 하지 못한 무능한 인사를 대통령의 비서실장으로 영전시키는 것이 문재인 정부의 인사행태였다.

그러니 그의 '만절필동'은 앞서 지적한 대로 시진핑 중국 주석에 대한 우리 정부의 충성맹세였다는 것이 확실해졌다. 우리 정부는 미국과 중국 사이에서 균형외교를 발휘하고 있으며 중국대사인 자신은 확실하게 친중행보를 하겠다는 선언과 다름 없었던 것이다.

문재인 국빈방중(訪中)

국빈방문이었다. 중국이 한국의 신임 대통령을 최고의전인 국빈 자격으로 초청했다. 그러나 '국빈방문'이라는 의전에 전혀 맞지 않은 '외교홀대' 논란까지 일었던 2017년 12월의 문재인 전 대통령의 중국 방문일정을 살펴 볼 필요가 있다.

방중을 하루 앞둔 12월 12일 청와대가 밝힌 중국 국빈방문 일정은 베이징에서 시진핑 주석과 정상회담 일정을 소화한 뒤 '충칭'을 거쳐 귀국하는 3박4일 일정이었다.

문 대통령은 방중 첫날인 13일 오전 경기도 성남 서울공항을 출발, 1시간여 후 중국 베이징에 도착했다.

방중 첫 일정으로 중국교민들과 '동포간담회'를 갖고 이어 우리나라 경제인들과 '한·중 비즈니스 라운드 테이블에 참석, 연설을 하는 것으로 첫날 공식일정을 마쳤다. 국빈방문일정에 리커창 총리를 비롯한 중국 측의 환영행사 등이 없다는 것이 다소 의아했다.

방중 둘째 날인 14일 오전 문 대통령은 한국과 중국의 대표 대기업 회장 등이 참석한 '한·중 경제무역 파트너십 개막식'에 참석했다. 문 대통령은 연설을 통해 우리나라와 중국이 경제 통상 분야에서 두드러진 협력을 보여 왔다는 점을 강조하면서 향후에도 경제협력을 가속화할 것을 당부했다.

국빈방문의 하이라이트인 시진핑 중국 국가주석과의 정상회담은 이날 오후 열렸다.

한·중 정상은 공식 환영식, 확대 정상회담, 양해각서(MOU) 서명식, 국빈만찬의 순으로 진행됐다. 마침 2017년이 한·중 수교(1992년) 25주년이 된 해여서 문 대통령은 한중 문화 교류의 밤 행사에도 참석했다. 양국 정상은 이날 정상회담을 마친 후 사드에 대한 입장 차이를 완전하게 해소하지 못한 탓에 공동 성명 등은 채택하지 않았다.

방중 셋째날인 15일 문 대통령은 오전 베이징 대학에서 논란의 '대국·소국' 연설을 했다.

베이징대학 강연에 이어 문 대통령은 중국공산당 권력서열 3위인 장더장(張德江) 전국인민대표회의 상무위원장 및 리커창(李克强) 총리와도 면담했다. 리 총리는 중국 권력서열 2위다. 문 대통령은 그 전달 아세안 정상회의가 열린 필리핀 마닐라에서 리 총리와 한 차례 만난 적이 있었다.

문 대통령은 이날 일정을 모두 소화한 후 충칭으로 이동했다.

중국 방문 마지막 4일째인 16일 문 대통령은 오전에 대한민국 임시정부 청사를 방문했다. 이어 '한·중 제3국 공동 진출 산업협력 포럼'에 참석한 뒤 천민얼(陈敏尔) 충칭시 당서기와 오찬 회동을 가졌다. 충칭은 시 주석의 대외 경제정책 '일대일로'(一帶一路)의 거점지역이다. 천 서기는 차세대 주자로 꼽히던 촉망받는 인사였지만 부패

혐의로 그 후 숙청됐다.

　국빈방문한 중국에서 문 대통령이 중국측 인사와 식사를 한 것은 시 주석의 환영만찬에 이어 천 서기와의 오찬이 두 번째였다.

　오찬을 마친 문 대통령은 이날 오후 충칭의 현대자동차 제5공장 충칭공장을 방문하고 현장 관계자들을 격려한 후 귀국길에 올랐다.

　문재인 대통령의 방중은 방중 첫날부터 중국 측의 의도적인 외교결례와 홀대논란이 거세게 일었다.

　문 대통령을 공항에서 영접할 때부터 중국은 의전의 격을 낮췄고 왕이 외교부장이 문 대통령을 영접할 때, 악수를 하면서 팔을 건드리는 등 정상을 대하는 태도로는 아주 부적절했다는 지적도 제기됐다.

　우선 문 대통령이 베이징에 도착했을 때 중국을 대표해서 영접나온 인사는 쿵쉬안유 중국 외교부 아시아담당 부장 조리로 우리로 따지면 '차관보급'이었다. 반면 두테르테 필리핀 대통령이 방중했을 때는 장관급이 영접했고 트럼프 미국 대통령 방중 때는 부총리급을 내보냈다. 문 대통령이 아닌 박근혜 전 대통령 등이 방중했을 때는 차관급이 나왔다.

무엇보다 국빈방문으로 초청한 문 대통령에 대한 진짜 홀대는 시 주석이 주최한 환영만찬 전까지인 이틀간 중국 측 고위인사와의 식사 약속이 전무했다는 점이다. 환영만찬 이후에도 문 대통령은 리커창 총리 및 장더장 상무위원장 등 최고위급 인사와 만났지만 밥 한번 먹지 않았다.

중국 측과의 공식·비공식 외교무대에서는 고위급 인사와의 오·만찬을 통해 상호이해와 교류의 폭을 넓혀왔다는 점을 감안하면 중국 측이 의도적으로 국빈방문한 문 대통령을 홀대했다고 밖에 볼 수 없는 대목이 아닐 수 없다.

3박4일간의 국빈방문 일정으로 중국에서 무려 10끼의 식사를 했던 문 대통령은 시 주석과의 환영만찬과 천민얼 충칭시 서기와의 오찬 외에는 중국 측 고위 인사와 식사외교를 전혀 하지 못했다.

그래서 우리 측 수행원들과 식사를 하거나 이른 아침 중국서민들과 아침을 함께 한다는 명분으로 강경화 외교장관 등 수행원들과 요우티아오(油条)와 죽(粥), 토우장(豆浆, 두유) 등으로 서민식당에서의 한 끼를 경험했다.

일정이 없으니 '중국서민음식 한번 먹어보자'며 아이디어를 낸 것인데 입맛에 맞을 리가 없었을 것이다. 청와대는 '혼밥' 논란이 일자 '13억 중국 인민과 함께 한 조찬'이라고 둘러댔다.

사드문제를 봉합했다며 서둘러 방중한 문 대통령의 수행단에는 박용만 대한상의 회장과 정의선 현대차 부회장 등 재벌 총수들이 대거 포함된 역대 최대 규모의 경제사절단이 동행했다.

그러나 한중비즈니스포럼에 참석한 중국 측 기업인들은 부회장, 부총재 등 대부분 기업의 2, 3인자들을 내보내 우리 기업인들도 덩달아 홀대를 당했다. 방중홀대논란이 일자 청와대는 '혼밥'에 대해 "문재인 대통령의 '혼밥'은 중국 서민을 만나기 위해 우리 측에서 기획한 것"이라고 해명하고 나섰지만 '억지춘향격'이었다.

그럼에도 청와대는 "중국 인민이 즐겨 먹는 식당을 깜짝 방문해 식사하는 모습을 통해 중국인들에게 더 가깝게 다가가려 했다"고 우겼다. 시 주석이나 중국 최고지도자가 우리나라를 방문, 뒷골목 서민식당을 찾아 나선 적은 단 한 번도 없었다.

이와 더불어 국빈방문중에 벌어진 또 다른 불상사는 청와대가 기획한 행사에 참석한 문 대통령을 취재하던 청와대 수행사진기자들을 행사진행을 위해 현지에서 고용한 중국 경호원들이 폭행한 사건이었다.

2017년 12월 14일 오전 11시경이었다. 국빈방문 2일차 일정의 일환으로 문 대통령은 대한무역투자진흥공사(KOTRA)가 주관하는 한-중국 경제·무역 파트너십에 참석하기 위해 베이징 국가회의중심 컨벤션 센터를 방문했고 청와대 기자단의 일원인 한국일보와 매일경제 소속 사진기자들 역시 문 대통령을 취재하고 있었다.

문 대통령이 개막 연설과 타징 행사를 마친 뒤 식장에서 빠져나가자 한국 사진기자들 역시 문 대통령을 따라 식장을 빠져나가고 있었다.

그 순간 행사진행을 위해 대한무역투자진흥공사가 고용한 중국 사설 경호원들이 사진기자들을 막았다. 이에 한국일보 기자가 항의하자 중국 경호원들이 그 기자의 멱살을 잡고 뒤로 강하게 넘어뜨렸다. 이로 인해 넘어진 사진기자는 충격으로 한동안 일어서지 못했다. 함께 있던 연합뉴스 기자가 항의하면서 이 장면을 사진으로 찍으려고 하자 중국 경호원들은 이 사진기자의 카메라를 빼앗고 던져 버리려는 행동까지 취했다.

폭행 2라운드는 더 심각했다.

문 대통령이 국내기업 부스로 이동하던 중 이를 취재하던 또 다른 한국 기자들의 출입을 중국 경호원들이 막아섰고 한국기자들은 출입비표를 제시했다. 그럼에도 이들이 계속 막아서자 매일경제 기자와 중국 경호원 사이에 살벌한 실랑이가 벌어졌다.

그러자 주변에 있었던 중국 경호원 10여명이 갑자기 몰려들어서 그 기자를 복도로 끌고 나간 뒤 집단폭행해서 중상을 입혔다. 다른 취재기자들이 달려들어 말렸으나 이들 역시 중국 경호원들이 완력을 사용해서 제압했고 심지어 우리 청와대 경호원을 부르면서 같이 말리던 청와대 직원도 뒷덜미를 잡고 제지하였다고 한다.

국빈방문 중에 정상회담이 열리기도 전에 우리측 기자들에 대한 중국경호원들의 집단폭행사건이 발생하는 등 문 대통령의 첫 국빈방문은 홀대논란으로 점철됐다.

국가원수의 순방은 실무방문과 공식방문 그리고 국빈방문으로 급이 나뉜다. 그 중에서도 국빈방문은 초청국이 상대국에 최상의 예우를 다하는 순방으로 이번과 같은 논란이 절대로 불거질 수 없는 순방

형식이다.

문재인 청와대는 급했다.

문 대통령의 취임 첫해인 2017년이 넘어가기 전에 사드문제를 봉합하고 중국측의 양해를 구해 시진핑 주석과 정상회담을 하는 것이 목표였을 것이다. 연내 방중과 시 주석과 정상회담 그리고 사드해법 도출이라는 목표의식이 빚어낸 결과가 문 대통령의 껍데기만 남은 중국 국빈방문이었다.

결국 사드문제는 '3불1한'으로 발목이 잡혀서 임기내내 환경영향평가만 하다가 질질 끌었고 중국의 눈치를 보느라 중국의 보복조치에 대해서는 제대로 항의도 못하고 사드해법도 제대로 풀지 못한 채 북한과의 평화협상이라는 명분아래 중국에 끌려 다니게 된 것이다.

베이징대 강연

국빈방문이 중국의 의도적인 푸대접 때문인지 한중 외교당국간의 조율이 제대로 되지 않은 탓인지, 혹은 중국의 사드보복 앙금이 남아 있었던 것인지 알 수 없지만 삐꺽댔다.

그러나 문 대통령의 방중일정은 예정된 행사를 진행할 때마다 사고가 터져 나왔다. 한중기업인 비즈니스포럼에는 우리 측에서 대기업회장들이 대거 수행 참석한 반면 중국 측은 국유기업 회장들 대신 부회장이나 실무자급이 참석하는 등 외면을 받았다. 급기야 우리 청와대경호실이 주도하는 행사에서 중국 공안(경찰)도 아닌 사설 경호원들이 문 대통령을 근접 취재하던 우리 측 기자들을 제지하다가 집단폭행하는 사건도 발생했다.

자신들이 초청한 국빈방문 수행기자들을 이처럼 대접한 경우는 없었다. 방중 둘째 날 아침 서민식당에서 '혼밥' 행사를 치른 문 대통령 내외는 셋째 날인 15일 오전 중국 최고 명문 베이징대학에 가서 학생들을 상대로 강연에 나섰다.

여기에서 문제의 대국, 소국 발언과 중국몽에 우리가 함께 하겠다는 도저히 이해할 수 없는 발언이 나왔다.

지금 와서 복기하더라도 베이징대 강연 연설문을 누가 작성했는지 밝혀내고 싶다. 어쨌든 문 전 대통령의 생각을 쓴 것이고 그가 감수했을 것이다. 그의 강연은 제후국 왕이 황제에게 알랑거리는 아부와 다름없었다. '높은 산봉우리'. '대국' '소국' 그리고 '중국몽'. 기가 막힌다.

"... 중국은 단지 중국이 아니라, 주변국들과 어울려 있을 때 그 존재가 빛나는 국가입니다. 높은 산봉우리가 주변의 많은 산봉우리와 어울리면서 더 높아지는 것과 같습니다. 그런 면에서 중국몽이 중국만의 꿈이 아니라 아시아 모두, 나아가서는 전 인류와 함께 꾸는 꿈이 되길 바랍니다.

인류에게는 여전히 풀지 못한 두 가지 숙제가 있습니다. 그 첫째는, 항구적 평화이고 둘째는 인류 전체의 공영입니다. 저는 중국이 더 많이 다양성을 포용하고 개방과 관용의 중국정신을 펼쳐갈 때 실현 가능한 꿈이 될 것이라고 믿습니다. 한국도 작은 나라지만 책임 있는 중견국가로서 그 꿈에 함께 할 것입니다.

...광주시에는 중국 인민해방군가를 작곡한 한국의 음악가 '정율성'을 기념하는 '정율성로'가 있습니다. 지금도 많은 중국인들이 '정율성로'에 있는 그의 생가를 찾고 있습니다.

마오쩌둥 주석이 이끈 대장정에도 조선청년이 함께 했습니다. 그는 한국의 항일군사학교였던 '신흥무관학교' 출신으로 광주봉기(광눙꼬뷘)에도 참여한 김산 입니다. 그는 연안에서 항일군정대학의 교수를 지낸 중국공산당의 동지입니다. 저는 엊그제 13일, 그의 손자 고우윈(까오위엔) 씨를 만났습니다. 그 분은 중국인이지만 조선인 할아버지를 존경하며 중국과 한국 사이의 깊은 우정으로 살고 계셨습니다.

중국과 한국은 근대사의 고난을 함께 겪고 극복한 동지입니다. 저는 이번 중국 방문이 이러한 동지적 신의를 바탕으로 양국 관계를 한 차원 더 발전시켜 나가는 출발점이 되기를 희망합니다.

지금 중국 청년들 사이에 '한류'가 유행한다고 하지만, 한국에서 '중류'는 더욱 오래 되고 폭이 넓습니다. 한국의 청년들은 중국의 게임을 즐기고, 양꼬치와 칭따오 맥주를 좋아합니다. 요즘은 중국의 쓰촨 요리 '마라탕'이 새로운 유행입니다…."

- 2017년 12월 15일 중국 베이징대 연설

성주에 배치된 사드포대

중국 대국론

왕이 중국 외교부장은 2019년 12월 4일 방한 당시 강경화 외교장관과 양자회담을 갖고 "중국은 시종 일관되게 독립적이고 자주적인 평화외교 정책을 수행해왔으며, '대국'이건 '소국'이건 모두 평등함을 주장하고 국제 관계의 민주화를 주장한다"며 "세계 안정과 평화에 가장 큰 위협은 일방주의가 국제 질서를 파괴하고 패권행위로 국제 관계 준칙에 도전하는 것"이라고 말했다.

그러면서 "중국은 큰 나라가 작은 나라를 괴롭히는 것에 반대하고 자신의 힘만 믿고 약한 자를 괴롭히는 것에 반대하며 남에게 강요하는 것을 반대한다. 물론 다른 나라 내정을 간섭하는 것도 반대한다."고 덧붙였다.

중국은 스스로를 대국이라 자처한다. 그것은 역사적으로 중국 중심의 '중화사상'(中華思想)과도 밀접한 관련이 있다. 중국은 스스로를 천자의 나라, 황제라 칭하며 주변국들로부터 조공관계를 형성해왔다. 즉 주변국들로부터 조공을 받고 제후국이나 속국 정도로 취급해 온 것이다. 신라부터 고려 조선에 이르기까지 한반도의 왕조는 당이나 명·청의 황제로부터 '책봉'을 받아야만 왕의 위상을 인정받을 수 있었고 정기적으로 중국황실에 조공을 바쳐왔다.

시진핑 주석이 트럼프 대통령을 만나 "한국은 오랫동안 중국의 일부였다"고 말한 근거였을 것이다.

마오쩌둥 시대를 겪은 후 개혁개방을 통해 세계경제에 다시 편입된 중국이 급속한 경제발전을 바탕으로 미국에 이은 세계 2위의 경제대국으로 급성장, 여러 방면에서 미국을 위협하는 강대국의 위상을 확보했다. 숨을 죽여가면서 힘을 기르던 덩샤오핑(邓小平)의 '도광양회(韜光養晦)'의 시대에서 벗어나 '대국굴기' '유소작위'(有所作爲)에 이르렀다.

시 주석은 미국과의 본격적인 경쟁에 나서면서 미국에 '신형(新型)대국관계'를 요구했다.

2012년 2월 당시 중국부주석이던 시진핑이 미국순방에 나섰다. 시 부주석은 워싱턴에서 연설을 통해 (미국과의) '신형'대국관계를 위한 4가지를 제시했다.

△상호이해와 전략적 신뢰 증진 △각자의 핵심이익과 중대관심사에 대한 존중 △이익증진을 위한 상호협력심화 △국제문제 및 전 지구적 이슈에 대한 상호협력과 협조강화가 그것이다.

이 신형대국관계는 같은 해 5월에 개최된 미중전략경제대화와 G-20정상회의에 참석한 후진타오 주석에 의해서 본격적으로 제기됐다. 중국의 신형대국관계는 과거의 중화 패권국시대를 되찾자는 것이 아니라 현재의 초강대국 미국에게 중국도 미국과 맞먹는 강대국이 된 만큼 미중관계는 물론 국제사회에서 책임을 나누면서 중국의 위상과 역할을 인정해달라는 요구였다.

시진핑 주석 시대로 들어와 중국은 신형대국관계에 대해 보다 구체적으로 오바마 미국 대통령에게 요구했으나 미국은 중국의 신형대국관계는 초강대국 미국의 위상을 위협하는 "어림도 없는 요구"라며 중국의 요구를 일축했다. 그러나 이후 중국은 '중국몽'이라는 추상적인 표현을 통해 신형대국관계를 더 이상 고집하지 않으면서도 중국 중심의 세상이었던 중화패권주의를 전면에 내세우는 대신 '중국의 꿈'이라는 달콤한 표현으로 패권국이자 세계 대국 중국의 욕망을 감추지 않고 있다.

최근 속속 만들어지는 중국 영화 속 중국은 '세계의 경찰' 미국을 대신하는 중국이라고 해도 과언이 아니다. 〈전랑〉시리즈나 〈유랑지구〉 시리즈 영화는 혜성과 충돌하거나 인류생존을 위협받는 지구의 위기상황이나 분쟁지역에서의 해결사역할을 중국이 성공적으로 수행하는 내용이다.

'가까운 미래, 태양계 소멸 위기를 맞은 지구는 영하 70도의 이상기후와 함께 목성과의 충돌이라는 대재앙에 직면한다. 그러자, '세계연합정부'는 지구 자체를 태양계 밖으로 이동시키기 위한 범우주적 인류이민계획을 세우는 인류 생존을 위한 마지막 프로젝트를 계획하고 중국인 주인공들이 성공적으로 지구를 구한다.

〈유랑지구2〉는 달과 지구의 충돌이라는 대재앙을 맞아 지구가 살아남기 위해 달을 파괴하는 프로젝트에 나선다. 이젠 중국이 미국을 대신해서 악당을 처단하는 세상의 구원자가 됐다.

후진타오 시대 중국외교를 책임졌던 양제츠(杨洁篪) 전 외교부장이 외교무대에서 공개적으로 중국을 '대국'이라고 하면서 아시아 각국을 '소국'이라고 폄하하면서 논란을 빚은 바 있다.

2010년 7월 베트남 하노이에서 열린 아세안(ASEAN) 외교장관회의였다. 양 외교부장은 "중국은 대국이고, 다른 나라는 소국이다. 이것이 현실이다"라며 오만한 발언을 내뱉었다가 아시아 각국의 비난을 받은 바 있다.

중국의 '대국'의식은 사드사태가 불거진 2016년 12월 당시 중국 외교부의 일개 부국장이던 천하이가 한국기업인들과 만난 자리에서 "소국이 대국에 대항해서야 되겠느냐?"며 윽박지르는 장면에서 절정이었다.

천하이의 발언이 뒤늦게 알려지고 다른 중국 외교관들의 도를 넘는 대국의식이 봇물처럼 터져 나왔지만 우리 정부는 중국에 항의 한 번 제대로 하지 않고 벙어리 냉가슴 앓듯이 '소국'처럼 대처했다. 천하이는 2024년 현재 주미얀마 중국대사로 영전했다.

그런 저간의 사정이 있었다지만 한국의 대통령이 국빈방문한 중국에서 스스로를 소국이라며 낮추고 중국을 '대국'이자 '높은 산봉우리'라고 표현하면서 조선시대에도 보기 힘들 중화사대주의를 노골적으로 표현한 것은 한국대통령의 순방외교 및 대중외교사의 대참사라고 하지 않을 수 없었다.

"...중국은 단지 중국이 아니라, 주변국들과 어울려 있을 때 그 존재가 빛나는 국가입니다. 높은 산봉우리가 주변의 많은 산봉우리와 어울리면서 더 높아지는 것과 같습니다."
".. 그런 면에서 중국몽이 중국만의 꿈이 아니라 아시아 모두, 나아가서는 전 인류와 함께 꾸는 꿈이 되길 바랍니다....한국도 작은 나라지만 책임 있는 중견국가로서 그 꿈에 함께 할 것입니다."

대한민국 대통령이 스스로 한국이 작은 나라라고 폄하하면서 대국의 꿈에 동참하겠다고 선언했다. 나라를 팔아먹는 매국과 다름없는 자기폄하가 가득 담긴 사대주의다.

제19차 당 대회

〈짱깨주의의 탄생〉 저자 김희교 교수는 한국 언론이 악의적으로 중국과 시진핑 주석을 독재화하고 있고 주장한다. 이런 주장 자체가 중국정부의 주장과 정확하게 궤를 같이 한다. 그의 궤변은 우리의 입장이라기보다는 중국공산당과 그들의 사주를 받은 중국부역자들의 목소리를 대변하는 것처럼 공허하다.

'한국 사회에서 중국에 대한 독재라는 용어는 신중하게 사용되어야 한다. 시진핑의 독재는 사회주의 국가에서 사용해왔던 프롤레타리아 독재와 유사하다. 권력을 너무 공적으로 사용하고 있기 때문이다. 시진핑의 강화된 권력은 금융의 투명성 확보와 공산당의 부패방지, 지방권력의 방만한 운영, 그리고 민생과 환경문제 개선에 주로 쓰이고 있다. 그래서 '관리 독재'라고 이름붙여야 한다.'

오랫동안 중국을 연구해 온 중국학자라고 해도 이해가 되지 않는 주장이다. 시진핑 독재를 인정하면서도 그것을 프롤레타리아 독재와 유사하다고 견강부회하는 수법이다. 시 주석 이전의 후진타오나 장쩌민 주석시대를 1인 독재라고 규정하지는 않는다, 중국공산당이 지배하는 독재이기 때문이다.

　1인 지배권력을 강화하면서 관례적인 10년 집권을 넘어 종신집권으로 치닫고 있는 시 주석을 이전의 공산당 독재체제를 넘어선 1인 독재체제라고 할 수는 없다고 강변하는 저자의 말은 중국 관영매체를 그대로 옮겨놓은 것이라고 해도 무방하다.

　저자는 시 주석의 1인 지배권력 강화가 왜 공적이며 부패방지 등 공적으로만 사용하고 있다는 근거는 어디에 기인한 것인지 구체적인 자료를 제시하면 좋겠다. 시진핑 독재는 전임 후 전 주석까지의 중국공산당 최고지도부인 정치국상무위원회가 권력을 분점해 온 집단지도체제 혹은 중국공산당의 독재와는 완전히 멀어진 것이다.

2017년에 벌어진 일

　2018년 제 13차 전국인민대표대회 이후 시 주석은 이미 마오쩌둥을 능가하는 1인 독재를 완성했다. '당의 핵심'(核心)이며 군대의 통수, 인민의 영수, 인민의 안내자 등이 시진핑 주석을 수식하는 호칭이 됐다.

　시진핑 권력 강화의 정점은 2017년 10월 개최된 제 19차 당 대회였다. 이 당 대회를 통해 시 주석의 측근들(习家军)이 대거 당 중앙위원회 정치국에 진입했다. 25명의 정치국원 중에서 2/3를 차지했다.

　이 당 대회(10. 25)에서 시 주석은 차기 지도자를 정하는 '격대지정'을 폐지했다. 후계자를 내정하지 않겠다는 것이다. 이는 여러 가지 함의를 담고 있다. 역대 주석 등 최고지도자들이 한번만 연임을 해 온 관례를 깨고 2연임 이상을 할 수 있도록 하면서 사실상 종신집권을 가능하게 한 것이다. 봉건시대의 황제의 권능 이상을 확보한 것이다.

시 주석이 마오쩌둥 이래로 누구도 가지 않은 '1인 숭배'와 1인 독재의 길로 들어서는 시점에 문재인 대통령이 중국을 방문했다는 점도 눈여겨볼 필요가 있다.

2017년 10월 열린 제 19차 당 대회에서 시 주석은 "중국 특색 사회주의의 신시대 진입"을 천명했다. 신시대는 지금까지와는 시 주석이 여는 신중국의 새로운 시대라는 것이다. 마오쩌둥과 덩샤오핑에 이어 당장(黨章)에 신시대 중국특색 사회주의 사상을 삽입했는데 이 지도사상이 바로 시진핑 사상이었다. 7일간 열린 19차 당 대회를 통해 집권2기(5년)를 맞이한 시 주석은 스스로를 마오쩌둥과 덩샤오핑의 반열에 올려놓는 '시진핑 사상'을 당장에 올려놓고 1인 독재체제 강화의 길로 들어섰다.

정치국 상무위원회를 자신의 측근들로 대폭 물갈이하고 차기 지도자를 지명하는 '격대지정'의 중국공산당의 전통을 깨뜨리고는 종신집권의 길을 마련한 것이다. 시 주석의 1인 독재가 강화되는 시점에 돌출한 한국의 사드배치는 시 주석의 지도력을 시험하는 기회였을 것이다. 그래서 중국은 그때까지와는 달리 사드해법과 관련 '강드라이브'를 걸었고 미국에 거리를 두고 싶어 한 한국의 '친중'성향 문재인 정부는 '알아서 기는' 대중 저자세 외교를 한 셈이다.

문재인 정부는 대통령실인 청와대가 국정을 주도하는 청와대정부였다. 노무현 정부는 '참여정부'를 표방하면서 국무총리에게 국정운영의 한 축을 맡도록 하면서 각 부처 장관들에게 일정수준의 인사와 자율권을 줬다. 문재인 정부는 내각을 청와대 참모들이 틀어쥐면서 국정을 이끌어갔다. 경제는 경제부총리가 아니라 청와대 정책실장이 주도했고 외교안보정책 역시 청와대 국가안보실장이 틀어쥐고 있었다. 그래서 문재인 정부는 '노무현 2기'가 아니라 노무현 정부와는 전혀 다른 독선적인 국정운영 방식으로 운영됐다.

그렇다면 문 대통령은 왜 취임하자마자 사드해법에 몰두하면서 2017년이 가기 전에 중국방문을 성사시키려고 안달이 났을까?

집권 초반 중국과의 관계를 회복해야 하는 절대적 당위성은 없다. 있다면 정치적인 것이었을 개연성이 높다. 국정농단사태와 대통령 탄핵이라는 초유의 헌정중단을 통해 집권한 문 대통령은 사드문제로 꼬인 한중관계를 조기에 정상화시켜야 한다는 강박관념에 사로잡혔다. 그래서 백번 양보를 하더라도 집권 전부터 사드배치에 대해 반대해왔던 집단적인 속성에 따라 중국 측 요구를 수용, 비록 굴욕적으로 보이더라도, 미군의 사드가 실제 배치돼서 운용되지 않도록 하는 것이 그들의 궁극적 목표였을 수 있다.

실제로 문재인 정부 5년 동안 사드는 추가배치는 고사하고 당초 배치된 2기 마저 제대로 된 환경영향평가를 받지 못해 정상적으로 운용되지 못했다. 시 주석은 사드 문제에 대한 한국정부의 전향석인

조치가 없으면 한중관계의 정상적인 복원은 없다며 강압적으로 한국 정부를 압박하고 있는 상황이었다. 우리가 중국방문을 서두르면 서두를수록 중국의 사드압박에 모든 카드를 내줘야 하는 것이 당연했다. 중국의 사드압박에 국제기구와 여론에 호소하면서 적극적으로 대응하지 않고 중국의 요구를 대부분 수용하는 것으로 우리 정부는 쉽게 양보했다.

그것이 문 대통령의 방중 두달여 전에 협의하고 성사된 비밀협약, 사드 '3불1한'이었다.

삼불일한(3不1限)

2017년 10월 말이었다.

한국의 6자회담 수석대표인 이도훈 한반도 평화교섭본부장이 중국 베이징에서 쿵쉬안유 외교부 부장조리 겸 한반도사무특별대표와 한중6자회담 수석 대표협의를 가졌다. 한국 정부는 이미 여러 차례 중국측과 문재인 대통령의 방중의사를 타진하고 방중시기와 선결조건 등에 대한 입장조율에 나섰다. 그러나 중국은 사드문제해법이 문 대통령 방중의 최우선 선결조건이라는 입장을 고수하고 있었다. 문재인 정부 출범이후 남북관계 개선에 대한 획기적인 성과를 내기위해서라도 2018년 2월 개최되는 평창동계올림픽의 성공적 개최는 발등에 떨어진 불이었다. 정부는 평창올림픽에 북한의 참여를 최우선 과제로 선정하고 중국 측의 전방위적인 협조를 요청한 것으로 알려졌다. 중국은 이와 같은 한국정부의 사정을 잘 알고 있었다.

10월 31일 외교부 동북아2과 보도자료 형식으로 〈한중 관계 개선 관련 양국간 협의의 결과〉가 언론에 배포됐다.

- 최근 한중 양국은 남관표 대한민국 국가안보실 제2차장과 콩쉬안유 중화인민공화국 외교부 부장조리간 협의를 비롯해 한반도 문제 등과 관련하여 외교당국간의 소통을 진행하였다.
- 양측은 한반도 비핵화 실현, 북핵문제의 평화적 해결 원칙을 재차 확인하였으며, 모든 외교적 수단을 통해 북핵문제 해결을 지속적으로 추진해 나가기로 재천명하였다. 양측은 이를 위해 전략적 소통과 협력을 더욱 강화해 나가기로 하였다.
- 한국 측은 중국 측의 사드 문제 관련 입장과 우려를 인식하고, 한국에 배치된 사드 체계는 그 본래 배치 목적에 따라 제3국을 겨냥하지 않는 것으로서 중국의 전략적 안보이익을 해치지 않는다는 점을 분명히 하였다. 중국 측은 국가안보를 지키기 위해 한국에 배치된 사드 체계를 반대한다고 재천명하였다. 동시에 중국 측은 한국 측이 표명한 입장에 유의하였으며, 한국 측이 관련 문제를 적절하게 처리하기를 희망하였다. 양측은 양국 군사당국간 채널을 통해 중국 측이 우려하는 사드 관련 문제에 대해 소통해 나가기로 합의하였다.
- 중국 측은 MD 구축, 사드 추가 배치, 한미일 군사협력 등과 관련하여 중국 정부의 입장과 우려를 천명하였다. 한국 측은 그간 한국 정부가 공개적으로 밝혀온 관련 입장을 다시 설명하였다.
- 양측은 한중 관계를 매우 중시하며, 양측 간 공동문서들의 정신에 따라, 한중 전략적 협력동반자 관계 발전을 추진해 나가기로 하였다. 양측은 한중간 교류협력 강화가 양측의 공동 이익에 부합된다는 데 공감하고 모든 분야의 교류협력을 정상적인 발전 궤도로 조속히 회복시켜 나가기로 합의하였다.

그로부터 한 달 반이 지난 12월 양국 정상회담을 가진 자리에서 한중 정상은 다시 사드문제와 관련한 의견을 주고받았다.

방중 정상회담 이전 양국이 조율한 사드문제 해법이 미흡했던 것인지, 시 주석이 정상회담 의제에 올리지 않기로 한 사드문제에 대한 중국의 입장을 재천명하면서 문 대통령을 압박했다. 외교관례를 무시한 중국의 오만을 표출한 것인지 문 전 대통령을 비롯한 우리 측을 당황하게 했다.

10월 말 쿵쉬안유와 남관표가 합의한 사드해법에 문제가 있었던 것인가? 아니면 중국 측은 의도적으로 사드 압박강도를 높였던 것일까? 궁금한 점이 한두 가지가 아니다.

왜냐면 양국 외교당국이 문 대통령의 12월 방중에 합의하면서 사전에 사드해법에 대한 조율을 마쳤고 정상회담 의제에 대해서도 양측이 완벽하게 합의했기 때문에 전혀 조율되지 않은 사드문제를 다시 꺼낸다는 것은 있어서는 안 되고, 있을 수도 없는 외교 결례였기 때문이다.

굴욕적인 정상회담이라고 여길 수밖에 없는 심각한 사안이었다. 당시 정상회담내용에 대해서는 언론은 다음과 같이 보도했다.

'문재인 대통령과 시진핑 중국 국가주석은 같은 해 12월 14일 확대 및 소규모 정상회담을 잇달아 갖고' △ 한반도에서의 전쟁은 절대 용납할 수 없다 △ 한반도의 비핵화 원칙을 확고하게 견지한다 △ 북한의 비핵화를 포함한 모든 문제는 대화와 협상을 통해 평화적으로 해결한다 △ 남북한 간의 관계 개선은 궁극적으로 한반도 문제를 해결하는 데 도움이 된다'는 내용의 4대 원칙에 합의했다고 (윤영찬)청와대 국민소통 수석이 밝혔다.

또한 양국 정상은 양자 방문 및 다자 정상회의에서의 회담은 물론, 전화 통화, 서신 교환 등 다양한 소통 수단을 활용하여 정상 간 '핫라인'을 구축함으로써 긴밀한 소통을 계속해 나가기로 했다. 양국 정상은 경제, 통상, 사회, 문화 및 인적 교류 등을 중심으로 이루어져 오던 양국 간 협력을 정치, 외교, 안보, 정당 간 협력 등 분야로 확대해 나가기로 했으며, 이를 위해 정상 차원은 물론 다양한 고위급 수준의 전략적 대화도 활성화해 나가기로 했다.

이어 양 정상은 북한의 도발 중단을 강력히 촉구하는 한편, 북한의 핵 및 미사일 개발이 한반도뿐만 아니라 동북아와 국제사회의 평화와 안정에 심각한 위협이라는 데 인식을 같이하고, 안보리 관련 결의를 충실히 이행하는 것을 포함하여 제재와 압박을 통해 북한을 대화의 장으로 유도하기로 했다.

시 주석은 이어진 소규모정상회담에서 사드 문제에 대한 중국 측 입장을 재천명하고, 한국 측이 이를 계속 중시하고 적절히 처리하기를 바란다고 밝혔다.

시 주석은 "좌절을 겪으면 회복하는데 시간이 오래 걸리지만 지금 양국 관계는 빠른 속도로 개선이 되고 있고, 이런 일이 다시 반복되지 않도록 각별히 신경 쓰고 관리를 잘해 나가자"고 했다.

10월 31일로 되돌아가 보자.

외교부 동북아2과가 낸 보도자료였지만 사드문제에 대한 베이징 실무협의는 청와대 안보실이 주도했고 외교부 중국라인은 배제된 상태였다. 중국 측과의 실무협의 대표는 청와대 국가안보실 남관표 2차장이었고 중국측 대표는 쿵위안유 외교부 부장 조리(차관보급)였다. 외교부의 역할은 아마도 통역이나 안내정도였을 것이다. 사드문제에 대한 중국과의 실무협의과정에서 우리 측의 입장을 결정하는 과정에 외교부 중국라인의 입장은 전혀 반영할 수 없는 구조였다.

물론 사드해법은 외교적인 사안이 아니라 청와대 핵심관계자나 문 대통령이 정치적·정무적으로 결단을 내려야 하는 사안이라는 점은 분명하지만 상대가 중국인 만큼 그동안의 협상과정 등 외교무대의 최일선에서 일해 온 외교부가 배제된 것은 적잖은 문제가 있었다.

중국과 협상을 하거나 하다못해 양해각서나 계약서 한 장을 교환하더라도 중국 측 단어 하나하나의 뜻과 우리가 제시하는 단어가 전혀 의미가 다를 수 있기 때문에 중국 측과 협상을 오랫동안 해온 중국라인의 경험과 입장은 대단히 중요하다.

그러나 10월 실무협의과정에서 외교부의 중국라인은 전혀 개입하지 못하고 실무협의가 마무리된 것으로 전해졌다. 실무협의 대표인 남관표 국가안보실 제 2차장은 외교부 공무원 출신으로 노무현 정부 때부터 당시 외교부에서 '자주파'로 분류될 정도로 반미성향이 강했다. 그래선가 이후 외교관으로는 이례적으로 노무현 정부 당시 문재인 민정수석 산하의 민정수석실에 파견 근무했다.

그런 경력의 외무공무원 남관표가 2017년 6월 국가안보실 제 2차장에 임명됐다. 반미성향의 자주파 남관표가 사드문제에 대한 해법

을 마련했다면 결론은 박근혜 전 대통령이 사드배치를 결정한 이후 사드배치에 강력하게 반대해 온 '더불어민주당의 입장'과 다를 바가 없었을 것이다.

그래선가 실무협의 보도자료에 정확하게 담겨있지 않지만 그 후 국회질의과정에서 강경화 외교장관이 밝힌 중국과의 '사드 3불'요구에 쉽게 동의해줬을 개연성이 높다. 더 큰 문제는 남 차장이 이 실무협의의 실세가 아니었다는 점이다.

실무협의의 총괄 협상의 서명자는 남 차장이었지만 실무책임자는 당시 국가안보실 1차장 산하 평화군비통제비서관실의 최종건 비서관이었다고 한다. 최 비서관은 고교 때 호주로 이민을 가서 미국 로체스터 대학교 정치학 석사를 나온 후 연세대학교 대학원 정치학과

석사, 오하이오 주립대학교 대학원 정치학 박사출신으로 연세대 정외과 교수로서 2017년 대선 당시 문재인 캠프에 합류한 외교안보 분야 브레인이었다. 그가 문 대통령이 당선되자 43세의 나이에 신설된 '평화군비통제비서관'으로 기용된 것이다.

 2017년 5월 11일 문재인 청와대는 정책실장 신설과 국가안보실 확대개편을 골자로 하는 청와대 직제개편안을 임시국무회의를 통해 의결했다. 특히 1실장 2차장 5비서관 체제였던 안보실을 1실장 2차장 8비서관체제로 국방개혁, 평화군비통제 및 외교정책 비서관 등 비서관 3명을 신설하거나 개편했다.
 특히 국방개혁과 평하군비통제비서관 신설은 문 정부는 출범하면서부터 남북관계 변화를 염두에 두고 국방개혁과 군축을 추진하려했다는 사실을 여실히 보여준다. 북한과 협상하거나 남북대화도 하지 않은 상태에서 청와대 안보실 직제부터 평화무드 조성과 군축방향으로 구축한 셈이다.

 최종건 평화군비통제비서관은 대선 때 후보의 싱크탱크인 정책공간 '국민성장'에서 한반도 안보성장추진단장을 맡았었다. 최 비서관은 이후 2차장실 산하의 평화기획비서관으로 자리를 옮겨서 일했고 직속 상관인 김현종 2차장과 갈등을 빚은 끝에 '나를 자르든가 김현종을 자르라'는 말로 언론의 관심을 받기도 했다. 그 후 외교부 2차관으로 영전시키는 방식으로 갈등을 봉합했다.
 평화기획비서관 시절에는 9.19 남북군사합의를 주도했다. 사드3

불1한과 9.19 합의 등 굵직굵직한 역사적인 사건을 모두 주도했지만 결과적으로는 중국과 북한 모두에게 잘못된 신호를 준 나쁜 합의였고 모두 윤석열 정부 들어 폐기됐다.

  문재인 정부의 '가짜' 평화무드와 사드봉합을 주도한 실무책임자가 소장 자주파 교수출신이라는 것은 그동안 제대로 조명되거나 시중에 알려지지 않은 사실이었다. 2022년 정권교체와 더불어 최 전차관은 연세대교수로 복직, 문재인 정부 당시 자신이 한 일을 변명하는 〈평화의 힘〉을 출간, 문 대통령의 추천도서리스트에 오르기도 했다.

삼불일한이 무엇인가

중국과 합의한 △사드(THAAD) 3불은 ▶사드 추가 배치를 검토하지 않으며 ▶미국의 MD(미사일방어) 체계에 참여하지 않으며 ▶한·미·일 안보협력이 군사동맹으로 발전하지 않을 것이라는 3가지다.

'1한'은 한국 측이 숨기려 한 것으로 문재인 정부가 중국 측과 합의했다는 것을 공식적으로 인정하지 않았다.

그러나 중국 관영매체가 지속적으로 언급함에 따라 함께 합의한 것으로 보는 것이 맞을 것 같다.

왕이 외교부장도 수시로 중국과 한국이 얼마 전에 '사드' 문제를 단계적으로 처리하기로 합의한 공통 인식과 한국 측이 제시한 "3불1제한 정책"의 입장 표명에 대해 언급하면서, 한국이 "한 말은 반드시 지키고, 실제적인 행동을 취할(言必信, 行必果)"것을 희망한다고 정중하게 상기시키곤 했다.

중국과 합의한 '3불' 역시 한국의 군사주권을 제한하는 있을 수 없는 주권포기였지만 무엇보다 이미 배치된 사드 포대의 운용도 제한한다는 1한은 말이 안되는 합의사항이었다. 강경화 외교장관이 3불

1한이 양국간에 문서화된 각서가 아니라 모두 계획이 없다고 부인하고 나섰지만 중국 매체가 거듭 주장하면서 그 존재를 부인할 수 없게 된 것이다.

"사드 추가 배치를 검토하지 않고 있습니다. (한, 미, 일) 3국 간의 군사동맹으로 발전하지 않을 것을 분명히 말씀드립니다."

– 강경화 외교장관 대정부질의에 대답하면서 2017년 10월 국회

실제 문재인 정부는 임기말인 2022년 5월까지 '3불'을 충실히 이행했으며 5년 내내 환경영향평가를 제대로 진행하지 않고 지연하는 방식 등으로 사드 장비만 성주기지에 들어갔을 뿐 추가 배치되지 않았다. 추가 배치는 고사하고 박근혜 정부에서 결정됐던 원안조차 실행되지 않았다.

3불1한과 관련해서 당초 외교부가 만든 초안에는 '현재로서는'이라는 문구가 포함돼있었던 것으로 전해진다. 그러나 실제 실무협의 과정에서 이 문구는 들어가지 않았다. 외교적 협상의 기술을 적용한 조건이었지만 이를 잘 모르는 우리 측 협상대표가 이를 간과하고 중국 측의 입장을 수용해버린 것이다. 협상대표는 남관표 제 2차장이지만 최종건 비서관만 협상장에 들어간 일도 있었다고 한다. 문재인의 한반도 평화프로세스라는 남북관계의 그림을 그린 장본인이 사드 실무협의를 주도했다는 것은 사드해법이라기 보다는 남북관계개선과 종전선언 및 남북정상회담 등의 프로세스 구상을 위한 중국 측의 지원을 얻기 위한 대폭적인 양보였을 개언성이 높다.

실무협의이후 중국 측은 방중 전인 11월 23일 사드관련 군사당국 간 협의까지 요구하고 나섰다. 베이징을 방문, 왕이 부장과 외교장관 회담을 한 강경화 외교장관이 한국특파원들과 만나 회담결과를 설명하는 자리에서 중국측의 요구사항이 있었다는 것을 밝힌 것이다. 중국은 사드운용체계가 중국의 안보이익을 침해하지 않을 것이라는 것을 기술적으로 보증할 수 있어야 한다는 무리한 요구를 했다. 그러나 우리 측은 국방부와 논의한 결과 중국 측의 군사적 요구는 들어줄 수 없다는 결론을 내렸다.

우리 군이 운용하는 것이 아닌 미군이 운용하는 사드를 중국의 안보이익을 침해하지 않는다는 보증을 해주거나 검증을 해줄 수는 없었기 때문이다. 심지어 중국은 사드 X밴드레이다의 운용을 제한하기 위해 중국을 향해 차단벽을 설치하라는 무리한 요구까지 했다는 것이다.

문재인 정부가 얼마나 만만하게 보였으면 주권국가인 대한민국에게 이런 요구까지 안하무인격으로 당당하게 주장할 수 있었는지 기가 막히는 순간들이 아닐 수 없다. 모든 것은 남북관계 개선이라는 한반도 평화프로세스에 맞춰져 있었다.

애초부터 반미 친중 성향을 노골적으로 드러내면서 대중저자세로 일관한 정부가 중국에 대해 취할 수 있는 조치는 아무 것도 없었다. 사드에 관한 한 국가로서의 주권을 포기하다시피 하면서 중국의 압박만으로도 사드배치를 무력화하는데 동의한 문재인 정부는 중국이 호구 취급하는 게 당연했다.

느닷없이 한국행에 나선 왕이 중국 외교부장

최종건의 착각

최종건 비서관이 교수시절 쓴 사드에 대한 두 건의 칼럼을 소개한다.

세상 읽기 | 사드가 MD가 아니라면

윤병세 외교부 장관은 미소를 머금고 "니하오"라고 인사하였다. 중국 왕이 외교부장의 표정은 어두웠다. 왕 부장은 한국의 사드 배치 수용이 "쌍방의 호상 신뢰에 해를 끼쳤다. 유감스럽다"며 "한국 쪽이 우리 관계를 수호하기 위해 어떤 실질적인 행동을 취할지 들어보려 한다"고 경고했다. 라오스의 한·중 외교회담에서 중국의 냉정한 분노가 느껴졌다. 전통적으로 중국은 미국의 미사일방어(MD·엠디)망이 자국의 제한적인 핵보복능력을 저하시킨다며 위협으로 인식했다. 중·러는 주한미군의 사드 배치가 한국의 안보수요를 넘어설 뿐만 아니라 북한을 빌미로 미국 엠디가 한반도로 확장되어 미·중·러 간 전략균형을 깨는 행위라고 본다.

우리 정부는 사드가 미국 엠디(MD)는 아니라고 주장한다. 한민구 국방부 장관은 지난 20일 사드 관련 국회 긴급현안질문에서 "사드 체계는 한국의 방어를 위한 미사일 체계로 미국의 엠디 체계와 정보

공유를 하지 않도록 돼 있다"는 정부의 공식 입장을 밝혔다. 윤 장관은 "중국도 러시아도 주한미군 사드 배치를 일종의 글로벌 엠디에 참여하는 것으로 잘못 판단하고 있다"며 중·러의 반발이 오해에서 비롯된 것이라고 강조했다. 황교안 총리 또한 "사드와 엠디는 연결되어 있지 않다"고 단정했다.

그런데 이상하다.

주한미군의 사드 배치를 미국 엠디의 확장이라고 말하는 건 중국과 러시아만이 아니다. 일본 〈산케이신문〉은 한국의 사드 배치가 곧 "미·일 미사일방어망에 한·미 방어망이 가세함으로써 요격 태세가 강화된다"고 7월8일 논평하였다. 〈아사히신문〉은 성주에 배치될 엑스밴드 레이더가 "기존 일본에 있는 엑스밴드 레이더와 복합적인 운용이 가능해져 SM-3의 요격능력을 향상"시킬 수 있다며, 한국은 "6월말 한·미·일 첫 미사일방어 합동훈련을 실시하고 사드 배치도 결정하는 등 사실상 한·미·일 미사일방어체계로 점차 기울고 있다"고 일본 군사 소식통을 인용하였다.

일본이 주한미군의 사드 배치를 환영하는 중심 논리에는 바로 미국 엠디의 확장이 있다. 미국 또한 사드 배치 결정 보름 전인 6월22일에 애슈턴 카터 국방부 장관의 발언을 통해 "(북한의 무수단 미사일 발사는) 우리의 동맹인 한국, 한반도의 미군, 일본, 미국의 영토를 지키기 위해 다양한 사거리의 엠디 체계를 구축하는, 그동안 해왔던 작업을 계속할 필요를 보여준다"며 주한미군의 사드 배치가 미국 엠디의 연속선상에 있음을 확인하였다. 미국 의회의 회계감사국 자료와 2017년 정부예산안 등을 보면, 사드가 엠디의 구성요소이며 이 구성요소들은 소프트웨어 업그레이드를 통해 통합되는 중이다. 사드 배치를 반대하는 중국과 러시아뿐만 아니라 이를 찬성하는 미국과 일본 모두 사드가 미국 엠디 확장이라고 말하지만, 우리 정부만 그렇지 않다고 말하는 이상한 형국이다.

성주에 배치될 사드가 미국 엠디가 아니라면 이는 마치 통신사에 가입되지 않은 최신형 스마트폰이라는 뜻이다. 통신망에 연결되지 않은 스마트폰이 제 기능을 발휘할 수 없듯이 미국의 엠디망에 연결되지 않은 성주의 사드는 무용지물이다. 말이 안 된다. 사드는 오로지 미국의 엠디를 강화하기 위해 미국의 예산으로 제작되었다. 그리고 이를 주한미군에 배치하고 미군이 운영·통제한다. 원활한 운영·통제는 미국 엠디망에 연결되어야 가능하다. 사드가 엠디다. 우리가 아무리 주한미군의 사드 배치를 대북용이라 해도 한반도로 확장된 미국의 엠디 체계는 한·중 관계를 냉각시켰을 뿐만 아니라, 대북제재 공조를 와해시킬 것이며, 한국의 미·일 편중 외교를 심화시킬 것이고, 북한의 평화적 비핵화를 애잔한 꿈으로 만들 것이다. 사드가 엠디가 아니라면 이것이야말로 사드 괴담의 화룡점정이다. (2016-07-26)

세상읽기 | 사드 대선

2017년 3월6일 늦은 밤 미군 오산비행장에 사드포대 일부가 도착했다. 사드 미사일 발사대가 수송기에서 하역되는 장면이 방송되었다. 정말 왔구나. 이렇게 전격적으로 강행할 수도 있구나. 눈앞이 캄캄하다. 사드 배치가 현실화된 지금, 중국의 한국 제재는 더욱 거칠어질 것이다.

중국 인민들의 분노가 향할 곳이 평양이 아니라 서울이라는 것이 참 아이러니하다. 대행정부, 그러니까 탄핵받은 정부는 오로지 사드만이 마법의 방패인 것처럼 대한민국의 외교안보환경을 사드에 올인 했다. 당신들이 그럴 자격이 있는가? 적폐의 중심에 있는 보수정당의 대선후보들은 오산에 도착한 사드를 쌍수 들고 환영한다. 사드 배치를 반대하거나 재검토해야 한다는 야당 대선주자들의 안보관이 의심스럽다며 그 지겨운 색깔론을 들이댄다. 분명, 사고는 북한이 치고 있는데, 제재는 우리가 받는 이 상황의 책임은 누가 질 것인가?

중국의 압박에 굴복하지 않는 것도, 동맹 간의 약속도, 북한의 군사적 위협을 억제하는 것도 중요하다. 그러나 주한미군의 사드 전개는 이 소중한 대선을 "사드 대선"으로 왜곡할 것이다. 안보만큼은 자신있다던 보수정부는 북핵문제를 관리하는 데 실패했다. 한-미 동맹만 강조했건만, 강화된 동맹은 북한의 핵개발 신념을 꺾지 못했다.

보수세력은 "사드만이 유일한 안보"인 것처럼 주장하지만 "악화된 북핵문제를 어떻게 해결할 것인가?"라는 물음에 답하지 못한다. 그러면서 "중국의 경제보복에 따른 피해가 있다고 해서 사드 문제를 중국이 요구하는 대로 무기한 연장하거나 다음 정부로 연기할 수는 없다"고 한다. 대중국 무역의존도가 26%에 다다른다는 것은 외면한다. 더욱 힘들어질 경제 상황이지만 국민들에게 단호함만 요구한다.

청년 일자리, 경제성장, 사회복지에 대한 대책은 없고, 오직 사드 배치, 한-미 동맹만 주술처럼 외워댄다. "사드만 안보" 이면에는 이 총체적 난국을 해결할 혁신적 아이디어가 결핍되어 있다. 지금은 우리가 중국으로부터 경제제재를 받아야 할 때가 아니라, 어떻게 대북제재를 효율적으로 진행할 것인가를 중국과 머리 맞대고 협력해야 할 때다. 이렇게 황당한 상황으로까지 한국의 안보를 악화시킨 보수의 안보관, 이들의 치명적 한계는 동맹의 이익과 대한민국의 이익을 구별할 수 없다는 것이다.

사드 배치는 단순히 대한민국 영토에 주한미군이 하나 더 생기는 문제가 아니다. 그렇다고 해서 사드 배치를 철회해서 중국에 머리를 숙이자는 것도 더더욱 아니다. 북핵을 머리에 짊어지고 살자는 것도 아니다. 진중히 사드 배치의 손익을 검토해보자는 것이다. 이 지긋지긋한 북핵문제와 한반도의 고질적 안보불안을 해결해야 하지 않겠나? 지난 대선에 북방한계선(NLL) 논쟁으로 재미를 보았던 보수세력이 이번 대선을 "사드 대선"으로 만들게 놓아둘 것인가?

사드 뒤에 숨어서 안보적폐세력이 진정한 안보세력인 양 행세하는 것을 좌시할 것인가? 제정신 박힌 사람이라면 누가 한-미 동맹을 깨려 할 것이며, 이 자랑스런 대한민국을 김정은에게 바칠 사람이 누가 있겠는가? 미-중 관계가 어떻게 전개될지 불투명하다. 미-중 관계가 악화되는 상황에서 사드 배치가 완료되면, 우리의 의도나 국익과 상관없이 대한민국의 안위는 강대국 국제정치의 형국에 좌지우지 될 것이다. 북한의 평화적 비핵화와 한국의 멈춰버린 성장을 회복할 가능성도 다 사라질 것이다. 우리의 국익은 사라지게 된다. 지금 우리에게 요구되는 대선은 과연 어떤 안보정책이 대한민국에 가장 이익이 되는가를 결정하는 대선이지, 사드 대선이 아니다. (2017-03-07)

- 최종건 교수가 한겨레신문에 기고한 사드관련 칼럼

2장

짱깨주의라는 괴물

느닷없이 등장한 '짱깨주의'

문재인 전 대통령이 퇴임 후 처음으로 추천한 도서가 〈짱깨주의의 탄생〉이다.

그는 재임중 자신의 '중국부역'외교를 적극적으로 옹호하고 나선 김 교수의 주장에 우레와 같은 박수를 쳤다. 자신의 대중 대북정책을 100% 대변한 것은 아닐지라도 옹호해주는 논리가 이 책이었다.

책은 논란 속에서도 '문빠'같은 강성 이념적 지지자들로 인해 많이 팔렸다.

〈짱깨주의의 탄생〉은 우리 사회에 짱깨주의가 만연하다고 전제한다. 저자 김희교 교수가 정의내린 '짱깨주의'는 중국과 중국인을 싫어하고 혐오하는 혐중(嫌中)정서를 바탕으로 막무가내로 중국을 악마화하는 정서로 해석된다.

저자는 "갑자기 부상한 강대국에 경계심을 갖고, 가난하고 경쟁력도 없어 보이던 나라가 어깨를 나란히 하고 우리 시장을 넘보니 자연스레 반감, 질시, 위협 같은 것을 느낄 수 있다. 그러나 외교는 분노나 혐오로 해결되지 않는다. 내가 주목한 것은 세계질서의 동요가 가져온 우리의 대응방식이다. 안타깝게도 일부 보수주의자들은 중국봉쇄 정책에 동조했고, 중국혐오를 활용했다. 진보진영은 이런 현상에 무관심했다. 이런 현상을 그렇게 이름 붙였다"라며 짱깨주의를 보수주의자들에 의해 형성된 중국혐오라고 단정한다.

그의 분석을 근거가 없다거나 완전히 틀렸다고 지적하고자 하는 것이 아니다. 일정 부분 우리 사회에 반중정서가 있다고 치더라도 우리 사회에 짱깨주의라고 규정할만한 실체가 만연하다고 보는 전제가 낯설었다.

반중정서이전에 진보진영이 전가의 보도(傳家之寶)처럼 휘둘러 온 '반미'선동이 '짱깨주의'보다 훨씬 더 오래전부터 우리 사회에 자리 잡고 있었다. 반미와 결합한 반일은 진보진영의 기본적인 세상 인식 아닌가? 반중·혐중 정서가 우리 사회에 자리잡은 것은 그리 오래되지 않았다. 김 교수가 분석한 것처럼 반중은 '갑자기 부상해서 강대국이 된 중국에 대해 경계심을 갖거나 질투해서 혹은 반감과 질시와 위협을 느껴서 자연발생적으로 생성된 정서'가 아니다.

보수주의자들의 중국봉쇄정책이 우리 사회에 짱깨주의를 부추기고 또한 중국혐오를 정치적으로 활용해서 더 커진 것도 아니다. 짱깨주의라는 신조어가 우리에게 낯설게 느껴진 것은 그 때문이다. 김희교 이전 중국연구학계 누구도 짱깨주의라는 표현을 쓴 적이 없었다. 그런데 그는 왜 누구도 쓰지 않는 규정하기 어려운 자극적인 용어를 사용해서 논란을 불러일으킨 것일까? 그저 관심을 끌려는 돈키호테일까? 중국연구자들이 쓰지 않고 꺼려하는 자극적 표현을 차용한 것은 정치적 의도를 숨긴 것이 아닐까 의심이 든다. 그는 한국인이지만 한국인의 시각이 아니라 오히려 중국 측의 입장에서 짱깨주의를 들고 나온 것이라는 생각도 들었다.

중국 연구자들은 정치적으로 민감한 사안에 대해 어느 한쪽의 시각이 아니라 중립적으로 보이는 방식으로 접근한다. 우리 사회에 중국연구의 물꼬를 튼 고 리영희 교수도 〈전환시대의 논리〉에서 중국혁명과 문화대혁명을 언급하면서 상반된 두 개의 시각을 소개하는 방식을 썼다. 물론 리 교수 본인이 어느 쪽에 무게를 둔 것인지는 명백하지만 말이다.

우선 〈짱깨주의의 탄생〉을 통해 곳곳에서 보이는 저자의 주장이 타당한지 살펴보는 것이 재미있을 것 같다.

그는 사드(THAAD, 고고도 미사일방어체계)배치를 '한국 보수주의의 신냉전적 기획'이라고 단정했다.

'박근혜 대통령이 천안문 광장에 올랐을 때만 하더라도 박근혜 정부는 중국이 북한을 버릴 수 있을 것이라고 믿었던 듯하다. 중미 관계에 대한 근본적인 이해없이 근거 없는 자신감을 바탕으로 패착을 두었다. 그런 점에서 2016년 1월 13일 박근혜 대통령의 사드배치발표는 전격적이었지만 즉흥적인 것은 결코 아니었다. 결국 박근혜 정부는 미국의 지휘하에 한미일 삼각동맹체제를 바탕으로 하는 신냉전으로의 귀환을 선택했다. 박근혜 정부의 전격적인 사드 배치를 통해서 한국의 안보적 보수주의는 만족할만한 성공을 거두었다.

사드배치 전 중국에 대한 호감도는 사드배치이후 급락해서 미국보다 낮아진 것은 물론 심지어 일본보다도 낮아졌다. 중국에게는 사드 배치에 대해 사전에 논의도 통보도 하지 않았다. 심지어 황교안 총리는 배치 발표 열흘 전 중국을 방문, 시진핑 주석을 만나서 사드에 대해서는 아무 것도 결정된 바 없다고 까지 말했다. 사드를 설치했을 때 벌어질 모든 가치의 문제가 '중국 對 한국'이라는 적대적 진영논리에 귀속되고 말았다. 롯데마트의 철수도 중국책임이고 현대차 판매가 반토막 난 것도 중국책임으로 돌려졌다.

사드 배치과정에서 드러난 가장 위험한 징후는 중국인을 혐오하는 '유사인종주의'의 등장이었다.

보수 언론은 중국인을 혐오하는 기사들을 대대적으로 싣기 시작했다. KBS, 연합뉴스 조선일보 등은 중국 관영매체인 '환추스바오'(环球時報)의 사드배치에 대한 비난 막말 사설 등을 집중적으로 게재해 중국에 대한 혐오를 조장했다.'

저자는 사드 배치에 대한 중국의 압박과 대응은 중국의 안보를 위한 지극히 정상적인 대응이었고 한국의 사드배치는 중국의 안보를 도외시한 군사적 도발이었다는 시각을 견지하고 있다. 한국의 사드 배치에 대해 군사적 협박을 내뱉은 환추스바오(环球时报)의 막말 사설 등을 소개하면서 이를 비난하는 한국의 분위기를 중국에 대한 유사인종주의라고 비난하고 있다.

〈짱깨주의의 탄생〉을 하나하나 숙독하면서 그의 주장을 더 들여다보자.

〈짱깨주의의 탄생〉 저자 김희교

사드배치는 중국겨냥?

(...)'중국과 좋은 이웃국가로 더불어 살기위해 수교한 것이 아니라 중국이라는 시장이 필요해 수교를 했기 때문에 중국과 좋은 이웃이 되고자 하는 공동체주의는 설 곳이 없었다.'

틀렸다. 노태우 정부 당시 중국과 수교한 것이 단순히 중국이라는 시장에 진출하기 위한 경제적인 이유 때문이었던가? 저자의 주장은 '돈'을 보고 한 결혼이라서 그 결혼은 애초부터 좋지 못하다는 논리와 다를 바 없다. 우리가 6.25전쟁을 통해 맞서 싸운 '적국' 중공과 수교협상에 나선 것이 짱깨주의의 저자가 주장하듯이 '중국이라는 시장이 필요해서'만은 아니었다. 이웃에 위치해있다는 지정학적 위치를 감안, 중국의 좋은 이웃이 되고자 하는 공동체주의를 구현하기 위한 것도 아니었다. 냉전시대 종식에 따라 당시 노태우 정부는 스스로 '북방정책'에 나서 헝가리와의 수교를 필두로 동구권과 잇따라 수교했고 1990년 러시아와도 정식 수교하고 공관을 설치했다. 중국과의 수교는 북방외교의 화룡점정이었다.

노태우 정부는 동구권 사회주의 국가들과의 수교 및 관계 개선을 통해 한반도의 평화와 안정을 유지하고 사회주의 국가들과의 경제협력을 통해 경제협력 증대와 외교정상화를 추진했다. 그것이 이른바 북방외교였다. 오히려 개혁개방정책의 동력을 얻기 위한 적절한 경제파트너가 필요한 당사자는 중국이었다. 덩샤오핑이 추진한 개혁개방정책이 본격화되던 시점이었다. 초기에는 세계각지의 화교자본을 유치, 초기 시장경제로 가는 길목의 씨드머니로 삼았지만 한국과의 수교는 중국경제도약의 디딤돌이었다. 수교에 경제를 고려한 것은 우리가 아니라 중국이었다. '피를 나눈 형제'라며 북한을 감싸다가 1992년 전격적인 한국과의 공식수교를 발표함으로써 북한 김일성을 충격에 빠뜨리며 배신한 것이 중국이다.

노태우 전 대통령은 1988년 2월 북방외교 대원칙을 선언하고 7월에는 '7.7선언'을 발표했다. 그 때까지 헝가리 등 동구권 국가들은 관광 등 민간교류협력조차 정부의 승인을 받아야했던 적성국가 였다. 베를린 장벽붕괴로 동구권 국가들도 개혁개방, 구 소련의 '페레스트로이카'에 휩싸인 국제정세를 적극 활용한 개방정책이었다.

서울올림픽과 미·소간 '신데탕트' 분위기도 더 이상 사회주의권과의 교류를 제한하지 않고 개방외교를 추진하지 않을 수 없게 만들었다. 88서울올림픽에 소련과 중국을 비롯한 사회주의 국가들이 대거 참여하면서 노태우의 북방외교는 동력을 얻었다. 올림픽 개막을 몇 달 앞둔 1988년 3월 24일 헝가리가 서울에 무역사무소를 설치하면서 북방외교의 첫 열매가 열렸다.

이어 1989년 2월1일 동구권 국가로는 헝가리와 처음으로 공식 수

종신집권을 향해 달려가는 시진핑 국가주석

교했고 1989년 7월까지 유고슬라비아, 소련, 폴란드, 불가리아 등의 무역사무소가 차례로 설치됐다.

소련연방이 무너진 러시아와는 1990년 정식으로 수교했고 노태우 북방외교의 대미를 장식한 것이 1992년 중국과의 수교였다.

러시아와 수교협상에서 우리 측이 30억 달러의 경제차관을 러시아에 제공했다. 정부는 당시 10년 상환 조건으로 14억 7,000만 달러를 소련에 차관으로 1차 제공했으나 소련이라는 국가가 붕괴되고 러시아가 되면서 상환에 큰 어려움을 겪을 수밖에 없었다.

북방외교의 목적은 북한을 외교적으로 고립시키는 것이기도 했다. 북방외교의 절정이라고 할 수 있는 1989년 문익환 목사와 한총련 대학생 임수경의 방북이라는 돌출사건으로 인해 남북관계는 더욱 나빠지기도 했다.

한·중수교를 경제협력관점으로만 본다면 짱깨주의의 지적처럼 '경제는 중국, 안보는 미국'(경중안미)이라는 좁은 프레임에 빠지게 된다. 그러나 사드사태를 겪으면서 한중교역도 큰 악영향을 받으면서 이제 중국은 한국의 최대교역국에서 미국에 이어 2위로 밀려났다. '경제는 중국'이라는 프레임마저 깨졌다. 한국의 경제와 안보 모두 미국이 주도하는 것으로 전환됐다.

따라서 한중수교를 중국의 입장에서 강변하다가 한국이 이제는 최대교역국인 중국의 경제보복을 받아 경제적으로도 곤궁에 처하게 될 것이라는 저자의 논리는 존중받지 못하게 됐다. 중국 입장을 적극 옹호하는 저자의 주장은 뒷받침하는 근거와 논리도 제대로 갖추지 못했지만 더 들어봐도 중국 대변인 카테고리를 벗어나지 못한다. 한국인이 중국입장만 두둔하고 나서는 것을 중국에 대한 '사대'이자 '부역이'라고 규정하지 못할 이유가 없다. 한국의 입장에 동의하지 못하더라도 최소한 객관적·중립적 입장에서 제대로된 자료로 근거를 내놓는 것이 중국연구자의 기본자세일 것이다.

사드배치에 대응하는 중국을 두둔하는 저자의 입장은 더욱 가관이다.

"중국의 사드 대응은 중국의 입장에서 보면 감정적이지도 과잉 대응도 아니었다. 중국의 대응에는 중국의 이유가 있었다. 사드 배치가 중국에게 주로 문제가 되는 것은 두 가지다. 사드의 눈이라고 불리는 AN/TPY-2레이더(X-밴드레이더)와 정보공유체계인 C2BMC 기능이다. 두 가지 모두 미국의 중국봉쇄정책의 핵심기제로 기능할 수 있다. 사드가 배치되면 X밴드레이더로 수집된 모든 정보는 C2BMC 기능으로 하와이에 있는 미국의 미사일 통합정보센터에 모여 필요한 기지에 보내진다. 한·일간 군사정보공유에 따라 수집된 정보도 마찬가지다. 한국에 설치되는 사드의 X-밴드레이더는 일본이 보유한 X-밴드레이더, 미국 이지스함에 실려있는 AN/SPY-1레이더로 수집된 정보와 결합한다.

중국의 입장에서는 한·미·일 삼국을 통해 교차 수집된 중국에 관한 여러 정보가 미국에서 종합되고 한·미·일이 공동으로 대응책을 마련하는 (불편한)상황을 맞이하는 셈이다. 또한 사드는 중·미간의 억지력 균형에도 문제를 일으킨다. 특히 상시적인 감시가 가능한 한국의 사드기능이라면 중국이 미사일을 발사할 때 골든타임 내에 이를 감지할 수 있다.

이것은 지금의 군사적 균형을 무너뜨리는 새로운 대응을 모색해야 하는 사안이었다. 그것이 중국이 일본의 X-밴드레이더보다 한국의 X-밴드레이더에 더 민감하게 반응하는 이유였다."

한반도 사드배치를 중국에 대한 군사적 도발이자 위협으로 받아들인다는 저자의 지적은 일견 중국 입장에서는 '그럴 수도 있겠다'는 생각이 든다. 그러나 우리 정부가 북한의 핵과 미사일 위협에 대응하기 위한 자위적 조치로 사드 배치를 결정했다는 해명에 대해서는 전혀 받아들이지 않는다. 우리 땅에 사드를 배치하든 미군부대를 배치하든 우리 정부의 군사적 주권이다. 〈짱깨주의의 탄생〉이 지적하는 사드배치와 미군레이더가 중국을 상시 감시한다면 용인할 수 없다는 주장은 어불성설이다. 사드배치에 반대하는 중국은 한 때 미국이 중국의 군사 동향을 실시간 감시하려는 목적에서 사드를 배치했다고 주장하기도 했지만 사드배치를 결정한 것은 한국의 주권이었고 한국이 독립국가라는 사실을 간과한 것이다.

저자는 아예 사드배치를 "중국봉쇄정책에 사용될 미국의 무기를 한국에 배치하고 미군의 지휘체계 하에 운용하면서 그것을 '한국의 주권행위라고 주장하는 것'은 말이 되지 않는다"고 주장한다.

이 같은 저자의 반박은 한반도 사드배치에 대해 공격한 중국의 논리와 한 치도 다르지 않다.

북한의 핵 위협에 대응하려는 한국이 기존의 미사일요격체제로는 북핵과 미사일을 조기에 탐지할 수 없어서 주한미군과 협의하여 미군 사드배치를 결정하게 된 것인데도 이를 미국의 중국견제전략으로만 바라보는 저자의 인식은 지극히 중국적이다. 미군사드든 한국사드든 이를 군사적으로 결정하는 것은 전적으로 한국의 군사주권의 문제다.

설령 사드배치가 중국의 군사적 안보를 위협할 수 있다고 하더라도 우리 정부가 운용하고 있는 기존의 군사레이더나 미사일이 중국까지도 탐지할 수 있고 사정거리 500km정도면 중국까지도 도달할 수 있다는 사실을 간과한 어거지 주장이다.

짱깨주의는 미군사드가 아닌 한국이 사드체계를 구매해서 배치하고, 받아들이겠다는 말인가? 미군의 사드부대라서 문제된다는 말인가? 그렇다면 미군의 한반도 배치 자체를 문제삼아야 되지 않겠는가?

사드를 북핵대응수단이 아니라 '중국봉쇄정책에 사용될' 사드라고 규정하는 것은 한국의 주권을 도외시한 중국의 공세일 뿐이다. 사드 배치는 전적으로 우리 정부의 결정이었다. 미국이 사드배치를 먼저 요청한 것도 아니고 중국을 겨냥한 것이나 미국의 미사일방어체계(MD) 구축에 우리가 동참한 것도 아니고 오로지 북핵대응용이라는 우리 정부의 말을 전혀 믿지 않고 중국정부의 주장만 앵무새마냥 인용하는 저자는 한국인인가 중국인인가 묻고 싶다.

"윤석열 전 총장이 대선에서 사드는 우리 주권문제이니 중국은 간섭하지 말라고 한 주장은 여론정치에 편승한 진영논리일 뿐이지 국제관계에 대한 대안은 아니었다."

〈짱깨주의〉는 거듭 중국의 논리로 한국의 사드배치를 비난하면서 중국의 보복조치 등의 강경대응에는 전혀 문제가 없다며 중국을 적극적으로 엄호하고 옹호한다. 한국에 대한 군사적 대응도 불사한다는 '중국의 사드대응 역시 중국의 주권문제'라는 것이 저자의 시각이다.

과연 저자의 주장이 타당한가 제대로 따져보자면 끝이 없다. 우리나라 주변의 '대국'이 소국을 군사적으로 위협하는 것은 주권이고 소위 '소국'이 대국을 군사적으로 위협할 수 있는 미군 무기를 배치해서는 안된다며 협박하고 보복조치를 하는 것이 중국의 주권을 지키기 위한 정당한 행동인가 말이다.

만일 한국이 사정거리 2,000km이상 중거리미사일(IBRD)를 독자 개발해서 배치, 그 미사일이 중국의 수도 베이징은 물론 중국대륙의 절반을 사정거리에 두게 된다면, 그것도 중국의 안보를 위협한다며 배치를 철회하라고 주장하고 보복에 나서도 되는가 묻고 싶다.

우리가 개발한 무기는 아니더라도 성주 사드배치는 우리 정부가 결정한 한국의 안보주권의 문제다.

악마화한 중국인

〈짱깨주의의 탄생〉에 대한 진보진영의 반론을 한겨레신문에 기고한 홍영교(동아시아활동가)씨의 주장처럼 김희교 교수는 우리 사회에 팽배한 중국이나 조선족에 대한 정서를 뭉뚱그려서 '짱깨주의'라고 명명했지만 최근 몇 년 사이에 중국과의 갈등이 심화된 핵심적인 요인이 다양하다는 것을 놓쳤다.

더 중요한 것은 짱깨주의가 횡행한다고 지적한 한국의 상황은 중국이 자초하거나 한중간 갈등에서 비롯된 것이라는 사실도 애써 간과했다. 한국의 보수언론들이 의도적으로 한통속이 돼서 반중정서를 부추기거나 이전에는 전혀 존재하지도 않던 '혐중정서'가 한국의 보수주의자들의 기획에 의해서 만들어진 것이 아니라는 것을 부인할 수도 없다.

저자는 사드배치과정에서 드러난 강대국 중국이 한국을 군사적으로 위협하는 안하무인격의 압박공세, 무역 및 비교역적 방식의 보복조치는 물론이고 외교 등 전방위적인 보복에 대해 구체적으로 언급하지 않는 것으로 중국 측의 비이성적 보복에 대해서는 회피했다

그러면서 '중국의 압박에는 중국의 논리가 있다'며 사드갈등의 모

든 책임은 전적으로 사드를 중국의 동의없이 전격적으로 배치 결정한 우리 정부의 탓이라고 막무가내로 주장한다. 저자에게 애국심을 발휘하라고 하는 것이 아니다. 사안을 있는 그대로 바라보라는 것이다.

그의 이해할 수 없는 주장은 급기야 중국 조선족이 주요 소재와 주인공으로 나온 영화 〈황해〉부터 시작되는 영화 등 문화 분야에서의 조선족에 대한 비하와 혐오정서가 후속 영화 〈청년경찰〉과 〈범죄도시〉를 톡해 더욱 조장되고 극대화되었다는 주장으로 이어진다. 그는 이들 영화에 묘사된 서울 가리봉동과 대림동 등 조선족이 주로 정착해 거주하고 있는 지역의 현실을 전혀 이해하지도 못한 채, 우리 사회에 광범위하게 조선족에 대한 비하와 혐오가 퍼져있다고 미리 진단하고 '극우적 문화코드'라고 단정짓기에 이른다.

'영화는 영화로 봐야할 뿐'이다. 한국에 이주한 조선족 동포 등 중국인들이 우리 사회에 투영돼 있는 현실을 영화는 소재와 주제로 반영할 뿐이다. 조선족 사회에 자리잡은 삼합회를 범죄집단으로 표현한 것 역시 영화적 기법의 하나일 뿐이라고 보는 것이 타당하다. 영화에서 조선족 전체를 무시하거나 폄하한 것이 아니었다. 영화 〈범죄도시 1〉을 1친만 명이 넘는 관객이 봤다고 하더라도 영화 속에 표현된 조선족 사회를 현실과 동일시하는 사람은 많지 않다.

이처럼 영화가 묘사하는 조선족 범죄를 한국사회의 '조선족 혐오'라고 단정짓는 것 역시 중국 연구 학자로서 바람직한 태도가 아니다. 김 교수가 얼마나 자주 조선족 동포와 이주중국인들이 자리 잡고 중국인 사회를 형성한 서울 대림동과 가리봉동을 가봤는지 되묻고 싶다.

'하루아침에 결정된 사드배치는 한국의 안보적 보수주의에게는 신의 한수였다.'

단호한 표현이다. 저자의 이런 단정적인 표현은 사드 배치가 미국의 비밀요청이나 보수적인 한국정부의 판단에 따라 하루아침에 즉흥적이고 전격적으로 한반도에 배치됐다는 것은 아무런 근거도 제시하지 않은 추측에 불과한 허무맹랑하기 짝이 없는 주장이다.

명백한 중국정부의 주장에 맞장구치는 부역행위다.

사드(THAAD)배치는 2~3년간 한·미 군사당국과 양국 정부 사이가 논의가 진행돼온 사안이었다. 북핵위협에 대응하는 효과적인 수단의 하나로 검토되고 있었고 북한의 추가 핵 도발 이후 한반도의 안보균형을 지키기 위한 군사 대응조치 차원에서 신속하게 결정된 자위적 대응조치의 일환이었다. 우리의 안보주권이 신의 한수였다는 식으로 치부될 단순한 정치적 결정이었던가?

탄핵된 박근혜 전 대통령에 이어 정권을 인수받은 문재인 정부는 중국의 사드압박에 굴복하고야 말았다. 대한민국의 안보주권을 포기한 것이자 1992년 한중수교이후 대등한 관계를 유지해 오던 한·중 관계를 대전환시키게 된다. 중국은 대국을 자처하며 대한민국을 중국의 주변국, 소국으로 취급하면서 군사 보복 위협까지 공공연하게 제기하면서 강하게 압박했다.

문재인 정부는 맞대응은 커녕 전전긍긍하다가 문 대통령 취임 5개월여 만에 '사드사태 봉합'이라는 단기적 목표에 몰두하다가 '3불1한' 이라는 주권국가로서는 이해할 수도 없고 말도 안 되는 졸속합의를 체결하기에 이른다.

▷사드를 추가배치하지 않고 ▷한미일 안보협력을 삼각군사동맹으로 발전시키지 않으며 ▷미국의 미사일 방어체계(MD)에 참여하지 않겠다. 당시 공개되지 않았던 1한은 배치된 사드체계도 정상적으로 운용되지 않도록 하겠다는 것으로 한 나라의 주권을 포기하지 않은 이상 합의할 수 없는 주권포기사항과 다름없는 굴욕이었다.

코로나19사태

저자의 말을 더 들어보자.

"코로나19'사태는 새로운 기회였다.

그들은 국적이 없는 바이러스에 국적을 달았다. 당시 미래통합당과 보수언론들은 코로나19를 우한폐렴으로 불렀다. 조선일보는 코로나19를 가장 오랜 기간 우한폐렴이라고 부른 언론이다. 세계보건기구는 병 이름에 국가나 지역이름을 붙이는 것을 금한다.

미국은 코로나19에 국적을 붙인 대표국가였다. 미국의 대표적인 우익 중 한 명인 폼페이오 국무장관은 코로나19를 끝까지 우한바이러스라고 불렀다.

한국의 안보보수주의자들은 우한바이러스라고 부르는데 적극 동참했다.

'우한폐렴'은 중국에 대한 분노와 혐오를 불러일으키려는 안보보수주의자의 '유사인종주의적' 기획이었다.

미래통합당(코로나19 당시)은 우한폐렴이라고 부르는 것과 동시에 우리나라에 확진자가 4명 발생했던 시점부터 중국인 전면 출입금지를 요구하고 나섰다.

(...)

혐오와 분노전략은 냉전 전략의 핵심이다.

모든 갈등을 과장하고 그것과 싸우는 것이 더 큰 투쟁의 일부라고 생각하게 만든다.

(...)

한국의 안보적 보수주의 진영은 코로나 19사태를 계기로 잠자고 있던 식민주의적 인종주의를 불러내 중국과 중국인에게 유사인종주의를 가동시켜 신식민주의 체제 내에 있는 한국인의 식민성 강화를 시도했다. 중국에 대한 혐오가 일상적으로 자리 잡으면 '짱깨'나 '중공'이 아니라 중국이라는 용어 차제만으로도 혐오는 통용될 수 있다. 지금은 그런 단계까지 왔다.

중국인 일부가 '빵즈'(棒子)라는 단어를 사용해 우리를 혐오한다고 해서 우리의 인식과 태도가 면죄부를 받을 수 있는 것은 아니다. 짱깨는 빵즈에 저항하는 개념으로 만들어진 것이 아니라 우리가 청산하지 못한 식민주의의 유산이기 때문이다.

한국의 짱깨주의를 반중감정이나 혐중정서라고 표현하는 것은 문제의 본질을 흐릴 뿐만 아니라 대항담론조차 형성하지 못하게 만드는 식민의 언어사용이다. 반중감정은 새롭게 부상하는 국가에 대한 일반적인 배타적 민족주의 성향으로 여느 국가에서 볼 수 있다. 혐중정서는 극대화된 반중감정의 일종으로 사용된다. 그러나 짱깨주의는 배타적 민족주의 정서뿐만 아니라 신식민주의적 유사인종조의가 들어있는 일종의 이데올로기이다.'

〈짱깨주의의 탄생〉에서 문제되는 대목이 꽤 많이 있어 옮겨본다.
코로나19사태 초기 '우한폐렴'이라는 용어를 사용한 것을 중국혐오라고 저격하는 것이 저자의 시각이다.

2019년 10월 당시의 중국에서 시작된 전염병 보도로 돌아가자.
2020년 초부터 3년 여간 전 세계를 팬더믹 공포로 몰아넣고 지금도 여전히 변이바이러스를 횡행시키고 있는 코로나19바이러스는 2019년 말 중국 우한에서 처음 집중적으로 환자가 발생했다는 것이 팩트다. 우한의 한 수산물 시장에서 발병한 것으로 WHO에 첫 보고된 폐렴을 동반한 전염병은 발병 초기 중국 방역당국이 사람사이에는 '전염성이 없다'며 몇 주간 집단 감염사실을 은폐하는 바람에 제대로 된 방역 대처가 늦어졌다는 사실이 2024년 뒤늦게 확인되기도 했다.

코로나시기 중국지하철 표정

2020년 1월9일 우한에서 집중적으로 환자가 발생하던 당시에는 '폐렴'으로 명명되었고 중국매체는 이를 '우한의 신종 폐렴'(武汉新型肺炎)으로 표기했다. 곧바로 우한폐렴 첫 사망자가 나온 사실을 중국방역당국이 발표했다. 우한폐렴으로 병원에서 확인되지 않은 환자 중에서도 사망자가 나왔지만 방역당국이 공식확인한 우한폐렴에 의한 첫 사망자였다.

첫 사망자가 나온 당시 집계된 '우한폐렴'환자는 59명으로 중환자 중 1명이 9일 사망했다. 중국 방역당국은 이 '우한폐렴' 환자가 사스(SARS, 중증급성호흡기증후군)와 메르스(MERS, 중동호흡기증후군)를 일으킨 '코로나바이러스'와 동일계열에서 나왔을 가능성이 높다고 공식 발표했다.

세계보건기구(WHO)가 중국방역당국의 설명을 뒷받침했다.

WHO는 우한폐렴환자들이 감염된 바이러스의 전염성이 강하지 않다며 "예비역학조사 결과 발병자 대부분이 화난(华南) 해산물 시장에서 일하거나 방문한 적이 있는 것으로 확인됐다. 아직 환자와 접촉한 의료진들의 감염사례는 없으며 사람간 전염 관련 명확한 증거도 없다"고 덧붙였다.

전 세계가 우한에서 집단 발병한 전염병을 '우한폐렴'이라고 불렀고 중국 스스로도 그렇게 불렀다. 우리나라도 그것을 따랐다. 조선일보 등 보수적인 언론사가 숭국이나 중국인 혐오를 부추기기위해 붙인 명칭이 아니었다.

이 '우한폐렴'이라는 전염병 명칭이 '코로나19바이러스(COVID-19Virus)'로 바뀐 것은 WHO가 2020년 2월 11일 신종 감염질환 명명 지침에 따라 공식명칭을 발표한 이후였다.

우리나라도 WHO의 지침에 따라 우한폐렴이라는 표현 대신 '코로나19', 혹은 '코로나바이러스감염증-19'로 부르기 시작했다. 저자의 주장처럼 보수매체가 혐중정서를 확산시키거나 조장하기 위해 우한폐렴이라고 부르기 시작하거나 우한폐렴이라는 명칭을 고집한 것은 절대로 아니었다.

2020년 1월 20일 중국에서 입국한 중국인에 의해 국내 첫 코로나 확진자가 발생했다.

보다 분명한 사실은 저자가 거듭 주장하는, '우한폐렴'이 중국에 대한 분노와 혐오를 불러일으키고자 하는 안보보수주의자들의 유사 인종주의적 기획으로 만들어진 차별적 명칭이 아니었다는 것이다. 저자는 수년이 지났다는 점을 이용, 우한폐렴이라는 명칭의 유래에 대해 근거가 전혀 없는 주장을 통해 한국의 보수주의자들이 반중·혐중정서를 증폭시키려 했다는 거짓선동에 나선 것이다. 이는 중국을 이롭게 하는 '부역행위'다.

중국에서는 초기 발병 당시부터 '우한폐렴 武汉肺炎', '우한신형폐렴 武汉肺新型炎'이라는 명칭을 사용했다. 지금도 바이두(baidu.com) 등과 같은 중국 포털사이트에서 武汉肺炎을 검색하면 코로나19 감염 통계사이트로 연결된다. 질병이름에 최초 발생한 지역명을 질병에 붙였다고 해서 유사인종주의적 기획이라고 주장하는 것 자체가 비이성적이다.

우한에서 집중 발병한 집단폐렴이라서 붙여진 이름이었을 뿐인 우한폐렴을 중국인 혐오로 몰아대면서 있지도 않은 안보보수주의자의 기획으로 몰아치는 저자의 행태는 보기에 참 딱하다.

주목해야 할 팩트 중 하나는 국내 첫 우한폐렴 확진자가 중국에서 온 여행객이었다는 점이다. 첫 확진자가 발생한 것은 2020년 1월 20일. 운 좋게도 인천공항 검역대를 통과하는 과정에서 고열입국자로 분류되면서 정밀검사결과 확진자로 드러났다.

'질병관리본부는 19일 중국 우한에서 남방항공편으로 인천공항으로 입국한 중국 국적 30대 여성이 우한폐렴으로 불리는 신종 코로나바이러스에 감염됐다고 20일 밝혔다.'(당시 보도)

공항 입국장에서 고열 등 관련 증상을 보여 곧바로 격리 검사를 받은 후 확진자로 확인됐다. 당시 중국에서는 201명이 공식 확진자가 발표되는 등 코로나바이러스 확산 초기였다. 다른 국가에서는 일본(1명), 태국(2명) 등 그 때까지는 코로나바이러스가 해외로 확산되지 않았던 때였다.

따라서 전염병의 국내유입을 막기 위해서라도 공항과 항만 등 해외입국자에 대한 정밀조사 등 보다 강화된 방역대책이 필요했다. 특히 중국발 입국자에 대한 전수조사가 필요했지만 정부는 중국을 의

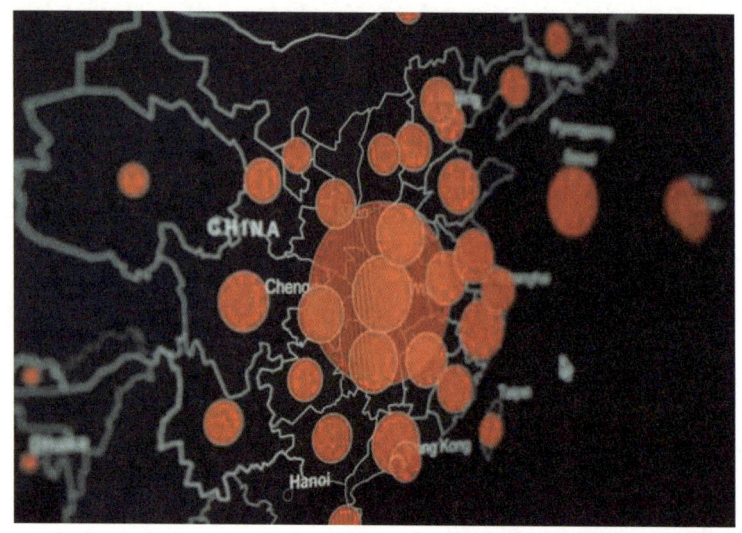

코로나19가 우한을 중심으로 확산되던 당시의 감염지도

식, 열화상 카메라를 통한 입국자 감시 등 평상시와 다를 바 없는 방역대책을 유지했다.

국내에서도 코로나19바이러스에 대한 공포가 확산되자 당시 야당, 미래통합당이 목소리를 냈다. 중국에서 단 하루 만에 확진자 24명이 사망하는 등 공포가 확산되기 시작했다. 중국 국가위생건강위원회는 (2021년)1월28일 중국 내 30개성에서 확진자 4,515명, 사망자 106명이라는 통계를 늘어나는 등의 위기경보를 발령했다.

전염성이 없고 사람 간 전파는 확인되지 않았다는 WHO의 초기 발표는 엉터리였다는 사실이 드러났다. 중국 방역당국의 초기 전염병 보고서 내용을 확인없이 그대로 발표한 것이었다. 전 세계가 중국 및 우한발 여객기의 입국을 통제하기 시작했다.

　미국, 일본, 싱가포르, 호주 말레이시아 등 세계 곳곳으로 우한폐렴 확진자가 급속도로 증가하고 있었다. 중국의 춘제(설날) 황금연휴기간이어서 중국인들이 해외로 여행을 떠나는 바람에 확산을 부추겼다.

　한국에서도 확진자가 4명으로 늘어나면서 확산이 우려되는 상황이었다. 몇몇 야당 국회의원들과 대한의사협회가 중국인 전면입국금지를 요구했다.

　이런 당시의 상황을 도외시한 채, 자국민의 건강권을 지키자는 정당한 요구를 중국인에 대한 혐오로 연결지으려는 것은 당시의 급박한 상황을 무시한 터무니없는 주장이라고 볼 수밖에 없다.

　이와 더불어 온 국민을 불편하게 만든 마스크5부제 등 '마스크대란'이 아주 오래된 옛날 일인 듯 하지만 불과 3~4년 전에 벌어진 일이다. '마스크 대란'을 겪고 있는 와중에도 정부는 신속하게 중국에 마스크 수백만 장을 보내는 친중휴머니즘(?)을 발휘했다. 국내에 있던 중국인과 중국통 인사들도 우리 국민들도 대량으로 구하기 힘든 KF94마스크를 대량으로 매입, 중국에 보내는 퍼포먼스를 벌였다.

　'중국통' 박정 더불어민주당 의원은 정부의 전세기 지원까지 받아 품절대란 속에서 매입한 300만장의 마스크를 우한으로 보냈다. 물론 당시 코로나19 바이러스가 확산되고 있던 우한의 상황이 급박했다. 그러나 평소 한 장에 100원 정도하던 KF94 국산마스크가 10배

이상 급등, 1,500원(장당)으로 폭등한 상황에서 마스크부제를 실시하는 등 민간 필요수요도 모자라는 상황이었다. 정부가 나서서 마스크를 중국에 보낸 것이 과연 적절했느냐는 의문이 남는 대목이다.

아직 진상이 제대로 밝혀지지 않은 코로나19바이러스 사태의 어두운 기억 중의 하나가 정부가 '지오영'이라는 의약품 유통업체에 마스크유통 독점권을 준 것이다. 마스크대란이 벌어지자 정부는 2월 26일 소위 '공적마스크' 공급을 '지오영 컨소시엄'을 통해서만 하겠다고 발표했다. 당시 지오영은 의약품의 전국유통망조차 갖추지 못한 중소형 도매업체에 불과했다.

국가적 전염병 비상사태가 발생한 상황에서 긴급 구호물자나 마스크 등의 필수의약품공급은 관련협회나 대형유통업체를 통하는 것이 상식이다. 하다 못해 잘 조직된 행정조직인 동사무소 등을 통해 공급하는 것이 차선책일 수도 있었다.

지오영 특혜논란이 일자 정부는 '백제약품'을 마스크 유통업체로 추가 선정했다. 지오영은 2018년 1조5768억 원이던 매출액이 마스크독점을 바탕으로 문재인 정부를 거치면서 급증했다. 2020년 2조 원을 돌파, 2022년 2조8605억 원으로 크게 늘면서 매출 3조원을 코앞에 두고 있다.

지오영의 성장이 윤석열 정부에서도 지속될 수 있을 지는 지켜봐야 할 것 같다.

당시 논란이 된 사안은 지오영의 조선혜 대표와 문 전 대통령 부인 김정숙 여사 그리고 마스크유통망을 선정한 식약처 이의경 처장이 특수 관계라는 소문이다. 알다시피 김 여사는 숙명여고와 경희대를 나왔다. 지오영 조 대표와 이 처장은 숙명여대 동문이었다. 김 여사와는 같은 동문 사이는 아니었다.

무시당한 짱깨주의

〈짱깨주의의 탄생〉을 둘러싸고 사회적 논란이 일었지만 논쟁에 뛰어든 중국 전문가나 중국을 연구해 온 교수들의 모습은 눈에 띄지 않았다.

책 출간 초기에는 외교가는 물론 중국학계에서 누구도 주목하지 않았다. 사실상 학계에서 관심을 가질만한 내용이 아니었기 때문에 무시한 것이었다. 그러나 강성지지층을 거느리고 있는 문재인 전 대통령이 양산에 내려간 후 처음으로 〈짱깨주의의 탄생〉을 추천도서로 소개하자 그의 지지층을 중심으로 책을 사기 시작했다. 그는 아마도 윤석열 대통령의 노골적인 친미노선과 중국과 거리두기에 불만이 많았던 듯 중국을 옹호하는 내용의 〈짱깨주의의 탄생〉을 소개한 모양이다.

〈짱깨주의의 탄생〉은 한국의 사드 배치는 중국의 안보를 직접 위협한 것으로 중국의 보복 등의 대응을 '중국입장에서는 정당한 것'이라고 주장한다. 저자는 한국인으로서는 단 1%도 이해할 수 없는 중국의 주장에 동조했다.

사드배치 발표이후 중국은 한국정부를 강하게 압박했다.
'소국이 감히 대국에게 대응한다'는 논리였다.
당시 더불어민주당은 '친중반미'(親中反美)기조하에 사드배치에 대한 반대여론을 주도했다. 겉으로는 중국의 반대에 동조하는 것이 아니라 사드레이다의 전자파가 인체에 위험하다는 논리를 내세웠다. 야당의 선동에 따라 사드관련여론은 진영에 따라 찬반으로 갈렸다. 반면 중국의 강한 압박과 보복조치는 오히려 한국 내 사드여론을 반중(反中)으로 결집시키는 역효과도 발휘했다.
가짜 광우병 파동을 겪은 여론은 야당의 사드괴담과 공포 조장에 크게 휘둘리지 않았다.
한중관계는 최악의 국면으로 치달았다. 박근혜 대통령의 중국 전승절 70주년 행사 참석 이후 균열이 시작된 한중관계는 사드배치로 완전한 적대적 관계로 돌아섰다. 그러던 와중에 비선실세 최서원(최순실)씨의 국정농단사태로 촉발된 대통령 탄핵은 문재인 정부를 탄생시켰다.
문재인 정부는 출범과 동시에 중국 측과 우선적인 사드해법을 강요받았다. 문 전 대통령의 취임과 동시에 중국에 특사로 이해찬 전 총리가 낙점됐다. 미국 중국 일본과 러시아 등 한반도 주변 4강에 특사를 보내면서 중국에는 당시 민주당 상임고문이자 문 전 대통령의 정치멘토이기도 한 실세, 이 전 총리를 보낼 정도로 당시 정부는 중국을 우대했다.

문재인 대통령특사로 중국에 간 이해찬 전 총리는 시 주석으로부터
이전 대통령특사와는 다른 대접을 받았다.

 이해찬 특사는 2017년 5월 19일 베이징 인민대회의장에서 시진핑 중국국가주석을 만났다. 이 특사는 대통령 친서를 전달하고 40여 분간 시 주석을 접견했다. 접견 직후 배포된 사진을 통해 중국 측의 푸대접이 드러났다.

 사진상 시 주석은 접견 당시 대형테이블 한 가운데에 앉고 이 특사는 그로부터 몇 걸음 떨어진 오른쪽에 비껴 앉았다. 그 때까지 중국국가주석이 우리나라의 대통령 특사를 접견할 때 나란히 앉아 예우해주던 것과 격이 달라졌다.

 2008년 이명박 전 대통령 특사로 박근혜 전 대통령을 맞이한 후진타오 전 주석은 나란히 앉아 환담했다. 2013년 박근혜 대통령 당선인의 특사로 간 김무성 전 의원도 시진핑 주석과 나란히 앉았다.

이해찬 특사가 가자 중국의 의전외교가 달라진 것이다. 사드 갈등으로 소원해진 한·중관계를 반영한 때문인지, 한국을 대하는 중국 측의 자세가 달라졌는지는 정확하게 알 수 없지만 의전홀대였다.

이 특사에게 시 주석은 "중국은 한중관계를 중시한다. 상호이해와 존중의 기초 위에 정치적 신뢰를 공고하게 하고 갈등을 잘 처리해 양국 관계 정상화를 추진하자"며 "(사드문제와 관련)한국 측이 한중관계의 중요성과 역사적인 관점에서 판단하는 게 좋겠다."면서 사드해법을 주문했다. 40여 분간 사드문제를 한국이 풀어내라는 압박성 훈계만 들었다.

이 특사는 사드문제에 대한 깊이 있는 대화를 위해 대표단을 파견, 실무논의를 진행하겠다는 답변을 제시하고서야 시 주석과의 접견을 마칠 수 있었다. 사드문제에 대한 중국의 보복조치는 계속될 것이고 한국이 해법을 내놓지 않을 수 없게 된 것이다. 태생부터 '친중'성향의 문재인 정부는 사드해법을 마련해야 하는 압박감으로 대중(對中) 저자세를 역전시키지 못했다.

김희교의 시진핑 찬가

'한국 언론은 시진핑을 독재자로 간주한다. 대놓고 〈시진핑 독재〉라고 부른다. 심지어 한국 언론은 시진핑이 황제가 되었다고도 한다. 〈시진핑의 중국〉이라는 표현을 수시로 사용한다. 시진핑을 황제라고 주장하는 것은 저잣거리에서나 통할 수 있는 몰역사적 규정이다. 중국공산당 지도자 누구도 권력을 세습하지 않았다. 시진핑의 아버지(시중쉰)가 중국의 고위관리였다는 것은 다른 문제이다.

세습과 문화자본의 힘은 전혀 다른 권력이다. 박정희의 딸도 대통령이 되었지만 아무도 그들을 황제라고 부르지 않는다.'

〈짱깨주의〉의 주장이다. 시진핑 주석에 대해 한국 언론이 다른 나라 언론보다 먼저 황제와 독재자라고 규정하지 않았다, 서방국가의 언론들 대다수가 중국과 시 주석을 그렇게 보고 있다.

중국공산당 일당 독재체제의 중국은 시 주석이 집권한 이후 시 주석 집권이후 마오쩌둥 주석을 능가하는 개인숭배가 강화됐다. 우리로서는 실체를 알 수 없는 '시진핑 사상'이 마오쩌둥 사상과 덩샤오핑주의와 더불어 중국공산당 당장(党章)에 어깨를 나란히 하게 됐다. 이른 바 중국공산당의 3대 사상이다. 개인우상화가 진행되면서 마오쩌둥과 덩샤오핑의 위상을 넘어섰다는 의미다.

마오 주석이 중국 최고지도자였을 때 마오는 '독재자'였던가? 아니었다고 생각하는가를 〈짱깨주의〉의 저자에게 묻고 싶다.

대약진운동실패와 대기근 등으로 수천만 명의 인민을 희생시키는 등 잇따른 정책 실패의 책임을 지고 권력의 뒷전으로 물러났던 마오 주석이 후계지위를 물려준 류사오치(刘少奇) 국가주석을 숙청하고 권력탈환에 나서겠다며 홍위병을 동원, '문화대혁명'을 발동시킨 행위를 역사는 '독재자'의 그것으로 규정한다.

그로부터 40여년이 지난 후 등장한 세계2위의 경제대국 중국의 최고지도자 시 주석의 우상화는 마오 주석의 위상을 능가할 정도다. 장쩌민과 후진타오 전 주석 등 2대에 걸쳐 형성된 국가주석을 연임하는 10년간의 집권은 중국공산당이 지켜 온 불문율과도 같았다. 그러나 시 주석은 헌법을 개정, 연임제한 조항을 없애고 12년째 집권을 이어가고 있다. '부패와의 전쟁'이라는 명분아래 자신을 권좌로 밀어준 '상하이방' 등 정적과 반대파들을 숙청하는 등 완벽한 장기독재체제를 굳혔다.

관행화돼가던 '격대지정'(10년 후 후계자를 지정하는 제도)후계구도를 무시한 채 연임을 이어가면서도 후계구도의 윤곽조차 드러내지 않고 있다.

〈짱깨주의〉가 출간된 2022년이나 2년이 지난 2024년 시 주석의 독재자로서의 위상은 너욱 강화됐고 개인숭배아 권력기반은 계속해서 강화되는 중이다.

그럼에도 시 주석을 '시 황제'라고 부르거나 '시진핑의 중국'이라고 부르는 것은 한국언론의 과도한 중국흠집내기라며 자제해야 한다고 주장하는 김희교 교수를 어떻게 봐야 할지 난감하다.

'비명횡사'라 불리는 공천학살을 통해 사당화를 완성시킨 이재명 대표의 더불어민주당 상황을 들여다본다면 우리 언론은 그런 민주당의 상황을 '이재명의 민주당'이라거나 '이 대표의 사당'이라는 표현을 서슴없이 한다. 시 주석이 장악한 중국의 상황은 민주당에 비해 수십배는 더 심하지 않은가?

저자의 언급은 더욱 충격적이다.

'한국 사회에서 중국에 대한 독재라는 용어는 신중하게 사용되어야 한다. 시진핑의 독재는 사회주의국가에서 사용해왔던 프롤레타리아 독재와 유사하다. 권력을 너무 공적으로 사용하고 있기 때문이다. 시진핑의 강화된 권력은 금융의 투명성 확보, 공산당의 부패 방지, 지방권력의 방만한 운영, 그리고 민생과 환경문제 개선에 주로 쓰이고 있다.'

1인 지배 권력을 극대화시킨 시진핑 중국을 일반적인 사회주의 국가의 프롤레타리아 독재라고 규정하는 〈짱깨주의〉는 중국공산당이 직접 저술하고 감수한 책이라고 봐도 무방할 정도의 믿을 수 없는 주장으로 가득하다. 지금의 중국을 독재사회라고 부르면 안된다는 것이 저자의 판단이라면 그는 이미 중국연구자가 아니라 중국찬가를 부르는 중국부역자라고 규정할 수밖에 없다. 중국공산당원이 아니라면 주장할 수 없는 어처구니없는 주장을 중국을 연구하는 한국인 학자 신분으로 해대는 행태는 도무지 이해할 수가 없다. 시 주석의 독재가 프롤레타리아 독재와 유사하다는 근거는 무엇인가? 마오쩌둥의 중국혁명 동료였던 아버지의 후광으로 '태자당'신분으로 특권을 받아 권력의 사다리를 올라탄 시 주석이었다.

권력을 장악한 시 주석이 그 '권력을 공적으로 사용하고 있다'는 표현도 중국학자의 그것이라기에는 믿을 수 없다. 독재자 시진핑이 휘두르는 권력이 공산당 부패방지 등 민생과 환경문제 개선에 쓰이고 있다고 견강부회하는 그의 화법은 어쩌면 조롱으로 받아들여야 하는 것은 아닐까? 부패와의 전쟁으로 숙청되는 고위층은 대부분 정적에 속하는 상하이방으로 분류되거나 자신의 권력기반에 도전하는 반대파들이라고 봐도 무방하다.

이와 같은 허무맹랑한 주장을 담고 있는 〈짱깨주의의 탄생〉은 친중 성향 학자의 작품이 아니라 중국공산당의 주장을 받아 적은 중국공산당과 시 주석 선전선동저작으로 봐도 무방할 것 같다.
한국에 존재하지도 존재한 적도 없는 '짱깨주의'를 만들어내면서 반중·혐중 정서가 팽배한 우리 국민의 대중인식을 왜곡시키려는 불순한 정치적 의도를 갖고 출간했다는 의혹을 제기하지 않을 수 없다.

한중수교 이후 전개돼 온 한·중관계사와 수십여년 동안 다져져 온 양국관계를 왜곡하는 한편, 미래관계까지 불편하게 만드는 조악한 저작물로 보는 것은 그 때문이다.

 문 전 대통령이 〈짱깨주의〉를 추천하게 된 것은 그가 이 책을 제대로 통독한 것이 아니라 비서관들의 추천을 받고 윤석열 정부의 대중 대북정책을 비판하기 위한 의도 외에는 없었을 것으로 추측된다. 아무리 문 전 대통령이 재임 중 친중성향을 드러냈다고 하더라도 저자의 황당한 주장을 담은 '시진핑 찬가'에 문 전 대통령이 박수를 칠 리가 없다.

공자학당

'공자학당은 중국이 일방적으로 운영하는 커리큘럼이 아니다. 공자학당을 설립하는 대학과 합작해서 운영한다.
해당 대학이 원하지 않는다면 얼마든지 커리큘럼을 바꿀 방법이 있다.
공자학당은 세계 160여개 국가에 설치되어있다. 여기서 배웠거나 이곳을 운영해 본 사람들이라면 스파이 행위를 할 만한 곳이 아니라는 것쯤은 쉽게 알 수 있다.'

공자학원, 공자학당에 대해 〈짱깨주의〉는 '공자학원은 절대로 중국의 스파이기관이 아니다'는 주장을 내놓는다. 국내 유수의 대학들이 앞다퉈가면서 유치해서 설립한 공자학원은 대학이 주도적으로 커리큘럼을 바꿀 수 있기 때문에 중국의 선전선동이나 중국공산당 홍보를 할 수가 없다는 논리다.

그러나 미국과 독일, 스웨덴에서 공자학원은 스파이혐의를 벗지 못해서 신속하게 퇴출되고 있는 등 전 세계에서 공자학원의 폐해가 속속 드러나고 있다. 우리나라에서는 오히려 문재인 정부 5년간 공자학원이 늘어나, 세계적인 추세와는 반대되는 현상을 보였다.

상하이 동방명주는 중국경제성장을 상징한다. 한강변에 자리잡은 중국식당 동방명주는 중국이 국내에서 비밀리에 운영한 비밀경찰서 의혹을 받고 폐쇄됐다.

 국회에서도 2023년 국정감사과정에서 조경태 의원이 "국내 국립대 6곳에 있는 '공자학원'(孔子學院)에 대한 실태조사가 필요하다"고 지적하면서 공자학원의 문제점에 대한 국회차원의 대책을 촉구한 바 있다.
 세계 각국이 중국의 스파이기관으로 의심하면서 퇴출하고 있는 '공자학원'은 정말로 스파이활동을 하지 않는 순수한 중국어교육기관인가? 중국정부가 추진하는 문화공정의 하나로 해외에서 중국어를 교육하는 기관일까?

 2022년 한국에서는 서울 송파구 한강변에 자리 잡고 영업을 하던 '동방명주'라는 유명 중국음식점이 중국정부의 영사관을 대신하는

'비밀경찰서'였다는 폭로가 터져 나왔다.

한국에 유학하거나 이주한 중국 유학생과 중국 국적 조선족 등 중국인들의 활동을 감시하는 역할을 해왔다는 것이다.

스웨덴 인권단체를 통해 중국이 해외 각국에 비밀경찰서를 운영하고 있는데 한국에도 중국의 비밀경찰서가 있다는 외신보도가 나오자마자 곧바로 지목된 곳이 동방명주였다. 동방명주 대표는 한국으로 이주한 중국출신 화교였고 비밀경찰서 논란이 확산되자 중식당은 폐업하는 것으로 국내여론 진화에 나섰다.

식당을 운영한 것은 중국 소수민족의 하나인 '만주족'출신 왕하이쥔(王海君)이었다.

주권국가인 대한민국 수도 서울 한복판에 중식당을 차려놓고 중국이 공식영사관이 아닌 허가받지 않은 비밀경찰서를 운영해 왔다면 명백한 주권침해다. 전국 대학에 포진한 수십여 곳의 공자학원은 정말로 중국어 교육만 해온 것일까 의혹이 일지않을 수 없다.

〈짱깨주의〉의 말대로 공자학원이 스파이기관이 아니라는 주장은 맞을 수도 있고 혹은 일부 공자학원이 중국공산당 하부기관처럼 스파이활동을 겸하고 있었는 지도 모른다.

2024년 현재 국내 22개 대학에 공자학원이 설치돼있다. 그 외 1개의 공자아카데미, 4개 중고교와 1개 사설학원에서 공자학원을 운영하고 있다. 즉 모두 28개의 공자학원외에도 각급 기관에 132개의 '공자교실'이 별도로 있다고 한다.

숫자상으로 전 세계에서 우리나라에 가장 많은 공자학원이 설립돼 있는데다 공자학원에 대한 평판도 가장 좋다. 중국이 공자학원의 세계 진출 교두보로 한국을 선택한 것인지, 공자학원의 해외진출 초기 중국은 한국의 대학에 공자학원을 설립하면서 중국의 대학교수들을 파견 지원하는가 하면 연간 약 1백만 달러 정도에 이르는 공자학원 설립자금은 물론 10만 달러에 이르는 운영비까지 지원했다고 한다.

공자학원과 각 대학이 맺은 계약서가 공개된 적은 없지만 중국은 공자학원을 설립하면서 대학 측에 '중국의 명예를 훼손하는 행위나 교육은 허용하지 않는다'는 조항을 강요한다.

이 조항이 공자학원이 설치된 국내대학의 발목을 잡는 모양이다. '중국의 명예를 훼손한다'는 모호하고 느슨한 조항이 각 대학에서 중국을 연구하는 학자들이 동시대 중국공산당과 공산당 지도자 그리고 중국정부를 비판하지 못하도록 하는 족쇄로 작용하고 있다.

무엇보다 공자학원을 유치·운용하는 대학은 자연히 '친중'이 된다. 중국은 물론 최고지도자 시 주석이나 중국공산당을 굳이 비판하거나 비난할 이유는 없지만 절대로 그렇게 할 수 없게 되는 것이다. 공자학원을 설립한 중국의 목표는 그것이다.

2022년 중국을 가장 뜨겁게 달군 영화 〈장진호〉(长津湖, The Battle at Lake Changjin)는 6.25 전쟁을 무대로 한 중국 인민해방군의 참전을 '항미원조(抗美援助)전쟁'으로 각색해서 선전하는 '국뽕'영화였다. 북한의 남침에 대해서는 일언반구 언급없이 중국은 자신들의 6.25 전쟁 개입을 미국에 대항해서 북조선을 도왔다는 의미를 담아 '항미원조'전쟁이라고 각색하고 있다.

전쟁 초기 장진호 전투에서 미군은 중공군에 밀려 대패했다.

같은 해 개봉한 또 다른 중국영화〈저격수 狙击手 Sniper〉역시 6.25 전쟁 당시 활약한 중공군 저격수의 영웅담을 소재로 했다.

공자학원에서는 이런 중국 국뽕영화를 상영하기도 하면서 자연스럽게 6.25전쟁을 항미원조전쟁이라면서 역사를 왜곡하는 전위기관 역할을 수행하고 있다. 공자학원은 우리나라가 해외에 설립한 '한국문화원'이나 한국에 있는 미국문화원, 프랑스문화원 같은 자국의 문화를 소개하고 언어를 교육하는 기관과 달리 각 대학과 연계, 대학의 부속기관처럼 설립한 것이 특징이라면 특징이다.

대학으로부터 교육공간을 무상 임대받는 대신 공자학원은 운영비와 교수진을 중국의 해외선전기관으로부터 지원받아 각 대학에 배분했다. 만일 어느 대학에 설립된 공자학원이 중국정부를 비판하거나 중국정부가 불편해하거나 불편할 수도 있는 프로젝트나 커리큘럼을 진행하고자 한다면 공자학원에 대한 중국 측 지원은 단 한 푼도 받지 못하게 될 것이다.

그래서 공자학원은 커리큘럼에 대한 자율성이 없는 구조로 운영된다. 대학생과 직장인이 시중 외국어 학원보다 저렴한 비용으로 중국어를 배울 수 있지만 그 과정에서 자연스럽게 친중화되는 구조다. 직접적인 스파이활동을 하는 스파이기관은 아니지만 공자학원은 느슨한 구조로 중국정부를 선전하는 문화첨병이라는 것을 감출 수는 없다.

우리 사회에서 논란이 된 바 있는 조선족출신 음악가 정율성 관련 행사도 호남에 설립된 공자학원이 관여하고 있다. 2014년부터 광주 MBC가 주관하며 개최하고 있던 '정율성 동요경연대회'는 1회 대회 때는 호남대에 설립된 공자학원이 공동주최자로 참여한 사실이 드러났다.

'공자학원에 공자(孔子)는 없다.' 공자 대신 중국공산당과 시진핑 주석만 있다.

국뽕영화에 대한 오해

'중국인의 국뽕은 동원된 애국주의가 아니라 자발적 참여로 보는 것이 타당하다.'

'중국영화가 국뽕이라면 우리가 해야 할 일은 빈정거리는 일이 아니라 그런 영화에 왜 중국민이 열광하는지를 알아야 한다. 그것이 국익에도 이롭고 이웃으로서도 올바른 태도이다.'

사회주의체제하의 중국에 '여론'이라는 것이 존재할 수 있을까? 물론 인민다수의 생각을 여론이라고 한다면 중국에도 여론이 있을 것이다. 사회적 이슈에 대해 14억 중국인들의 생각이 모아진다면 그것을 중국의 여론이라고 할 수 있다.

종종 외신을 통해 중국내에서 벌어지는 '반일'시위나 사드배치에 대한 중국인들의 한국공산품 폐기 등 성난 중국인들의 모습을 목도하기도 했다. 그것은 자발적인 여론일 수도 있지만 중국매체가 주도하는 '국뽕'에 의한 것이거나 중국선전당국이 주도한 선동에 의해 조작된 것이기도 하다.

중국에서도 종종 생존권을 쟁취하려는 시위가 일어나기도 하지만 대부분의 시위는 동원된 관제시위다. 중국에서 집회시위결사의 자유는 없다. '전랑'(戰狼 늑대전사)을 주인공으로 내세운 영화 〈전랑〉시리즈나 〈유랑지구〉시리즈, 혹은 중국혁명을 소재로 한 문화영화 등은 수억 명에 이르는 관객동원을 통해 엄청난 수익을 얻는 등 해마다 중국을 뜨겁게 달군다.

중국이 세계 최강이라는 주제를 담은 영화들을 중국식 국뽕영화라고 본다. 우리나라에서도 '국뽕'영화라면 이순신 장군이나 6.25 전쟁 등을 소재로 한 영화를 지칭한다.

중국식 국뽕영화에 중국인들이 열광하는 것에 대해 우리는 빈정거리기는커녕 아예 아는 척도 하지 않는다. 관심이 없다. 저자의 주장처럼 도대체 한국의 누가 중국 국뽕영화를 빈정거린다는 말인가 궁금하다.

미국식 국뽕이라고도 할 수 있는 영화 '람보'에서의 무적의 람보를 대신한 듯한 중국 특수부대출신 해외주재원이 아프리카 분쟁지역에서 중국인 인질을 구출하거나 분쟁지역에서 해결사로 활약하는 스토리는 미국을 대신하는 세계경찰로 우뚝 선 중국을 표현한다. 영화 '전랑'을 중국 국뽕영화의 대표작이라고 하는 것은 그 때문이다.

저자는 이런 국뽕영화를 긍정적으로 여긴다. 그런 영화들은 예술로서의 중국영화 발전이나 헐리우드 영화문법을 벗어난 제3의 길이라고 평가할 수도 없는 중국특색의 선동영화인데도 말이다. 영화 속 중국 영웅은 사실상 중국의 꿈이자 세계최고 패권국가 중국을 상징

한다. 그런데도 〈짱깨주의〉는 '중국은 절대로 패권을 추진하지 않는다.'는 중국외교부의 헛소리를 곧이곧대로 따르는 가스라이팅의 피해자로 여겨질 정도다.

수십여년 중국을 연구하고 있는 중국학자에게 중국공산당에 '가스라이팅'당했다는 표현은 기분이 나쁠 것이다. 〈짱깨주의〉가 의도적으로 중국을 옹호하거나 중국을 미화하려는 것이 아니었더라도 저자의 주장이 중국의 입장을 과도하게 수용해서 부각시키고 있다면 가스라이팅이라고 여기는 것도 부당하지는 않을 것이다.

중국몽과 일대일로 등 다양한 프로젝트들이 '중화패권'을 목표로 한 것은 아니라고 하겠지만 중국의 목표는 미국을 넘어서는 세계 최고의 패권국가를 지향하고 있다.

중국 국뽕영화 '전랑'과 '유랑지구'

후진타오 시대부터 덩샤오핑의 '도광양회'(韜光洋灰)를 버리고 '굴기'(崛起)에 나선 중국이다. 시진핑 주석은 오바마 미국에 '신형(新型)대국관계'를 요구했다가 거절당한 수모를 잊지 않고 있을 것이다.

시진핑은 그때부터 절치부심 미국을 따라잡아 초강대국의 꿈(중국몽)을 향해 달려가고 있는 중이다.

무한경쟁 시대로 접어든 '미중관계'가 '투키디데스의 함정'과는 다른 변칙적 양상으로 전개되고 있지만 쫓는 자와 쫓기는 자의 패권경쟁은 여전히 펼쳐지고 있다. 문재인 정부 시절 '경제는 중국, 안보는 미국'(경중안미)이라는 식으로 단순화했던 우리 정부의 미중사이의 균형외교는 불가능한 시소게임이다.

6.25 전쟁을 거치면서 한미동맹은 피를 나눈 동맹으로 승화됐고 중국과는 적국 중공에서 수교를 통해 최대 무역파트너가 되었다고 하더라도 한국을 둘러싼 미중의 기본관계는 달라진 것이 없다.

그럼에도 한반도를 둘러싼 역학관계를 고려해서 미중사이에서 균형외교를 하자는 '한반도 균형론자' 주장은 미국에서 중국으로 우리 외교의 균형추를 옮겨 놓자는 친중파의 궤변에 불과했다.

'다자주의 시대가 왔다. 중국의 부상으로 인한 미중간의 균형, 아세안의 성장, EU의 다자주의적 노선의 견지들을 고려하면, 우리가 미국이냐? 중국이냐?를 선택하는 것이 필연이나 운명이 아니다. 우리의 미래에 누가 더 유리한가를 물어봐야 할 때이다.'   - 저자

〈짱깨주의〉 주장처럼 미중 사이에서 줄타기 하듯 균형을 잡는다면 미중이 한국의 선택을 존중하고 한국을 중시할 것인가? 아니면 두 강대국으로부터 무시당하고 버림받게 될 것인가?

착각도 이만저만이 아니다. 이런 얼토당토않은 주장은 지난 문재인 정부시절 친중파들에 의해 앵무새의 그것처럼 반복돼왔다. 미중 사이에서 줄타기에 나서라는 얘기는 두 나라로부터 모두 외면받을 수 있는 위험에 어떻게 대처하고 그 위험을 감수할 자신이 있는 가에 대한 보완대응책이 전혀 없는 시정잡배들의 탁상공론에 지나지 않는다.

70여년간 미국에 기울어져 있던 추를 어느 날 갑자기 중국 쪽으로 움직인다면 미국은 어떻게 생각하고 대응할까? 미국이 과거에 비해 영향력이 약화된 종이호랑이 신세가 되었다고 하더라도 미국과의 동맹관계를 깨거나 느슨하게 하면서 중국과의 관계에 몰입한다면 우리 안보는 보장될 수 있을까? 그런 것에 대해서도 고민한 흔적이 전혀 보이지 않는다.

〈짱깨주의〉는 북한정권이 갑자기 무너지거나 문제가 생기면 중국군이 북한에 들어가서 북한을 군사적으로 병합할 가설과 주장을 안보보수주의자들의 상상이라고 치부한다.

'북한이 중국으로 편입될 가능성이 있다는 주장은 대략 세 가지 가설의 합체품이다.

1) 북한은 무너질 가능성이 있다.

2) 중국은 북한을 자기영토에 편입할 필요성이 있다.
3) 중국은 북한을 편입하고 유지할 힘이 있다고 판단한다.

오히려 중국에게는 북한을 병합하려는 의지보다,…중국에 적대적일 수 있는 코리아(남한중심의 통일정부)에 대한 두려움이 더 크게 존재한다.'

어떤 시나리오든 이런 시나리오는 그저 시나리오에 불과할 뿐이다. 김정은 정권이 어느 날 무너지는 상황이 벌어진다면 중국이 개입할 것은 불을 보듯 뻔하다. 개입하지 않으리라고 가정하는 저자는 무슨 근거로 그런 주장을 하는지 모르겠다. 북한정권이 무너져서 북한 전역에 소요사태가 벌어진다면 우리나라도 대규모 난민발생 등의 급변사태에 대한 구체적인 방안을 세워둬야 한다.

중국은 이 경우, 접경지역에서 일상적으로 벌어지는 탈북 수준이 아니라 대규모 난민이 발생할 것에 대비, 다각적인 대응방안을 세워두고 있다. 만일 북한에 반중정권이 들어설 기미라도 보인다면 중국은 용납하지 않을 것임이 명백하다. 그때 북중 국경지역에 배치된 중국 동북군사령부의 군사동향은 한반도 지형변화를 바꿀 수 있는 시금석이 될 수도 있다.

중국이 만주지역에 존재했던 '소수민족정권'을 역사적으로 정리한다는 명분으로 역사왜곡에 나선 '동북공정'에 대해서도 〈짱깨주의〉는 뉴욕타임스 기사를 인용해서 중국의 의도를 왜곡하고 있다.

'뉴욕타임스는 중국에게 동북공정은 북한을 병합하려는 사전 정지 작업이 아니라 중국이 어느 날 북중국의 200만 조선족이 대한민국을 지지하며 현재의 국경선을 무너뜨릴 것을 두려워하여 실시한 방어적인 프로젝트였다'는 내용을 소개했다. 어쩌면 저자는 중국스파이거나 적어도 중국의 부역자 노릇을 기꺼워하는 지도 모르겠다.

중국은 동북공정이 끝나고도 한국 보수진영의 주장과 달리 북한을 병합할 어떤 작업도 하지 않았다는 것이 〈짱깨주의〉의 결론이다. 따라서 동북공정의 의도 역시 뉴욕타임스의 기사가 맞다는 것인가?

중국은 한반도에 존재했던 국가에 착한 적이 단 한 번도 없다. 착한 중국은 없다.

★ 한중수교가 변곡점이라는 주장

'한중관계 질곡의 세 번째는 냉전편입으로 발생했다. 한국은 냉전의 한복판에서 한국전쟁을 겪었고 중국과 적대진영을 구축했다.

네 번째 질곡은 '시장주의적' 한중수교에서 발생했다.

냉전을 스스로 극복하지 못한 한국은 미국이 주도한 키신저 시스템을 수요하면서 미국의 승인 하에 중국과 수교했다.'

〈짱깨주의〉가 인식하는 한중관계의 왜곡이나 악화는 국제정치 속에서 변화된 한중관계인 모양이다. 우리가 마오쩌둥의 신중국(중화인민공화국)과 적대적 관계를 맺게 된 것이 우리가 선택한 결과가 아니지 않은가?

김정일이 소련과 중국의 전폭적인 지원을 통해 남침한 것이 동족상잔의 6.25 전쟁이다. 소련이 군사고문단과 무기를 지원한 것과 달리 신생 중국은 내전이라고 할 수 있는 중국혁명에 참전한 팔로군을 중심으로 백만에 가까운 인민해방군을 참전시켜 6.25 전쟁의 향배를 바꾼 전쟁의 당사자였다. 미·소신냉전으로 인해 중국과 적대적인 관계로 전환된 것이 아니라 죽고 죽이는 전쟁의 당사자로서 적국이 됐다.

〈짱깨주의〉가 '냉전의 한복판에서 한국전쟁을 겪고 중국과 적대진영을 구축했다'고 기술한 것은 역사적 사실을 애써 무시한 중국적 시각에서 바라본 것이다. 중국이 참전하는 바람에 전쟁은 끝나지 않았고 결국 한반도 분단의 비극이 고착화됐다는 엄중한 현실을 도외시한 기술이다. 북한의 도발로 전쟁이 발발한 이후 한반도는 유엔군의 도움으로 반전됐고 한반도는 사실상 남한의 주도로 통일이 될 수 있었다. 미소냉전구도에 이은 한반도 분단의 2차적 책임이 중국의 군사개입 때문이었다고 해도 틀리지 않는 것은 그 때문이다.

〈짱깨주의〉가 단정적으로 규정한 '시장주의적' 한중수교라는 주장은 학계에서도 인정받지 못한다.

'냉전을 스스로 극복하지 못한' 한국이라는 〈짱깨주의〉의 지적은 한국인의 입장에서 참으로 거북하다. 자력으로 독립을 쟁취하지도 않았고 일본의 항복으로 2차대전을 끝낸 연합군에 의해 독립한 한반도는 미·소 냉전구도의 희생양이 됐다. 미소 대리전을 치르고 분단체제를 고착화한 우리가 어떻게 스스로 냉전을 극복할 수 있나? 우리나라는 그 후 미국과 한미상호방위조약을 맺은 한미동맹과 미군 주둔을 통해 북한의 위협에 대응하면서 안보를 유지할 수 있었다. 전 세계 유일한 분단국가로 북한과 적대적 공생관계를 이어가고 있는 한국은 분단체제를 벗어날 수 없다는 근본적인 한계가 있다.

이런 저간의 사정을 헤아리지 못한 채 '시장주의적' 한중수교라고 단정짓는 것은 타당하지도 않거니와 양국간 수교협상의 다양한 측면을 이해하지 못한 근시안적 접근이라고 할 수밖에 없다.

한중수교는 한중 양국의 시장주의나 경제적 필요 때문에 성사된 것이 아니었다. 1980년대 후반 동구권의 몰락 등 신데탕트가 조성되는 국면에서 노태우정부가 적극적으로 북방외교를 추진한 결과물이었다. 중국 역시 덩샤오핑의 개혁개방정책을 통해 '빛의 속도'로 경제발전을 추진하고 있었다. 우리에게는 시장확보를 위한 경제·무역 파트너라기보다 북방외교의 대미를 장식하는 이벤트였다. 게다가 북한의 가장 든든한 후원자였던 중국과의 수교는 북한과의 체제경쟁의 종식을 선언하는 것이자 사회주의권 외교의 최대성과였다. 단순히 양국간의 경제적 이해관계를 수용한 수교가 아니었다는 것을 간과한 주장일 뿐이다.

수교전후부터 중국을 드나든 바 있는 중국연구 학자니만큼 수교협상 당시의 막전막후에 대해서도 다시 한 번 살펴볼 것을 권하고 싶다.

'중국공산당은 중국을 전체주의적으로 지배하며 중국공산당은 중국인을 통제하고 수탈하며 전체주의 국가인 중국은 결국 세계를 위험하게 만들 것이라는 짱깨주의의 기본 틀은 이 시기에 완성되었다.'

'키신저 시스템은 샌프란시스코 평화조약이 지닌 체제적이고 적대적인 대립을 누그러뜨리고 친미주의와 반공주의를 희석시키는 효과를 가져왔지만 경제지상주의로 중국을 바라보기 시작했다는 점에서 또 하나의 질곡이다.

중국과 좋은 이웃국가로 더불어 살기위해 수교한 것이 아니라 중국이라는 시장이 필요해 수교를 했기 때문에 중국과 좋은 이웃이 되고자 하는 공동체주의는 설 곳이 없었다. 급속한 중국의 경제성장으로 중국이 한국과 경쟁하게 되면서 혐중 정서는 급속히 증가했다.'

〈짱깨주의〉는 끊임없이 받아들일 수 없는 탁상논리를 펼쳐대고 있지만 그 근거는 빈약하다. 한국에서 형성된 반중·혐중 정서가 중국의 경제성장을 시기하는 한국과 경쟁관계 때문이라는 분석은 처음 들어본다. 동북공정을 통한 중국의 역사왜곡사태, 마늘수입금지 등에 대한 중국측의 보복조치, 무엇보다 사드배치에 대한 중국의 협박과 롯데마트 등에 대한 각종 규제와 한류문화 수입금지 등의 무차별적인 보복조치 등이 한데 묶어져서 형성된 것이 중국에 대한 국민감정, 즉 반중정서 아니었던가?

〈짱깨주의〉의 저자 김희교 교수가 여러 매체를 통해 자신의 입장을 밝힌 바 있어서 발췌해서 소개한다.

- 동아일보, 서울신문

- '짱깨주의의 탄생'에서 중국에 대한 편견과 혐오를 비판했다. 중국에 대한 현재 한국의 인식이 잘못됐다고 보는가.

"중국의 부상에 따른 공포심, 경계심 같은 것은 다른 국가에도 엄연히 존재하지만 우리나라의 경우 반중 감정이 다른 국가보다 20% 정도 더 높게 나타난다. 안보적 보수주의자들이 신냉전 구도에 올라타 동맹 체제를 강화하기 위한 이데올로기적 수단으로 짱깨주의를 이용한 탓이 크다고 본다. 중국인에 대한 유사인종주의가 확대되고 있다."

―비판적 대중 인식이 중국이 가진 문제 자체로 야기된 결과는 아닌가. 지식재산권 침해 등 불공정 무역관행, 국제규범과 질서 훼손, 인권 침해 등은 국제적으로도 많은 비판을 받고 있다.

"200년 넘게 발달해온 서구의 자본주의와 달리 중국은 이제 겨우 40~50년 된 단계인데 이를 똑같이 비교, 비판하는 건 맞지 않다. 중국도 이젠 덩치가 커지고 위상이 높아지면서 그에 맞는 국제적 룰에 따르려는 노력들을 해오고 있다. 서구의 시각에서는 아직 미흡하지만 중국은 굉장히 발전해왔다. 인권의 경우 문제가 많은 게 사실이다. 그러나 개발도상국인 중국이 서구의 완벽한 인권 수준을 다 충족시키는 게 가능할까. 중국이 강대국이라지만 여전히 개인소득 1만 달러 수준에 지역 빈부 격차가 엄청나다. 신장위구르에서는 잦은 테러를 방지할 필요성도 있다."

―중국이 최근 러시아와 밀착하는 것에 대해서도 비판이 나온다. 중국은 우크라이나 침공으로 국제적 비난과 제재에 직면한 러시아를 옹호하는 입장이다.

침공으로 국제적 비난과 제재에 직면한 러시아를 옹호하는 입장이다.
"도덕적 관점에서는 안 될 일이지만 국제정치학적 측면이나 힘의 논리로 볼 때 중국은 그럴 수밖에 없다고 본다. 미국이라는 거대 패권국이 중국을 작심하고 봉쇄하려는 것에 대해 중국이 느끼는 위협 수위는 우리 생각보다 훨씬 높다. 중국이 미국의 억압을 견딜 방법을 다방면으로 모색하는 상황에서 러시아에 대해 서구와 같은 입장을 취하기는 어려울 거다."

―중국을 정당화해주는 논리 아닌가. 중국은 이제 미국과 함께 주요 2개국(G2)으로 평가받는다.

"당연히 그렇게 볼 수도 있다. '짱깨주의의 탄생'을 쓴 뒤 중국에서 돈 받아먹었냐는 비난도 받았다. 그래도 중국을 비난하는 여론이 주류를 형성하고 있는 상황에서 '중국은 왜 그럴까'를 생각해보는 시도가 필요하다고 생각했다. 국내에 짱깨주의가 급속히 퍼지는 것이 걱정스럽고, 자꾸 20세기적 냉전 상태로 돌아가려는 것에도 위기감을 느낀다."

- 중국이 사드 배치를 문제 삼아 다시 보복에 나설 가능성이 제기되는데….

"이미 배치된 사드의 기지 정상화 수준으로는 중국이 한국에 대한 기본적인 스탠스를 바꾸지 않을 것으로 본다. 다만 추가 배치의 경우 수사적인 반발을 넘어 전면적인 대응에 나설 것이다. 중국 견제용 반도체 동맹에 가입하는 문제는 '한국이 중국을 적으로 돌리려 한다'고 판단할 중요한 가늠자가 될 것이다. 군사적으로 한미일 3각 동맹 체제를 맺으려는 것에도 중국은 단호하게 대응할 것이다."

- 동북공정 때도 심한 공격을 받았고 지금도 마찬가지다.

"현실에 대해서 말하는 식자가 감당해야 할 몫이라 생각한다. 그러나 '중국 공산당의 앞잡이' 같은 표현은 기본적으로 혐오적 표현이다. 혐오 사회로 나아가지 않도록 모두 주의를 기울여야 할 때이다. 동북공정에 대한 평가는 얼마든지 다를 수 있다. 저는 중국 정부가 수세적, 방어적으로 구상한 정책이었다고 판단한다. 북한이 붕괴되면 중국이 접수하려고 미리 정비한다는 것이 주류의 판단이었는데 전 그렇게 볼 일이 아니라고 봤다. 중국 역시 북한이 붕괴되는 상황을 상당히 두려워하고 심각한 문제라고 본다."

- 그러면 짱깨주의는 어떻게 생겨난 것인가.

"갑자기 부상한 강대국에 경계심을 갖고, 가난하고 경쟁력도 없어 보이던 나라가 어깨를 나란히 하고 우리 시장을 넘보니 자연스레 반감, 질시, 위협 같은 것을 느낄 수 있다. 그러나 외교는 분노나 혐오로 해결되지 않는다. 내가 주목한 것은 세계질서의 동요가 가져온 우리의 대응방식이다. 안타깝게도 일부 보수주의자들은 중국봉쇄 정책에 동조했고, 중국혐오를 활용했다. 진보진영은 이런 현상에 무관심했다. 이런 현상을 그렇게 이름 붙였다"

- 수교가 한반도 관리에 어떤 역할을 했나.

"시장과 자원을 가까운 거리에서 얻게 됐다. 적대적 진영체제를 허물기도 했다. 노태우 정부가 아주 짧은 시간에 해냈다. 미국은 중국과 수교하는데 7년이 걸렸다. 현 정부가 나아가야 할 방향도 다자주의, 다원주의 그리고 평화체제에 있다고 믿는다. 싸우지 않고, 적대 진영을 만들지 않는 것이 훨씬 유리하다. 국내 일부 진보주의자들은 수교를 앞두고 또 다른 예속과 종속을 낳지 않을까, 우리 농업이 붕괴하지 않을까 걱정했는데 생각보다는 괜찮은 결과로 나타났다. 그 메커니즘에 편승해 우리도 성장했고, G20에 들었고, 국력은 12위쯤, 국방은 6위쯤 됐다."

- 책을 관통하는 문제의식은 상상의 공간에 중국을 가두고 오해와 혼동을 키운다, 냉전 구도가 유일한 살 길인 것처럼 생각하는 정치인과 경제인들에게 현혹돼 북한과 중국을 적대적인 존재로만 인식한다, 이런 것 같다.

"보수 진영도 분화하고 있다. 예전에는 경제 보수주의가 안보 보수주의에 예속돼 있었다면 이제는 상당히 독립돼 있다. 하지만 여전히 끌려 다니는 느낌이다. 이제 국익을 어디에 둘 것이냐 생각해서 경제 보수주의자들이 진영의 중심을 잡아야 합리적인 보수의 목소리가 나오지 않을까 생각한다."

광주에서 열리는 정율성 음악회

3장

리영희의
明暗

문재인과 리영희

문재인 전 대통령은 여전히 진영논리에서 벗어나지 못한 채 미망(迷妄)에 빠져있는 것 같다.

그가 정치에 뛰어들기 직전인 2011년 출간한 〈문재인의 운명〉을 들여다봤다.

책을 출간한 것이 정치를 하기위한 포석이었는지 그때부터 그는 정치에 뛰어들었다. 〈운명〉은 정치를 하기 위해 쓴 자서전이자 노무현 전 대통령의 후계자라는 것을 각인시키기 위해 쓴 책이라고 봐도 될 정도로 노무현 정신의 계승을 공식화했다.

그 책에서 그는 자신의 대학시절 이야기를 하는 '인생'챕터의 〈대학, 그리고 저항〉이라는 제목의 글에서 고 리영희 선생을 언급한 대목이 있었다.

130~132쪽에 걸쳐 아주 길게 리 선생에 대해 가졌던 기억을 회고하는 부분이다.

"( ) 그 시절 나의 사회의식을 키운 것은 하숙생활이었다.

일상생활에 아무 통제가 없는 자유에다 대학생들끼리 모여 있으니 밤늦게까지 시국담론을 나누기 일쑤였다. 나는 고등학교 선배들과 함께 하숙을 했다. 여러 대학이 섞여있어서 다른 대학의 학내 저항운동 소식을 들을 수 있었다. 현실비판적인 사회과학 서클 또는 농촌운동 서클들의 소식, 지하신문들, 학내시위 소식과 시위 때 뿌려진 선언문 같은 것도 접했다. 선배나 친구들을 따라, 그 시절 학생운동이 가장 강했던 서울대학교 문리대와 고려대 시위를 구경 가기도 했다.

대학 시절 나의 비판의식과 사회의식에 가장 큰 영향을 미친 분은, 그 무렵 많은 대학생들이 그러했듯이 리영희 선생이었다.

나는 리영희 선생의 〈전환시대의 논리〉가 발간되기 전에 그 속에 담긴 '베트남 전쟁' 논문을 창작과 비평 잡지에서 먼저 읽었다. 대학교 1, 2학년 무렵 잡지에 먼저 논문 1, 2부가 연재되고 3학년 때 책이 나온 것으로 기억한다. 처음 접한 리영희 선생 논문은 정말 충격적이었다. 베트남 전쟁의 부도덕성과 제국주의적 성격, 미국 내 반전운동 등을 다뤘다. 결국은 초강대국 미국이 결코 이길 수 없는 전쟁이라는 것이었다.

그 논리의 전개나 흐름이 그렇게 수미일관할 수 없었다.

1, 2부는 미국의 승리를 의심하지 않을 시기에 미국의 패배와 월남의 패망을 예고했다. 3부는 그 예고가 그대로 실현된 것을 현실 속에서 확인하면서 결산하는 것이었다.

적어도 글 속에서나마 진실의 승리를 확인하면서 읽는 나 자신도 희열을 느꼈던 기억이 생생하다.

노(무현)변호사도 리영희 선생 영향을 많이 받았다. (이 부분에서는 노 변호사라고 호칭을 바꾼 이유를 모르겠다. 자신보다 6살이나 많은데다 사법시험 기수도 5회 빠른 자신이 수석비서관과 비서실장으로 모시던 대통령이었는데도 말이다)노 변호사가 인권변호사로 투신한 계기가 되었던 '부림사건'은 청년과 학생들이 수십 권의 기초 사회과학서적 또는 현실비판 서적을 교재로 공부한 것이 빌미가 됐다. 기소 내용엔 '그 책들을 읽으면서 북한 또는 국외 공산계열의 활동을 찬양·고무했다'는 내용이 포함돼 있었다. 노 변호사는 변론을 위해 (학생들이 읽었다는)수십 권의 서적을 깡그리 독파했다. 그 가운데 리영희 선생의 〈전환시대의 논리〉와 〈우상과 이성〉도 있었다.

변호사로서 변론을 위해 읽은 책을 통해 많은 영향을 받은 셈이다. 이후 노 변호사는 더욱 폭넓은 사회과학서적을 탐독하게 됐고 그것을 통해 이른바 의식화됐다. 리영희 선생 책이 그 출발이었다."

우리는 흔히 노 전 대통령이 '부림사건'을 통해 스스로 운동권학생의 그것처럼 의식화됐다는 사실을 알고 있다. 문 전 대통령의 회고를 통해 그것을 확인했다.

문 전 대통령의 기억은 이어진다.

"그 후 우리가 '부민협'(부산민주화추진협의회)을 할 때, 리영희 선생 초청강연회를 두세 번 한 적이 있다. 뒤풀이 자리에서 내가 리영희 선생에게 질문했다

"중국의 문화대혁명을 높이 평가했던 것이 오류가 아니었는지"
라고.

그는 망설임 없이 분명하게 대답했다.

"오류였다. 글을 쓸 때마다 객관성을 확보하기 위해 무척 노력했는데 그 시절은 역시 자료접근의 어려움 때문에 한계가 있었던 것 같다. 또 그 때는 정신주의에 과도하게 빠져있었던 것 같다."

'그 솔직함이 참으로 존경스러웠다.'

문 전 대통령은 리영희 선생이 전환시대의 논리를 통해 기술한 '중국 문화대혁명'에 대한 당시의 글이 오류투성이였다는 것을 스스로 인정한다는 고백을 들었다. 그러나 이 글 외에는 리 선생이 자신의 입과 글을 통해 잘못된 '중국관'을 온 나라에 전염시킨 잘못에 대해 공식사과하거나 공식적으로 인정한 적이 없다.

탕산(唐山)대지진

〈전환시대의 논리〉, 〈우상과 이성〉, 〈8억 인과의 대화〉, 〈10억 인의 나라〉 등 중국에 대한 새로운 시각을 담은 저작들을 통해 70~80년대 대학가를 뒤흔들어놓은 리영희 선생은 그때부터 소위 '운동권'의 대부라는 위상에서 내려오지 않았다. 그의 책들은 운동권 의식화 도구로 명성을 날리면서 그 시절 '금서'로 지정됐다.

반공 이데올리기와 친미독재정권이 가질 수밖에 없는 태생적 속성을 건드림으로써 대학생을 비롯한 지식인의 양심(?)을 자극한 선생의 저작들은 출간되자마자 박정희 정권에서 전두환 정권에 이르는 군부독재에 맞서는 대학생들의 최고의 무기로 진화됐다.

필자 역시 대학에 입학(1982년)하자마자 '금서'로 지정된 〈전환시대의 논리〉를 구해서 읽었다. 그러나 '8억 인과의 대화'는 헌책방에서도, 운동권 선배들에게서도, 쉽게 구하지 못할 정도로 귀했다.

〈우상과 이성〉은 지적 호기심이 충만한 청년들에게 박정희·전두환 독재시대를 관통하는 '우상'을 파괴하라는 지령처럼 강력하고 신선했다. 그리하여 리영희 교수는 군부독재시대를 살아가는 이땅의 대학생들을 자극하는 저항의 아이콘으로 자리 잡았다. 그가 쓴 책 속

영화 〈탕산대지진〉의 한 장면이다.

의 중국과 베트남 그리고 미국은 우리가 배웠던 세상과 달라도 너무 달랐다.

그래선가 리영희 교수의 금서들은 지하교회의 바이블처럼 소중하게 존중받았다.

87년이 지나면서 문민정부의 시대가 시작됐다. 노태우 정부는 군부독재가 아닌 '보통사람'의 시대였다. 모든 것이 봇물처럼 터졌다. 언론자유도 극대화됐다. 국민공모를 통해 자본금을 모은 '한겨레신문'이 창간되자 리영희 교수는 신문창간에 참여하면서 고정적으로 칼럼을 썼다.

그 중 한 칼럼이 세계사에 대한 그의 무지를 적나라하게 드러낸 것으로 종종 회자되고 있어 옮겨본다.

당산 시민을 위한 애도사
−1988.11.06. 한겨레신문

"중국의 당산시 무역대표단이 다음주 한국에 온다는 소식이다.

두 나라의 장사꾼들이 뻔질나게 드나드는 판이라 새삼스럽지도 않다. 그러나 당산시에서 오다니 유달리 반갑기도 하고 그럴수록 걱정스럽기도 하다.

당산시는 수도 북경시, 천진시와 삼각형을 이루는 곳에 자리 잡은 중국 유수의 대철강, 전자공업도시다. 당산시에 나의 마음이 각별히 끌리는 까닭은 이 도시가 1976년에 겪은 참변 때문이다. 그리고 바로 그 이듬해에 미국의 뉴욕 시에서 일어난 작은 재난이 보여준 인간과 사회도덕의 극단적 대조를 지금도 잊을 수 없기 때문이다.

12년 전 인구 70만의 당산시는 중국 역사상 최악의 규모라는 지진으로 마치 핵폭탄 세례를 받은 도시처럼 완전히 폐허가 되어버렸다.

그런데 그런 참변 속에 놓인 시민들의 행동하는 모습을 세계의 보도진이 다투어 전한 뉴스는 진한 감동을 전세계에 던졌다.

현장을 찾아서 목격한 어느 외국대사의 후일담을 들어보자(일본대사가 귀국한 뒤 쓴 글.)

"땅은 흔들리고 건물은 계속 허물어진다.

화재는 연옥같이 건물을 태워 나간다.... 그런 속에서 중국인들은 질서정연하게 행동하고, 난동을 부리거나 남을 해치는 일이 없다. 진동과 파괴와 화재가 계속되는 속에서 불행을 당한 이웃을 위해 달려나가고, 자신의 위험을 무릅쓰는 행동은 바로 자기 가족을 위하는 것과 같아 보였다...

누구나가 공동체 속에서 자기 희생으로 남을 위하고 전체를 위해 행동했다.

우리나라의 도시에서 이런 대지진이 일어날 경우 우리나라 사람들이 어떻게 행동할 것인가를 상상해보면서 나는 너무나도 큰 충격과 감동에 말없이 숙연하게 서 있을 뿐이었다."

공교롭게 몇 달 뒤에 뉴욕 시에서 12시간의 정전이 있었다.

세계에서 제일 부자나라의 대도시에서 전깃불이 꺼진 속에서 인간들이 행동한 모습을 미국의 신문들은 한 마디로 '연옥'이라고 표현했다. 남이 자기 얼굴을 확인할 수 없다는 생각이 든 순간, 모든 인간이 밖으로 뛰어나와 혼란, 무질서, 약탈, 파괴, 방화, 강간, 난동, 살인을 일삼았다.

'1000만 미국인이 1000만 가지의 행동을 했다'고 한다.

유명한 사건이다. 세계는 그 모습에 전율했다.

뉴욕시민과 당산 시민의 물질적 부는 비교도 되지 않는다.

기독교가 없는 중국 도시의 시민들은 예수의 십계명대로 행동했다.

기독교 사회임을 자랑하는 미국 도시의 시민들은 예수의 십계명을 배반했다.

부자나라의 시민들은 남의 것을 빼앗고 강간했다.

세계에서 어쩌면 제일 가난한 사회의 당산 시민들은 자기 것을 버리면서 이웃을 도왔다. 그것은 너무나도 엄청난 인간행동의 규범적(질적) 차이였다. 같은 종(種)에 속한 인간의 행동양식이라고 하기에는 그 차이는 너무나 대조적이었다. 무엇이 그 차이를 만든 것일까?

이기주의를 원리로 삼는 자본주의와 공동의 이익을 원리로 삼는 사회주의 도덕의 차이일까? 아무리 풍요해도 불평등할 수밖에 없는 사적 소유제도와 가난하지만 평등한 재산제도의 차이일까? 상부구조인 종교, 법률, 교육, 가치관의 체계는 하부구조인 물적 생산과 분배관계의 반영일 수밖에 없는 것일까?

동양과 서양의 차이일까? 미국과 중국의 차이일까? 아니면 다만 당산시와 뉴욕시의 시민들에게 국한된 차이일까?

그로부터 십 수년이 지난 지금까지 나는 그 의문에 대한 해답을 찾지 못했다. 그래서 고민한다. 중국은 지금 미국식의 물질적 풍요를 이루려고 안간힘을 쓰고 있다. 시민들은 코카콜라에 입맛을 들였고, 지식인들은 더 절묘한 노동자 관리를 위해서 MIT대학 경영학 교과서를 들고 밤을 새운다.

자본원리와 물질주의의 신이 도덕주위와 평등사상을 추방했다. 지금 중국 사회는 타락과 부패, 사기와 횡령, 범죄와 인간소외의 깊은 늪으로 빠져 들어가고 있다.

당산시의 무역대표단이 한국 자본주의를 배우러 온다는 소식이다. 나는 사랑하는 당산 시민을 위해서 애도사를 쓴다."

당산대지진의 진실

1976년은 신중국 건국이후 최대 격동의 시간이었다고 해도 과언이 아니다.

마오쩌둥(毛泽东)을 평생 보좌해 온 중국인이 기억하는 '영원한 총리' 저우언라이(周恩来)가 신년벽두인 1월 8일 사망했다.

마오는 저우언라이 후임으로 화궈펑(华国锋)을 임시 총리 및 제1부주석으로 임명했다.

3월 중순부터 베이징시민들은 저우언라이를 추모한다며 화환을 들고 베이징 톈안먼 광장 혁명열사 기념비를 찾았다. 그를 추모하는 군중들이 수십만 명으로 늘어났다. 4월4일 청명절을 맞아 그를 추모하는 시위가 있었다. 그러자 그날 저녁 공안당국은 톈안먼 광장에 진열된 화환과 깃발 그리고 저우언라이를 추모하는 온갖 포스터들을 철거하고 반혁명분자들을 체포하라는 명령을 내렸다.

대지진으로 폐허가 된 탕산시

그 소식을 전해들은 다음 날인 4월 5일 추모시위는 폭력적인 양상으로 바뀌는 등 충돌이 빚어졌으나 군 투입으로 시위는 진압됐다.

1989년 일어난 톈안먼사건과 구분하기 위해 이 톈안먼사태를 1차 톈안먼사건이라고 부른다.

마오 주석의 혁명동지였던 주더(朱德) 원수가 7월 6일 사망했다. 바야흐로 혁명전야와도 같은 분위기가 조성되고 있었다.

2년 여전, 후난성(湖南) 창사(長沙)에서 건재를 과시하겠다며 '장강(長江, 양자강)수영'을 한 이후 마오 주석은 병석을 벗어나지 못하고 대중 앞에 단 한 번도 모습을 드러내지 않았다.

저우 총리 사망 이후 마오 주석의 병세도 악화돼가고 있었다.

1976년 9월 9일 자정을 넘기자마자 마오의 심장은 더 이상 뛰지 않았다. 83세였다. 마오의 사망으로 10년간 이어져 온 광란의 문화대혁명도 끝이 났다.

준비된 죽음이었지만 인민들에게는 갑작스럽게 받아들여진 마오 주석 사망은 내부 권력투쟁 시작을 의미했다. 마오의 마지막 부인 장칭(江靑)을 필두로 한 '4인방'이 마오의 권력을 이어받는 후계구도를 노렸으나 그해 10월 '베이징정변'으로 불리는 4인방 체포작전으로 막을 내렸다.

탕산(唐山)에서 대지진이 일어난 것은 저우언라이의 사망과 톈안먼 사건 후유증이 채 가시지 않은 가운데 마오 주석이 사망하기 직전이었다. 중국공산당 지도부가 공백과도 다름없이 정치적 혼란에 빠져있던 시기였다.

마오의 부인 장칭을 위시한 4인방세력은 마오 사후 권력 장악을 위해 동분서주 하고 있었고 反덩샤오핑 운동의 여파로 덩샤오핑은 지방으로 하방되는 등 숙청 상태에 있었다. 마오가 저우언라이총리 후임으로 권력교체의 과도기를 감안, 우유부단한 화궈펑을 내세운 것은 그야말로 절묘했다.

그러던 와중이었다. 1976년 7월 28일 새벽 3시 42분이었다.

수도 베이징에서 150km, 텐진에서 100km 거리에 위치한 중국 최대 공업도시 '탕산'(唐山)에서 진도 7.8의 대지진이 발생했다. 진도 8에 육박하는 강진과 이어진 여진으로 탕산시는 파괴됐다. 당국의 공식 사망자는 24만여 명이었으나 대지진 초기 사망자가 60만여 명으로 발표됐다.

20세기 발생한 최악·최고의 대지진이었다.

대지진 발생 초기 탕산시 외부로부터의 구조나 구호활동이 전혀 이뤄지지 못했다. 당시 중국과 서방세계와의 교류가 막혀있는 '죽의 장막'이어서 탕산 대지진 소식이 외부세계에 정확하게 알려지지 않았다. 지진피해상황 조차 제대로 집계될 수도 없었다.

문화대혁명의 막바지였다. 죽의 장막 중국은 외부세계와 차단돼 있었다고 하는 것이 맞다. 키신저 미 외무장관이 '핑퐁외교'를 통해 1973년 베이징과 워싱턴에 각각 미·중 양국의 연락사무소를 개설하면서 민간차원의 교류는 물꼬가 트였으나 미·중간 공식수교는 성사되지 않은 때였다.

당시 어수선했던 중국공산당 지도부는 미국 등 서방국가들의 인도주의적 구호와 원조 제의도 모두 받아들이지 않고 거절했다. 외국구호대에 '스파이'가 대거 들어올 수 있다는 우려 때문이라고 한다. 어처구니없는 발상이었지만 오랜 냉전체제의 후유증이었다.

1976년의 중국은 서방국가는 물론 서방언론매체의 접근조차 쉽지 않은 '죽의 장막' 그 자체였다.
그럼에도 탕산대지진은 마오쩌둥의 시대가 사실상 끝났다는 것을 전 세계에 알리는 상징과도 같은 비극적 사건이었다.
리영희 교수가 그러나 1976년 발생한 탕산대지진을 소재로 삼는 칼럼을 쓴 것은 대지진 발생 12년이 지난 1988년이었다.
탕산대지진 발생 다음 해인 1977년 7월 15일 뉴욕에서 정전사태가 발생했고 소요와 약탈사태로 1,616개의 가게들이 약탈당했다. 1,037건의 화재가 발생했고 백화점 등 대형유통센터도 약탈됐다.
거의 1년 시차를 두고 일어난 탕산대지진과 뉴욕대정전을 비교하면서 써내려간 리영희 선생의 칼럼은 자신이 동경해마지 않던 중국에 대한 무한한 애정과 자본주의의 심장 뉴욕에 대한 실망을 동시에 드러내면서 중국사회에 대한 정신적 우위를 표현하려했던 것 같다.

1980년대 운동권의 대부가 된 리 교수는 칼럼을 통해 자본주의 경제의 본산이라고 할 수 있는 미국을 폄훼한 반면 경제적으로 낙후된 사회주의체제가 사회주의 미덕을 통해 정신적으로는 보다 건강하고 우월하다는 생각을 피력하고자 했다. 그가 이 칼럼에서 묘사한 탕산

대지진과 관련, 언급한 정보는 대지진 당시 주중일본대사가 현장에 가서 목격한 기록이었다.

"땅은 흔들리고 건물은 계속 허물어진다. 화재는 연옥같이 건물을 태워 나간다....
(그런 지옥과도 같은 아비규환 속에서) 중국인들은 질서정연하게, 행동하고, 난동을 부리거나 남을 해치는 일이 없다.
진동과 파괴와 화재가 계속되는 속에서 불행을 당한 이웃을 위해 달려 나가고, 자신의 위험을 무릅쓰는 행동은 바로 자기 가족을 위하는 것과 같아 보였다....
누구나가 공동체 속에서 자기희생으로 남을 위하고 전체를 위해 행동했다. 일본의 도시에서 이런 대지진이 일어날 경우 일본 사람들이 어떻게 행동할 것인가를 상상해보면서 나는 너무나도 큰 충격과 감동에 말없이 숙연하게 서 있을 뿐이었다."

펑샤오강 감독이 2010년 제작한 영화 〈(탕산)대지진〉은 대지진 발생 당시의 처참한 상황을 잘 그려냈다. 탕산대지진의 진실을 알고자 한다면 그 영화를 봤으면 좋겠다.

지진을 당한 탕산은 외부세계와 완벽하게 단절됐다. 해외언론이 대지진 발생 당시의 탕산시를 직접 취재한 기록도 없다. 당국이 해외언론의 접근을 차단, 탕산시의 대지진 피해상황을 사실상 외부에 공개하지 않았다. 심지어 중국에서도 긴급구호활동이나 구조활동이 제대로 되지 않았다. 그런 상황에서 살아남은 자들은 생존을 위해 상점을 약탈하는 등 평소라면 하지 말아야 할 행위들을 하지 않을 수 없었다.

리영희 교수가 인용한 일본대사의 '탕산 신화'는 중국공산당의 선전선동을 위해 조작된 만들어진 신화였다.

서방국가의 인도적 구호활동조차 거부한 중국은 시간이 흐르면서 대대적인 구호와 복구활동에 나섰다. 그러나 도시파괴와 피해가 워낙 커서 매몰자 구조와 건물복구 등에 10년 이상이 걸렸다.

그가 탕산의 비극과 비교한 뉴욕대정전사태는 당시 전 세계에 생생하게 생중계된 바 있다. 세계 최고의 도시가 정전되자 약탈과 강간, 방화 등이 만연하는 인간본성의 생지옥과도 같은 세상을 보여준 셈이다.

이 두 가지 사건은 자본주의에 사는 인간과 사회주의사회에 사는 인간의 비교나 충돌이 아니다. 리영희 교수의 이념적 정체성이 어디에 있는가를 드러낸, 해프닝이라는 것이 필자의 생각이다

"(...)리영희에게 우상은 진실이 아님에도 진실인 것처럼 우리에게 강요된 것이다.

다른 말로 헛것 허위의식, 어둑서니, 이데올로기 들이다.

냉전과 반공, 미 제국주의와 한미혈맹, 식민지와 해방, 기독교 유

일신 교리, 물신주의 자유민주주의, 자본주의 제복과 유행, 핵무기 신앙 등이 대표적이다. 우리 사회가 민주화되었다고 하지만 지금도 자본권력의 하수인으로 전락한 검찰과 언론이 그들의 입장에서 진실을 규정, 강요하고 있다. 우상의 황혼은 요원하고 진리의 빛은 아득하다."

지금도 유효한 평가가 아닐까? 리영희 교수가 드러내고자 하는 것은 자본주의의 허위였으나 그가 실제로 드러낸 것은 스스로가 사회주의 중국이라는 허상과 우상에 빠진 허위의식이었다.

지식인 리영희 교수가 끄집어 낸 뇌피셜 중국, 중국식 사회주의에 대한 빗나간 찬사, 이북출신인 그가 월남해서 평생동안 살아 온 자유민주주의를 구축한 남한 사회에 대한 자기비하로 가득한 허위의식이었다.

우상파괴자, 우상이 되다

"나의 삶을 이끌어준 근본이념은 자유와 책임이었다. 인간은 누구나, 더욱이 진정한 지식인은 본질적으로 자유인인 까닭에 자기의 삶을 스스로 선택하고, 그 결정에 대해서 책임이 있을 뿐만 아니라 자신이 존재하는 사회에 대해서 책임이 있다는 믿음이었다."

― 《《대화》》(2005, 한길사) 머리말, '읽는 이를 위하여'

동시대 지성 가운데 리영희 교수만큼 우리 사회에 막대한 영향력을 끼친 인사는 드물 것이다.

리 교수는 독재 권력의 암울한 70~80년대에 '우상'을 타파하고, 시대를 깨우기 위해 끊임없이 저항하고 행동하는 '양심'을 자처했다. 그가 타파하고자 한 우상은 그가 사는 세상에 존재하는 진실이 아니었음에도 박정희 군부독재와 이어지는 전두환 시대에는 마치 현실세계에 존재하는 진실처럼 강요됐다.

물론 허위의식을 깨고 그가 던진 우상을 파괴하라는 목소리를 듣는 것만으로도 그의 책을 읽는 독자들이 바라보는 세상은 달라졌다.

리 교수는 '자신 앞에 던져진 현실 상황을 묵인하거나 회피하거나 또는 상황과의 관계설정을 기권으로 얼버무리는 태도를 지식인의 배신으로 경멸하고 경계했다'고 수차에 걸쳐 고백한 바 있다. 그것은 사회에 대한 배신일 뿐 아니라 그에 앞서 자신에 대한 배신이라고 여겼다.

"...거짓(허위)으로 덮인 깜깜한 한국의 하늘에 희미하나마 한 줄기 진실과 이성의 빛을 비춰주려는 나의 글과 사상이 '야만의 지배'를 물리치려는 선량한 인간들의 눈물겨운 싸움에 힘이 되었는지, 또 이 시대 한국사의 전진에 얼마만큼의 기여를 했을지 나는 알지 못한다. 어쨌든 1990년대에 이르러 나라에 광명이 비치게 되었을 때, 나는 허약한 한 지식인으로서 미미하나마 나의 사회적 책임과 시대적 소임을 다한 것으로 자위했다."

사실 리영희 선생이 화두로 던진 〈전환시대의 논리〉와 〈우상과 이성〉〈8억 인과의 대화〉 등은 70년대 후반에 출간된 책이지만 '운동권'이라고 부르기 시작한 1980년대 '586'세대를 탄생시킨 사상적 기반이자 출발점이라고 해도 과언이 아닐 정도로 수십, 수백만에 이르는 리 교수의 정신적 제자들을 양산해 냈다.

필자 역시 1980년대 초반, 대학에 입학한 586세대에 속한다. 출판 및 판매가 금지된 '금서' 딱지가 붙은 〈전환시대의 논리〉와 〈8억 인과의 대화〉도 대학 입학한 지 얼마 되지 않아 몰래 읽었던 지적 호기심으로 충만한 청년이었다.

그의 책은 초·중·고 9년간 반공교육으로 의식화된(?) 20대 초반 청년들을 깨우치고 세상을 보는 새로운 시각을 던져준 치명적 유혹이었다.

당시 리영희 교수와 〈민족경제론〉의 박현채, 〈해방전후사의 인식〉 강만길 교수는 동시대 젊은 청년들을 각성시킨 길잡이역할을 충분히 했다. 지금와서 곰곰이 생각해보면 그 역작용도 있었지만 말이다. 군부독재가 이어지던 시대였다. 그들은 저항보다는 굴종을 강요하는 시대 상황에 분노하지 못하는 스스로를 부끄러워하도록 용기를 줬다.

수많은 젊은이들이 독재에 맞설 수 있도록 부추겼다. 그 중에 더러는 사회주의 이념에 경도되기도 했고 일부는 북한의 주체사상으로 빠져들기도 했다.

리영희 교수의 책은 당시 반박불가의 신성불가침의 성역이자 '성경'보다 더 강력한 권위를 가졌다. '진보'를 자처하는 청년들은 그의 글과 말에 대해 비판하거나 반(反)하는 의견을 공개적으로 내놓기가 어려울 정도로 그는 그가 파괴하려던 '우상' 이상의 '우상'으로 군림했다.

그가 그토록 강조하던 '진실'추구의 노력이 그의 권위 앞에서 젊은 지성인들을 주눅들게 한 셈이다. 그를 정면으로 비판하고 나서는 것은 웬만한 용기가 없으면 불가능했다. '치기'어린 만용이나 극우와 꼴통보수, 잘해봐야 '뉴라이트' 세력으로 매도당할 수 있을 정도로 '리영희'라는 이름은 지식인의 세상을 압도하는 권위와 위상을 확보했다.

그러는 사이 그는 "군부독재, 극우 광적 반공주의자들의 의식화의 원흉이 돼 버렸어, 영광이지"(대화, 466p)라고 자부한 것과 같이, 그를 비판하고 나서는 중도적인 시각의 지식인들은 군부독재를 옹호하는 극우, 혹은 광적인 반공주의자로 몰리는 위험에 처했다.

저자의 일천한 지식과 독서량으로는 우리시대의 지성으로 추앙받고 있는 리영희 선생을 비판하거나 혹은 하다못해 분석하려는 깜냥은 되지 못한다는 것을 잘 알고 있다.

그가 쓴 모든 저작물들을 읽어보고 그의 사상 전반을 평가하려는 의도도 전혀 없다. 노무현, 문재인 두 전직 대통령을 운동권대학생들처럼 의식화하는데 결정적인 역할을 한 그의 공헌을 과소평가하거나 폄훼하려고도 하지 않겠다.

다만 그가 1970년대 초반에 쓴 중국에 대한 우리의 시각 교정을 꾀하면서 쓴 담론, '대륙 중국에 대한 시각 조정'과 중국 관련 각종 저작들, 중국에 대한 그의 시각이 오늘날 여전히 우리 사회에서 제대로 재검증하거나 비판할 수도, 누구도 건드릴 수 없는 성역처럼 통용되고 있다는 사실에 놀라움과 충격을 감출 수 없을 뿐이다.

우리나라와 1992년까지 공식 외교관계가 없었을 뿐 아니라 미국과도 1979년에야 공식수교 할 정도로 고립돼있던 중국에 대해 리영희 선생 홀로 '중국도 사람이 사는 곳'이라는 접근법으로 시각교정에 나선 용기는 누구도 함부로 할 수 없는 대단한 업적으로 평가해야 한다.

외신기자로서 일반인보다 훨씬 많이 취득한 생생한 중국 정보를 바탕으로 중국을 '머리에 뿔난 빨갱이들의 소굴'이라는 의미가 물씬 풍기는 '중공'(中共, 우리는 6.25 전쟁에서 북한인민군과 더불어 팔로군을 주축으로 한 중국 인민해방군과의 전쟁을 치르면서 중국을 중국공산당의 줄임말로 중화인민공화국이라는 국호 대신 '중공'으로 불러왔다)에서 벗어나야 한다고 누구보다 먼저 깨닫고 시각교정에 나선 것이 리영희 교수였다.

저자도 20여년 중국을 오가면서 국책싱크탱크격인 중국사회과학원에서 공부하고 수시로 중국 전역을 여행하고 공부하는 등 중국을 공부했다. 그러던 어느 날 리영희 교수가 펼쳐놓은 중국 담론이 지배하는 세상이 보였다. 그가 1970, 80년대에 이해한 중국은 존재한 적이 없었고 '그가 틀렸다'는 사실을 누구도 지적하지 않고, 누구도 비판하지 않고, 비판할 수도 없는 우상화된 그가 눈에 들어왔다. 리영희가 본 중국은 책상 위에 머물러있었다. 그가 제대로 보지 못한 중국이 무엇인지 알려줘야 그가 저지른 오류와 그를 사상적 스승으로 모시는 진보진영이 저지른 실수를 이해할 수 있지 않을까 하는 노파심이 들었다

리영희의 역설

 이 글은 사실 누군가를 저격하려는 것이 아니라 문재인 정부 시절은 물론, 과거와 현재를 아우르면서 정치인들과 교수, 지식인들이 중국을 무작정 사랑하거나 '반미친중(反美親中)'성향을 보인 이유가 무엇인지 파악해보려는 과정을 따라가는 여정이다.

 소위 민주화운동을 했다는 운동권 출신 정치인들은 친중성향을 노골적으로 드러낸다. 이는 운동권 정치인들의 태생적 속성처럼 '사회주의'에 대한 이념적 동질성과 사회주의 중국에 대한 동경에서 기인한 것이다.

 586 운동권 정치인들은 대학 시절 '전환시대의 논리'(1974), '우상과 이성'(1977), '8억 인과의 대화'(1977)를 읽으면서 이념적 기반을 쌓았다. 그 때 읽은 미국과 베트남전쟁, 마오쩌둥의 문화대혁명, 그리고 미국이 주도해 온 자본주의 시장 경제체제에 대한 어설픈 비판이 그들의 뇌에 깊이 새겨졌을 것이다. 혹은 자본주의에 대한 비판은 매판자본론으로 미국주도의 냉전구도에 대해서는 제3세계에 대한 세계관 등이 동시에 형성되었을 것이다.

다시 말해 운동권 언저리에 들어가면서 박정희, 전두환 등 독재정권을 지지한 미국이 주도해 온 세계질서와 미국식 외교정책에 대한 깊은 반감을 가지게 되었을 것이고 그 생각이 지배하면서 '반미친중' 성향을 은연중에 키워왔다. 그로 인해 자유시장경제와 자유민주주의를 축으로 하는 미국 주도 세계질서에 대한 불신과 불만, 비판이 그들의 사고 밑바닥에 깊숙하게 자리 잡게 된 것이다.

그들은 대학 시절 공부하고 읽은 리영희 교수의 중국론을 신성불가침의 진리인양 받아들였다. 문화대혁명에 대한 환상과 마오쩌둥 주석에 대한 영웅담을 철들고 나이 들어서까지 버리지 못하고 신화처럼 믿게 된 것이다.

우리는 노무현 전 대통령이 취임 후 첫 방중한 2003년 7월 9일, 중국 최고의 명문대로 일컬어지는 베이징의 칭화대(清華大)연설에서 학생들로부터 '존경하는 중국지도자가 누구인가'란 질문을 받자 "마오쩌둥과 덩샤오핑"을 지목하면서 "두 지도자는 시대를 나눠 중국의 역사를 새롭게 만들었다. 아마도 한 번에 하기 벅차서 서로 나눠 하신 것으로 생각한다."고 대답하면서 중국학생들을 감동하게 한 장면을 기억하고 있다. 이는 노 전 대통령도 리영희 교수의 전환시대의 논리 등의 책을 읽고 의식화된 '리영희 교수의 제자'라는 점을 감안하면 쉽게 이해된다.

운동권은 '미국은 군사적으로는 세계의 침략자이고, 경제적으로는 자본주의에 기반을 둔 약탈자'라는 인식을 나이가 들고 세월이 흘러서도 바꾸지 못한 채 정치판에 뛰어들고 나서도 자신들이 아는 것과는 다른 중국과 부딪치고 나서도 친중성향을 노골화하는 것을 부끄러워하지 않는다. 어린 시절 잘못 의식화된 리영희식 세뇌는 세월이 흘러도 바뀌기가 쉽지 않은 것이다.

중국몽(中國夢)의 역설

'同一个世界 同一个梦想' 하나의 세계, 하나의 꿈이라는 뜻으로 2008년 베이징올림픽이 내세운 주제였다. 베이징올림픽조직위는 당시 베이징 올림픽이 내건 구호에 대해 '평화와 진보, 조화로운 발전, 우호적 생활, 협력, 상호 이익, 행복한 삶의 향유 등 전 세계 모든 나라의 시민들이 공통적으로 꿈꾸는 이상을 실현하고 평화롭고 밝은 세계를 건설하는 데 이바지하고자 하는 13억 중국인들의 염원이 담겨 있다'고 설명했다.

그로부터 4년 후 시진핑(习近平) 시대가 열렸다. 시 주석은 2012년 11월 중국공산당 제18차 당 대회에서 총서기에 취임하면서 "중화민족의 위대한 부흥을 실현하는 것이 바로 중화민족의 근대 이후 가장 위대한 꿈"이라면서 '중국몽'을 처음으로 언급했다.

그리고 2022년 10월 10년의 임기를 마치고 국가주석으로 재선출돼 집권3기를 시작하는 자리에서 "우리는 끊임없이 신시대 중국 특색 사회주의의 새로운 장을 쓰고 중화민족의 위대한 부흥이라는 중국몽을 실현하기 위해 열성적으로 일에 몰두하고 책임지며 노력해야 한다"고 말했다.

중국몽은 아직 실현되지 않았고 여전히 시 주석이 추진하는 목표라는 점을 분명하게 재확인한 것이다.

중국몽은 도대체 무엇인가? 중국공산당 선전매체들은 중국몽의 실현단계를 두 단계로 내세운 바 있다. 중국공산당 창당 100주년이 되는 2021년 샤오캉(小康, 누구나 풍족하게 사는)사회를 실현하고 중화인민공화국 건국 100주년이 되는 2049년에는 모든 것이 조화를 이룬 중국 특색 사회주의를 완성한 사회주의 이상향을 건설한다는 것이 중국몽이다. 이상적 사회주의라고 하지만 결국은 미국을 따라잡아 초강대국이 되는 것, 중화패권, 중화부흥을 달성하는 것과 중국의 꿈은 다르지 않다.

시 주석이 공공연하게 중국몽을 제시한 이후 무역을 비롯한 전 분야에서 미·중 경쟁과 갈등이 심화됐고 미국의 중국 견제는 노골화됐다. 소위 말하는 '투키디데스의 함정'에 빠진 것이다. '쫓는 중국'과 '쫓기는 미국' 사이에 사생결단의 대결국면이 펼쳐지고 있다.

"중국몽이 중국만의 꿈이 아니라 아시아 모두, 나아가서는 전 인류와 함께 꾸는 꿈이 되길 바란다."

중국몽을 둘러싼 미중대결이 본격화된 국면에 불을 지른, 문재인 전 대통령이 2017년 12월 중국을 방문해서 공개적으로 밝힌 대한민국이 중국몽에 함께 하겠다는 문제의 발언이다. 도대체 문 전 대통령은 중국이 꾸는 꿈이 대한민국이 꾸는 꿈이 될 수 있는지 전 인류가 함께 꾸는 꿈이 될 수 있다고 여기는지 이해할 수가 없었다.

2008년 베이징 올핌픽이 내건 구호가 '하나의 세계, 하나의 꿈'이었지만 구호는 구호일 뿐 전 세계가 하나의 꿈을 꾸는 것은 불가능하다. 나라마다 처한 상황과 목표와 꿈이 다를 수밖에 없다는 것을 간과한 구호일 뿐이다. 대한민국이 지향하는 미래와 우리가 꾸는 꿈은 중국의 그것과 다르다. '일대일로'프로젝트와 '중국 제조 2025' 등의 구체적인 실천프로젝트 등을 통해 중화제국을 실현하려는 중국의 꿈은 우리와 충돌한다. 반도체와 조선 및 자동차 수출강국인 우리의 주력산업은 후발주자인 중국의 거센 도전을 받고 있다. 중국의 꿈이 가까워질수록 우리의 위상은 위협을 받고 위축될 수밖에 없는데도 친중 성향 정치인들이 중국몽을 외치는 현실이 부끄럽다.

더불어민주당 북방경제협력위원장을 맡고있던 송영길은 2019년 9월 19일 '2019 뉴스핌 중국포럼'에서 "중국이 미국의 화웨이 사용금지 조치로 고통을 당하는 것처럼 우리도 일본에 경제보복을 당한 동병상련의 입장"이라고 설명하면서 "이런 상황에서 우리는 중국과의 상호 협력이 필요하다"고 주장한 바 있다. 미국과 일본을 가해자로 두고 중국과 한국은 미일로부터 박해를 받는 피해자로 분류하면서 한·중이 연대해야 한다는 논리였다. 이는 〈짱깨주의의 탄생〉이 주장한 것처럼 사드 배치는 미국이 운용하는 미국의 대중견제를 위한 것이므로 미국이 가해자이고, 한국은 중국과 연대하여 대응해야 한다는 논리로 비약되기도 한다.

'중국몽'을 함께 꾸자는 사람들이 적지 않다. '진보연'하는 지식인들 중 동양철학자 김용옥, 문재인 전 대통령의 외교안보특보를 역임한 문정인 교수, 정세현 전 통일부 장관 등이 그들이다. 정치인 중에서는 '만절필동(萬折必東)'을 곡해한 문희상 전 국회의장, 주중대사를 지낸 노영민 전 의원이 꼽힌다.

전환시대의 논리

리영희 교수가 〈전환시대의 논리〉 제2부에 수록한 〈대륙 중국에 대한 시각조정: 중국 본토 사정의 실제와 판단〉은 이 글을 발표한 1971년은 물론이고 책으로 엮어 출간한 1974년까지 국내에서 처음으로 중국을 긍정적인 시각으로 바라본 글이었다.

'반공'을 국시(國是)처럼 삼아 통치이념으로 삼던 시대였다. 6.25 전쟁에 참전한 중국과는 전쟁의 상처 탓도 있지만 공산주의의 본산으로 여겨 '중공'(중국공산당정부)이라고 부르면서 가까이할 수 없던 때였다. 수교는 커녕 전쟁의 해묵은 상처를 해소하지도 못한 채 '죽의 장막' 너머의 속살은 외신을 통해서만 전해들을 수 있던 먼 나라였다.

우리는 6.25 전쟁을 겪은 아버지 세대의 경험에 따라 중국은 '중공'이나 '오랑캐'라는 폄하성 호칭에 익숙했다.

마오쩌둥 혹은 모택동의 독재치하에서 5억~6억 명에 이르는 인민들이 인민공사라는 집단농장에 편입돼 중노동에 시달린다는 소식을 전해 듣고 '자유민주주의'와 한미동맹을 선택한 아버지 세대의 현명함에 가슴을 쓸어내렸다.

중국이 그런 빨갱이 소굴 '중공'(中共)이 아니라 모택동 주석의 탁월한 지도하에 경제를 발전시키고 '문화혁명'이라는 대대적인 인간성 개조 사회운동을 통해 사회주의 인간형의 '개조실험'에 나서고 있는 살만한 나라라는 리영희 교수의 말은 눈과 귀가 번쩍 뜨이는, 그러나 반신반의할 수밖에 없는 충격적인 주장이었다.

리영희 교수는 당시 20대 학생들이 반박할 수 있는 존재가 아니었다. 문화대혁명에 대해서도 리 교수는 그때까지 외신이 보도한 홍위병의 폐해 등 온갖 부정적 보도를 뒤집었다. 그는 문화대혁명을 인류 역사상 최초의 동양적 도덕에 입각한 인간개조실험이라고 주장했다.

"사회주의 사회의 실현을 위해서 생산이 우선하느냐 정치가 우선하느냐의 오랜 과제에 대한 모택동의 답변이라고 할 수 있다"는 것이 리영희 교수의 문화대혁명에 대한 평가였다.

홍위병들의 준동과 관련해서는 리 교수는 홍위병들이 류샤오치 주석을 집단폭행하고 결국 감옥에 가둔 끝에 사망에 이르게 한 숙청 행위에 대해 모택동의 권력투쟁의 결과라고 정확하게 지적했다.

마오이스트

'나는 마오이스트(maoist, 공산주의자)였다.'

"내가 문화혁명의 와중에 그것을 보고 쓰고 할 때에는 진실의 전모를 다 파악하기가 참 어려웠어요. 더구나 남한 같은 극히 제한된 정보와 자료 속에서는 누구나 그랬지요. 일본의 중국연구자들만 하더라도 중국에 비교적 자유롭게 왕래할 수 있었는데 나 개인으로서는 겹겹이 제한된 상태에서 관찰할 수밖에 없었어요(...)"

〈전환시대의 논리〉에 쓴 〈대륙중국에 대한 시각조정〉에 오류가 있다는 것을 리 교수는 뒤늦게 인정했다. 리영희 교수가 민족문제연구소 임헌영과 함께 대담형식으로 써내려간 〈대화〉(한 지식인의 삶과 사상, 2005)를 통해 털어놓은 자기고백이었다. 제한된 상태에서 자유롭게 왕래하지도 못한 상태에서 제한된 정보와 자료의 한계로 인한 오류라는 것이다.

그러나 리 교수는 한중수교이후 누구나 중국을 자유롭게 왕래할 수 있게 되었어도 중국에 가지 않았다. 다른 학자들의 글과 외신 그리고 전언과 책을 통해 '잘못 인식된 중국에 대한 시각'을 스스로 교정할 기회를 거부했다.

"도대체 문화혁명이라는 것이 사회주의 혁명에서 어떤 의미를 지니며 왜 필요하며 그것이 운동의 발전법칙상 어떻게 상호 연관되는가 하는 점을 완전히 파악하기조차 정말 어려웠으니까요.

1990년대 중반 이후에 들어와서, 다시 말해서 모택동의 문화혁명에서부터 30년이 지난 뒤에, 일부 식자들 사이에 "사후적으로 밝혀진 문화혁명이 30년 전 리영희의 중국문화대혁명하고 많은 차이가 있는데 이것을 어떻게 해석해야 할 것인가?"라는 질문이 나왔어요. 거기에 대해서 나는 이렇게 답변하겠어.

'30년 전의 문화대혁명 평가와, 30년 후의 실제적 검증사이의 괴리는 비단 나 한사람에 한정된 문제일 뿐 아니라 전 세계의 중국현대사 연구자들에게 거의 공통된 사실이오. 이른바 홍위병의 반문화적 파괴행위로 말미암은 여러 가지 부정적 사실은 정확히 파악할 방법이 없었어요.

내가 세계정세 전반, 특히 중공혁명에 관련한 어떤 문제에 천착 평가하든지 간에 그와 같은 나의 지적행동에는 한 가지 목적과 원칙이 있었어. 외부의 현상을 한국에 투영할 때에 나의 가장 큰 관심사는 우리 남한사회와 국가 내부의 온갖 부조리와 왜곡을 파악할 수 있도록 그 대조적인 현상으로서 외부의 현상을 제시하는 것이지요. 그것들이 지니는 반면교사적 효용과 의의를 중요시한 거요.

즉, △중국의 전통적 계급지배에 대한 인민대중노선, △자본주의적 제도의 물질주의에 대한 정신주의와 도덕적 인간행위의 숭상, △자본주의적 이기주의에 대한 자기희생적 헌신의 미덕, △인텔리의 개인적 집단적 권위주의에 대해 민중적 생활가치의 존중, △지식인 계급의 독점적 권위와 지배적 제도를 타파하기 위한 하방제도, 즉 △폐쇄적 인텔리 집단의 특권을 부정하고 그들을 하층 생산노동자와 농민들 속에 일정기간 투입함으로써 그들 머릿속의 특권의식을 청소하고 하층 대중에 대한 이해를 도모하고, 중국하층 대중생활의 구체적 조건을 터득케 하려는 정책, △계급주의적 사회질서에 대한 평등주의적 사회정신, 그 대표적 표현으로서 △인민해방군 내부의 계급에 따른 차별과 계급장 제도의 철폐, △군대의 약탈적 성격에 대한 인민봉사의 규율 강조, △정부와 당 관료 등 명령권자적 존재에 대한 대중의 간부 비판의 권리와 자유의 제도화, △모든 사회집단의 하향식 의사결정 권리에 대한 대중토론에 기초한 상향식 의사결정원리의 강조, △전통적 남녀불평등 제도에 대한 양성평등 제도의 존중, △온갖 미신과 비과학적 현상에 대한 합리적 과학적 사고의 철저화, △자본주의 사회운영의 기본개념인 경쟁적 출세주의를 배격하는 우월자의 열등자에 대한 동반적 상승의 의무화, △물질적 행복추구에 대한 검소하고 질박한 실용적 물질생활의 존중, 그리고 △외국숭배사상에 대한 자민족 문화와 전통에 대한 긍지와 자존심 고취...이러한 것들에 대한 나의 글은 무조건적 공감이나 편애 때문에 쓴 것이 아니었어.

나는 모택동 말기의 문화혁명을 추상적 철학적 이론적 측면에서 관념화하는 학자간 토론과는 반대로 구체적 생활조건과 중국 민중의 생존적 환경에서 오랜 제도 관습 인습 신앙 가치관을 뒤엎는 실제적 목적과 효과에 연구의 중심을 두었던 거요. 진정 그런 문제들을 가지고 중공의 문화혁명을 남한사회의 독자들에게 전할 때 자본주의 사회의 병든 생활방식과 존재양식에 대해서 대조적인 삶의 모습을 제시하고 싶었던 겁니다."

조선일보 외신부에 근무하던 외신부 기자로서 이어 외신부장으로서 텔레타이프를 통해 전송된 중국발 외신을 매일같이 접할 수 있었다. 누구보다 많은 중국정보를 누렸다.

그러나 문화혁명의 성과에 천착하면서도 문화혁명의 폐혜로 지적되는 홍위병에 대해서는 눈을 감았다. 당시 동아일보는 홍위병의 난동과 폐해에 대해 충실하게 보도하는 입장이었다. 사실을 대하는 기자로서도 그는 중국에 대한 편견을 갖고 문화대혁명 당시 벌어지고 있던 다양한 사건들을 취사선택하는 등 바람직하지 않은 태도로 일관했다.

문화대혁명에 대한 그의 평가는 〈대화〉의 대담을 통해 이어진다.

"5억 인구의 운명이 달라지는 그 장대한 과정은 세계사에서 유례가 없다고 할 수 있지요. 실제로 중화인민공화국 창건이후 등소평 시대까지 중국인민의 발자취는 전 인류의 놀라움과 감탄을 자아낼 뿐이지요. (...)

　중공혁명 초기의 고난의 기록이라고 할 수 있는 (에드가)스노의 《중국의 붉은 별》을 비롯한 많은 혁명 현지기록과 웨일스 애나 루이스 스트롱 오토 브라운의 《대장정의 기록》같은 외국인 기록 문학가들의 저서를 통해서 우리는 중공혁명이 그때까지 인류사에 없던, 상상을 초월하는 규모의 민중혁명이라는 사실을 알게 돼요.
　전환시대의 논리에 이어 8억인과의 대화(1977.9.1.)를 내놨더니 그것이 일으킨 지적 파동은 전환시대의 논리가 나갔을 때 이상으로 엄청난 것이었어요. 이어서 우상과 이성(1977.11.1.)까지 나오니까 당국이 가만있지 않았지요.
　나는 군부독재 극우 광적 반공주의자들의 의식화의 원흉이 돼 버렸어, 영광이지 하하하!"

리영희 교수의 오류

문화대혁명은 물론이고 마오쩌둥 시대 중국을 긍정적으로 평가한 리영희 선생의 오류는 엄청나다.

〈전환시대의 논리〉 제 2부에 실린 '사상적 변천으로 본 중국 근대화 백년사'는 마오쩌둥과 마오 시대에 대한 칭송으로 시작된다.

"오늘 날의 사회주의 중국의 형성으로 일단락되는 중국근대화 투쟁의 사상적 기조는 서구문명의 부정과 극복이라는 것으로 두드러진다."

〈중국지도체제의 형성과정〉이라는 글을 통해서는 중국 지도체제 형성과정의 특성으로 다음과 같은 엉터리 근거를 댔다.

1) 지도권의 투쟁은 이론과 실천능력의 투쟁을 통해서 이루어졌지 정적을 개인적으로 살해하는 방식으로 이루어지지 않았다. 이것이 스탈린수법이나 그 밖의 몇몇 공산국가에서의 피비린내 나는 권력투쟁과 그 성질을 달리하는 가장 큰 특성이다.

지도권투쟁에서 패배한 라이벌은 모두가 그대로 국내외에서 생존해있거나 자연사했거나 자기비판으로 혁명대열에 되돌아왔다,

숙청, 추방이라는 용어를 통해서 스탈린식의 장인. 음산한 권력투쟁과 중국공산당의 그것을 동일시하기 쉬운 우리나라 식자들은 여기서부터 중국을 보는 커다란 인식착오에 빠져버린다.

임표의 쿠데타음모 모택동 살해계획설이 사실이라면 이것은 지극히 보기 드문 예외이겠다.

그러나 모택동에 의한 라이벌 제거방법으로 임표의 살해가 기도되지 않았다는 것은 중국공산당 지도권 투쟁의 전통이 깨지지 않았음을 말하는 것이다.

지난 1, 2년 사이에 문화대혁명과정에서 비판받고 전열에서 사라졌던 지도부의 거물급들이 전직 또는 지도부의 수평선상에 복귀하고 있는 것을 본다. 숙청 추방이라는 용어로 스탈린적 또는 서방 독재적 정적 말살을 생각하던 고정관념으로서는 이해하기 어려운 일이다.

이것은 중국혁명의 실천적 방법인 투쟁 비판 혁명의 독특한 양식이다.

'과오를 거치고, 병을 고쳐서 사람을 구한다'는 모택동의 혁명방식은 결과적으로 중국인민의 단결을 더욱 굳게 하는 지도이념이었다. '상호비판을 통한 재단결'의 끊임없는 반복, 이것이 중공지도자들의 원리이다."

이 대목에서 리영희 교수의 중국공산당에 대한 몰이해와 무조건적인 숭배가 드러난다.

옌안(延安)시절 마오쩌둥의 류즈단(刘志丹)숙청, 문화대혁명이 권력투쟁이라는 것을 이해하면서도 국가권력서열 2인자 류샤오치

국가주석을 백주대낮에 홍위병을 시켜 테러하도록 '사령부를 포격하라'는 지령을 내리고 결국 숙청해서 감옥에서 죽음에 이르게 한 것이나 자신에게 반대한 혁명동지 펑더화이 원수를 숙청한 것은 리영희 교수의 주장을 무색하게 한다.

마오쩌둥이 국가주석에서 물러나 류샤오치를 후계자로 지목한 것은 대약진운동의 실패에 대한 책임론에서 벗어나기 위한 것이었다고 할 수 있다. 집단농장 인민공사와 대약진운동에도 불구하고 대기근으로 수천 만 명이 굶어죽은 현장을 확인한 류샤오치는 인민의 배고픔을 해결하는 '원빠오'(溫飽)를 최우선적인 정책으로 삼았다.

마오의 2선 퇴진과 류샤오치 등장은 마오의 정책실패에 대한 통렬한 반성과 실용주의도입에 의한 것이었다.

리영희 교수의 문화대혁명에 대한 궤변은 이어진다.

"문화대혁명은 바로 정신주의를 앞세운 인간사상 개조운동이다. 이 문화대혁명에서 99%까지 모택동을 지지하고 그의 후계자로 공식화되었던 임표가 지도권투쟁을 기도한 동기가 바로 정신주의와 물질주의의 대립이라면 이것이 앞으로 되풀이되지 않는다는 보장은 없다. 이것은 마르크스-레닌주의의 해석차에서 나온다.

마오가 권력투쟁에 나서 류샤오치를 끌어내린 것이지 류샤오치가 마오쩌둥을 몰아낸 것이 아니다.

그는 이어 "…인민대중이 지성과 에너지에 의거하는 결정과정이 가장 극단적으로 표현된 것이 문화대혁명에서의 홍위병(紅衛兵) 운동이다.

한 공장노동자가 공장장, 소속 지방당 위원장은 물론 국가주석까지도 공개적으로 비판할 수 있다는 것은 서구식 민주주의의 사상과도 일치한다.…"

과연 홍위병운동이 인민대중이 지성과 에너지에 의해 의사결정을 한 칭송받아야 하는 운동인가? 아무리 자료의 한계가 있고 직접 확인하지 못했다지만 리영희 교수의 문화대혁명에 대한 당시 판단은 우상파괴자로서의 업적에도 불구하고 아쉬움을 남긴다.

★ 사과 없는 반성

"내가 종교처럼 숭앙하고 목숨을 걸어서라도 지키려고 하는 것은, 국가나 애국이나 그런 것이 아니라 진실이야"

2004년 6월 4일 방송된 KBS인물현대사에 나온 리영희 선생의 육성이다.

'리영희 재단'이 편집한 〈생각하고 저항하는 이를 위하여〉란 제목의 리영희 선생 선집은 '제국의 우상을 비판하고 그 실체를 드러내는 데 평생을 바쳤다.'고 평가했다. '오로지 진실을 추구했다는 이유로 평생 연행과 구속 재판과 감금 해직과 실업상태를 반복했다. 한국전쟁이 발발하자 통역장교로 세상의 최전선에서 전투를 시작한 이래 2010년 작고할 때까지 흐트러짐 없이 '우상파괴자'이자 실천하는 지식인으로 살았고 한국 젊은이들의 '사상의 은사'가 되었다'라며 리영희 선생을 높이 평가했다.

'그 시대와 지금 우리가 보는 세상은 크게 다르지 않다. 그가 살던 시대의 우상은 여전히 건재하고 새로운 우상들이 등장해서 끝없이 지배력을 넓히고 있다. 자본주의체제는 '신자유주의'를 지나 우리의 일상적 삶을 온통 상품화하는 '플랫폼 자본주의'로 진화하는 중이다.

...리영희에게 우상은 진실이 아님에도 진실인 것처럼 우리에게 강요된 것이다. 다른 말로 헛것, 허위의식, 어둑서니, 이데올로기들이다. 냉전과 반공 미 제국주의와 한미혈맹, 식민지와 해방, 기독교 유일신 교리, 물신주의, 자유민주주의, 자본주의 제복과 유행, 핵무기 신앙 등이 대표적이다.

우리 사회가 민주화되었다고 하지만 지금도 자본권력의 하수인으로 전락한 검찰과 언론이 그들의 입장에서 진실을 규정, 강요하고 있다. 우상의 황혼은 요원하고 진리의 빛은 아득하다.'

리영희 재단은 〈전환시대의 논리〉에 실린 〈대륙중국에 대한 시각 교정(1971) 을 리영희 선생의 대표작으로 선정했다.

2020년 10월 23일 자로 리영희 교수의 대표작을 선정하면서 재단이 중국에 대한 오류와 거짓으로 뒤범벅이 된 글을 이렇게 높이 평가한다는 사실이 놀라울 따름이었다.

리영희 재단은 그를 '모든 종류의 권력에 도전하며 진실을 추구한' 우상파괴자이자 '사상의 은사'라는 찬사를 바쳤다.

리영희 교수가 진정 진실을 추구한 '우상파괴자'였던가 곰곰 생각해본다. 아니 그 역시 불완전한 사실을 다루는 기자로서 이념에 사로잡힌 저널리스트 혹은 좌파지식인에 불과한 것인가?

파괴하겠다는 우상을 파괴한 것이 아니라 우상파괴자라는 타이틀의 새로운 우상으로 우뚝 선 것이 아닌가? 그는 잘못된 정보와 잘못된 판단으로 중국을 잘못 이해하고 오도된 중국관을 우리에게 심어 줬다.

전환시대의 논리 속으로

다시 〈전환시대의 논리〉 속으로 들어가야겠다.
머리말에 '가설'이라는 단어가 눈에 들어온다.

'지동설을 명한 코페르니쿠스의 〈천체의 회전에 관하여〉라는 책의 출판을 위탁 맡은 신학자 오리안더는 교회 권력과 신학 도그마와 그에 사로잡혀 있는 민중의 박해 때문에 그 책을 '사실'로서가 아니라 '가설'이라는 궤변을 서문에 삽입하여 출판했다. 어느 시대에도 우상을 깨기 위해선 궤변이 필요할 수도 있다. 이 책에 수록된 몇 편의 글을 발표될 때에도 빈약한 한 사회학도의 '가설'이었던 것처럼, 코페르니쿠스의 지동설이 발표된 때부터 531년 2개월이 지난 지금도 역시 가설이다.

격에 안 맞는 코페르니쿠스와의 비교를 자청하는 것이 아니라 이 사회를 '정치적 신학'의 도그마가 지배하는 날까지는 가설인 것으로 나는 만족한다는 것이다. 가설일 수밖에 없기에 꼭 들어가야 할 사실을 넣지 못한 것도 적지 않다.

진정한 사회과학이 성립하기 힘든 제반 조건 속에서 나는 특히 중국문제에 관해서 '해설자' 이상을 자처해본 일이 없다. 10여년에 걸

쳐서 쓴 논문의 일부를 모은 이 선집은 그런 뜻에서 '가설의 해설서'에 지나지 않는다.'

이 책 제 2부는 모두 중국에 관한 글을 모아놓았다. 첫 장이 중국 외교의 이론과 실제이고 두 번째가 대륙 중국에 대한 시각 조정, 셋째가 권력의 역사와 민중의 역사, 사상적 변천으로 본 중국 근대화 백년사, 그리고 중국 지도체제의 형성과정 등 5장으로 구성돼있다.

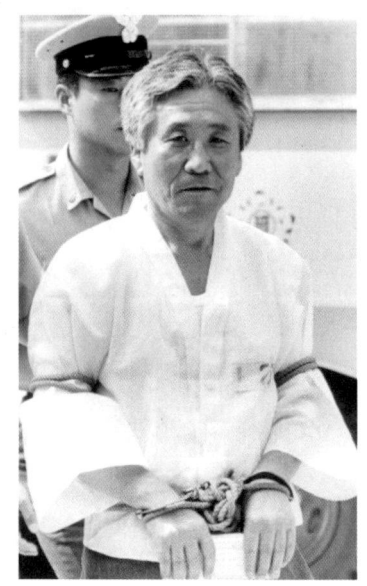

리 교수는 〈두 개의 神話〉라는 제목의 글을 통해서는 중국을 보는 두 가지 시각을 소개했다. 이는 그가 주장하는 이른바 객관화라는 수법이다.

1) '새로운 대약진이 마련되고 있다. 집단경제는 모든 시련을 넘어 인민공사는 반석 위에 놓이게 되었다. 이 모든 기적을 나에게 보여준 이 나라 인민에 축복 있어라.'

2) '(인민공사에 대해) 인민의 뿌리 깊은 개인경영사상과 집단수용소에 대해 느끼는 환멸감은 자본주의적 요소가 끊임없이 성장하도록 부채질할 것이며 공산독재체제의 멸망을 촉진하는 요인이 될 것이다.'

첫 번째 문장은 쿠바 특파원의 현지보도(암스트롱, 중국에서의 편지 제 9신 1963년 7월 3일자)이고 두 번째 문장은 안경준 한국외국어대 강사의 1971년 〈정경연구〉에 실린 글이다.

리 교수는 두 개의 글을 소개하면서 중국대륙에서 일어나고 있는 사실과 현장에 대한 상반된 견해를 제시했다. 객관화된 입장을 가장했지만 실제로 리 교수는 하나의 입장을 견고하게 유지했다.

'중국의 사회주의적 실험에 대해서 호의를 갖는 외국인은 처음부터 감격하여 웬만한 허물은 덮어놓고 전면적으로 찬양하는 경향이 있다'면서 '그런가하면 반공(反共)적 입장에 서는 외국인은 중공이 이룩한 어떤 성공과 업적은 덮어놓고 그 사회를 전면적으로 비방 규탄하는 경향이 없지 않다'는 반공적 입장을 비판하는 것으로 자신의 견해를 슬그머니 보여준다.

그러면서 문화혁명이라는 하나의 현상과 팩트에 대해 한 쪽에서는 기적으로 보고 다른 쪽에서는 파멸로 보는 까닭은 선입관과 입장이 다르기 때문이라고 진단한다. 그 스스로 어느 한쪽에 서있다는 것을 감추면서 말이다.

상반된 견해를 보여준 두 입장은 직접 보거나 체험한 사실인가?

리영희 교수는 "이 문제는 우리 사회에서는 더욱 그렇다. 대륙 중국이 사회주의 또는 공산주의 체제인 이상 일단은 우리 사회의 법률적·사상적 요구로 인해 그것을 부인하고 들어가야만 하게 되어 있다"며 반공국가인 우리 사회는 처음부터 중국의 현실을 긍정적으로 볼 수 없었다고 진단했다.

물론 '기적과 파멸'이라는 두 가지 상반된 시각에서 중국을 살펴보려는 자세가 아쉽다는 그의 지적이 잘못이라는 것은 아니다.

3) '竹의 帳幕'이라는 신화에서 리영희 교수는 "중국대륙은 우리에게 대나무의 장막을 드리운 들여다볼 수 없는 나라라는 신화가 있다"고 전제한다. 중공정권이 그 장막 밖으로 일체의 정보나 소식이 흘러나가는 것을 막고 있다는 주장도 있다고 덧붙였다. 중공이 완전히 장벽에 싸인 나라라는 생각은 미국의 주장이라는 것이다. 핑퐁외교를 통해 미국 기자들이 처음으로 중국에 입국할 수 있게 됨으로써 미국내에서도 죽의 장막으로 중국을 보기 어렵게 됐다.

마오쩌둥의 개인숭배에 대해 그는 "개인숭배라고 하지만 약간 다른 데가 있다. 스탈린은 당과 정부로 구성되는 관료화된 권력체계의 거대한 피라미드의 꼭대기에 앉아 관료적 방법으로 숭배를 강요했다. 모택동은 문화대혁명을 통해 스스로 지휘한 당 관료기구의 타파로써 민중과 자기를 직결시켰다. 차이는 이것이다"라며 스탈린과는 다르다고 주장했다. 그러나 마오쩌둥의 개인숭배가 스탈린보다 훨씬 더 위험하고 해로운 것이었다.

"이밖에도 문제는 많다. 그러나 그것이 어떤 것이든 인류사에 일찍이 찾아볼 수 없는 '대실험'을 계속하고 있는 대륙의 사회·인간·정신을 보는 시각을 갖기 위해서는 우선 고정관념의 굴레에서 해방되려는 기초 작업이 선행되어야 할 것으로 생각한다."며 결론을 유예했다.

〈사상적 변천으로 본 중국 근대화 백년사〉를 통해서는 '오늘 날의 사회주의 중국의 형성으로 일단락되는 중국 근대화투쟁의 사상적 기조는 서구문명의 부정과 극복이라는 것으로 두드러진다.'고 평가했다.

이정도면 더 이상 〈전환시대의 논리〉를 평가할 것도 읽어볼 것도 없다는 결론을 내릴 수밖에 없다.

리영희의 거듭된 고백

　물론 '전환시대의 논리'는 출간 당시 '중공'으로 바라보던 중국에 대한 새로운 시각과 그동안 들어보지 못한 중국에 대한 다양한 팩트를 전해준 것은 사실이다. 저자는 중국 문제에 관한 한 '해설자' 이상을 자처한 일이 없다고 견강부회했지만, 당시로서는 충격적인 중국 종합 보고서로 평가받았다.

　6.25 전쟁에서 총부리를 겨누며 피의 대결을 한 중국은 우리의 영원한 적(敵)일 수밖에 없다고 여기던 냉전의 한 가운데에 속한 1970년대에 이 책은 정치·외교·역사 등 거의 모든 분야에 걸쳐 마오쩌둥 신중국의 당시 모습을 보여줬다는 점에서는 획기적이었다.

　리영희는 문화대혁명을 높이 평가하면서 '4,000년에 이르는 전통적 정신문화의 토양에 서구적 전통과 사상을 접목시키는 거대한 실험'이라는 시각으로 지켜봤다.

　리영희 교수는 한양대교수로 있다가 필화사건으로 해직된지 6개월 여 만인 1977년 9월 〈8억 인과의 대화 : 현지에서 본 중국대륙〉을 출간했다.

　서문은 다음과 같다.

"여러 가지 이유로 하여 우리 정부도 중공을 '비적성국가'로 규정하고, '중화인민공화국'이라는 공식 명칭도 사용하며, 종래의 제한조치의 일부를 해제하는 등 이해성 있는 정책으로 전환한 지도 몇 해가 되었다. …체제가 다르고 살아온 배경이 다르다 하더라도, 거기도 사람이 사는 곳이다."
― 리영희, 8억 인과의 대화 : 현지에서 본 중국 대륙', 1977.

우리는 8억(1977년 당시)이라는 인구가 와글거리는 중국의 실체, 죽의 장막 너머를 접해 볼 기회가 없었다. 금기를 깬 그는 정직하고 분명하게 중국의 실체에 다가갔다. 세계인구의 6분의 1을 차지한 거대 중국을 사실 그대로 알리려했다. '8억 인과의 대화'가 일으킨 충격은 '전환시대의 논리' 출간 때 못지않았다.

그러나 1991년 1월 그가 간담회 형식으로 술회한 '지적 고민의 고백'은 지식인 사회에 파장을 불러일으켰다.

'사회주의의 실패를 보는 한 지식인의 고민과 갈등 : 사회주의는 이기적 인간성을 변화시킬 수 없는 것인가?'란 간담회 고백을 통해 공산주의와 사회주의의 패배를 솔직하게 인정했다.

리영희의 제자들이 웅성거리면서 그의 고백에 항의했다.

리영희 교수로서는 곤혹스러웠을 것이다. 그가 '사회평론' 1991년 6월호에서 서중석과 인터뷰한 대화의 한 대목에 그의 그런 곤혹스러움이 잘 드러나 있어서 살펴보자.

"나는 지금 거대한 역사적 변혁 앞에서 지적, 사상적 그리고 인간적 겸허의 무게에 짓눌려 있는 심정입니다. 그와 동시에 주관적 오류나 지적 한계가 객관적 검증으로 밝혀질 때, 부정된 부분을 '사상적 일관성'이라는 허위의식으로 고수할 생각은 없습니다. 더 공부해야겠다는 생각이 간절합니다."

중국에 대한 편향된 시각을 전파한 오류를 공식적으로 인정하지는 않았지만 '더 공부해야겠다'는 말로 대신한 한 시대를 풍미한 우상의 비겁함이 그대로 묻어나는 발언이 다.

그는 자신이 뿌린 잘못된 중국관을 거둬낼 생각은 추호도 없었다.

새는 좌우로 난다

　선생이 남긴 말 중에 여전히 우리 사회를 좌우하는 명언 중의 하나는 '새는 좌우의 날개로 난다'다.

　새가 좌우의 날개로 난다는 것이 명언일까 곰곰 생각했다. 좌우의 날개가 공평하게 날갯짓을 잘 해야 새가 균형을 잃지 않고 날 수 있다는 것은 삼척동자도 알 수 있는 사실이다. 좌우의 날개는 비행하려는 방향도 잡고 속도도 조절하는 역할을 할 것이다. 좌우 어느 한쪽의 날개가 없거나 기능을 잃으면 새는 하늘을 날 수가 없다.
　사람도 좌우의 팔 다리가 엇비슷해야 제대로 보행을 할 수 있을 것이다.
　그러나 좌우가 한치의 오차도 없이 똑같다면 기울어지지 않는 대치상태가 될 수도 있다는 생각이 든다.
　변증법적 철학에서 이야기하는 '정반합'의 법칙이 있다. 철학자 헤겔이 제시한 '테제'와 '안티테제' 그리고 '진테제'로 이어지는 철학적 사유의 한 방법 말이다. 고대로부터 유래한 한자 '솥 정(鼎)'자가 있다. 솥 정자는 다리 셋이 솥을 균형감있게 삼각형으로 받치는 형태로 구성돼있다. 두 개의 다리만으로는 솥을 지탱할 수 없다. '鼎자'는

'삼자정립'(三者鼎立)과 같이 세 세람이 떠받치는 것이 '안정'되게 하고 평온해진다는 것을 의미한다. '좌우'의 양자대립보다는 삼자정립이 우리에게는 더 안정적으로 받아들여지는 것은 그것 때문일 것이다.

리영희 선생의 논리를 더 확인해보자.
'새는 좌우의 날개로 난다. 진실은 균형 잡힌 감각과 시각으로만 인식될 수 있다. 균형은 새의 두 날개처럼 좌와 우의 날개가 같은 기능을 다할 때의 상태다. 이 자연의 법칙은 인간 사유에 있어서도 가장 건전한 상태다.
진보의 날개만으로는 안정이 없고 보수의 날개만으로는 앞으로 갈 수가 없다. 좌와 우, 진보와 보수의 균형 잡힌 인식으로만 안정과 발전이 가능하다.'

논리적으로는 완벽하다. 좌와 우, 진보와 보수가 균형을 이루는 사회가 안정적이고 건전한 사회라는 것이다. 그런데 틀렸다. 제3의 길이 있다. 진보와 보수 좌와 우는 통합하지 못한다. 그들을 하나로 묶는 것이 제3의 길이다.

리영희 교수는 1994년 7월 '새는 좌우의 날개로 난다'(두레)라는 책을 통해 스스로 깨우친 좌우, 진보와 보수의 균형과 협력을 역설했다.
이 땅에서 민주화가 본격적으로 펼쳐지던 1990년대 대표적 화두였다.

'역사비평' 1995년 여름호 인터뷰 '리영희 – 냉전 이데올로기의 우상에 맞선 이성의 필봉'에서 '새는 좌우의 날개로 난다'라는 그의 말은 좀 더 상세하게 설명돼있다.

김동춘이 리영희 교수에게 그의 책이 반공 체제라는 거대한 우상을 무너뜨리는 효과적인 무기로서 중국이나 베트남의 경우를 끌어들인 것 같고, 그러다 보니 중국이나 베트남 사회를 지나칠 정도로 이상화한 측면이 있지 않느냐고 질문하자, 리 교수는 질문을 부인하지 않고 인정했다.

"우리의 상황에 직접적으로 사상의 칼을 들이대거나 대항할 수가 없어서, 외부의 유사한 상황에서 벌어지는 투쟁이나 대안을 비추어줌으로 해서 같은 효과를 얻으려다 보니, 마치 시계의 추가 균형을 잡기 위해서는 이쪽 끝과 저쪽 끝을 맞추어야 하는 것 같은 의미에서 그렇게 됐습니다. 그 후 더 많은 정보가 자유롭게 들어오면서 지난날에는 밑에 깔려서 밝혀지지 않고 숨겨지고 잠재해 있던 그런 일면의 사실들을 보게 되는 것 같아요. …그런 측면은 분명 시인합니다."

리영희 교수의 문제는 좌우균형을 이야기하면서도 스스로는 어느 한쪽 편에 서서 다른 쪽을 냉철하게 바라보거나 존중한 적은 단 한 번도 없었다. 편향된 시각에서 편향된 입장을 끊임없이 주장한 것이 그의 일생이었다

4장

김용옥의
시진핑(习近平)
찬가

도올의 중국편린

'도올'이란 호는 돌(石) 혹은 김용옥의 콤플렉스인 학력, 즉 KS(경기고-서울대)뱃지를 못단 데서 비롯된 '돌대가리'란 의미도 있다

김용옥은 쎄다. 잘못 건드리면 뼈도 못 추릴 수도 있다.

그러나 알량한(?) 지적 자만심으로 현실을 직시하지 못한 채 왜곡하고 오도한 그의 잘못을 그냥 둘 수는 없다. 권력에 대한 사대주의가 몸에 밴 지적 허영을 참을 수 없어서 그의 책을 찾아내 읽었다.

철학자, 사상가, 소설가, 한의사, 대학교수이자 엔터테이너로서 한때 공중파 TV를 통한 논어와 노자 강의로 세상을 떠들썩하게 한 도올 김용옥 이야기를 해보려 한다.

고 리영희 교수와 마찬가지로 김용옥 선생도 우리 사회에서 소위 건드리기 불편한 일종의 '성역'으로 간주된다.

이재명 대표를 추앙하는 강성지지자그룹 '개딸' 정도는 아니더라도 수십 년 동안 형성된, 팬층을 거느리고 있는 사이비교주와도 같은 존재가 김용옥이다.

그의 기행이나 그의 삶을 논하려는 것이 아니다. 그가 공부한 노자

나 공자, 논어 등 동양철학 전반 – 그가 공부하지 않은 분야가 어디 있겠냐마는 그는 6년간 한의학을 공부해서 한의사 자격증까지 따지 않았던가. – 을 종횡무진 해 온 그의 지적 노정이나 그 중 일부를 대상으로 하려는 것도 아니다.

그는 1948년생으로 2024년이면 76세라는 사회적으로는 노인에 속하는 나이지만 여전히 매년 십 여 권의 책을 출간하는 지적 능력과 독설로 가득한 글과 책을 쏟아내고 있다.

고려대를 졸업한 필자는 김용옥 선생과는 아주 오래 된 인연이 있다. 철학과는 아니지만 문과대학을 다닌 탓에 1982년 봄 필수 교양 철학을 강의하는 교수(당시는 강사)로 빡빡머리의 그를 처음 대면했던 기억이 생생하다. 그가 이제 70대가 되었으니 필자 또한 그만큼의 세월을 함께 살아왔다.

그의 철학 강의는 나중에 책으로 출간된 〈동양학 어떻게 할 것인가〉였다. 신선했다. 자그마한 체구에 쇳소리 나는 카랑카랑한 목소리로 어디에서도 들어보지 못한 공자와 맹자를 비판하는 그의 강의는 갓 입학한, 지적 호기심으로 충만한 대학 신입생들에게 큰 호응을 얻었다.

에피소드 하나

문과대에서 가장 큰 강의실에 배정된 그의 철학강의는 문과대 영문과를 제외한 '기타' 어문계열 학생들이 동시에 들어야 했다. 아직

동양학 운운하는 제목의 책이 출간되지 않은 탓인지 그가 매주 던지는 숙제는 자신의 글을 읽고 리포트를 제출하는 것이었다. 학내시위가 잦았던 당시 그는 시위가 있는 날이면 무조건 휴강했다. 그렇다고 그가 당시의 시위를 걱정하거나 지지하는 것 같지도 않았다.

첫 리포트를 제출하고 맞이한 다음 강의였다. 그는 씩씩거리며 화가 난 표정으로 강의실에 들어섰다. 한쪽으로 리포트를 던지면서 학생들에게 찾아가라고 한 후 몇 개의 리포트는 직접 들고서 학생들을 호명했다. 앞으로 나오라고 하더니 학생의 면전에 대고 리포트를 집어던졌다. "너 따위가 뭘 안다고 나를 비판해."라는 것이 김용옥 교수의 질책요지였다. 호명당한 학생들은 어리둥절해하기도 하고 당혹해하기도 하면서 어쩔줄 몰라했다.

다음 장면은 아직도 눈에 선하다. 학생들을 불러내서 질책하는 광경을 목격한 탓에 뒤늦게 호명당한 한 학생은 앞으로 나오라는 김용옥 선생의 거듭된 재촉에도 강의실 앞으로 나가지 않았다. 화가 난 그는 분필을 한 주먹 쥐더니 그 학생을 향해 던졌다. 10여 미터가 넘는 거리였지만 학생은 던지는 분필에 맞지않고 요리조리 피했다.

그와 학생은 마침내 술래잡기에 돌입했다. 김용옥 교수는 강단에서 뛰어 내려 학생을 잡으려고 내달렸고 그 학생도 자리를 박차고 일어나 도망쳤다. 서관 대강의실이 갑자기 술래잡기 게임을 하는 장소로 바뀌었다. 결국 학생은 강의실 밖으로 줄행랑을 쳤고 분을 참지 못한 그는 그날 강의를 속행하지 않고 휴강했다.

김용옥 교수와의 첫 대면은 그렇게 기억됐다. 자신을 비판하는 것을 참지 못하는 다혈질이었다. 나중에 자신이 출간한 책을 비판한 문화일보 기자에게 EBS 특강을 생방송으로 진행하다가 정해진 주제 대신 40여분 간 그 기자를 비난하고 자기 자랑으로 일관한 그를 보면서 그가 그 때 이후 크게 변하지 않았다는 것을 알았다.

고려대 동료교수이기도 했던 서지문 교수와 논쟁을 벌인 것을 감안하면 김용옥 교수에 대한 공개비판은 불편한 상황을 감수해야 하는 곤란한 일로 간주된다.

그래서 누구도 그의 글에 대해 지적하지 않는다고 그가 중국에 대해 잘못 이해하거나 실수한 것을 마냥 덮어둘 수는 없다고 생각한다. 김용옥 교수가 100여 권에 이르는 많은 책을 출간했지만 여기서는 2016년 (증보판 2018년) 시진핑 중국 국가주석에 대해 쓴 〈도올, 시진핑을 말한다〉에 대해서만 언급하고자 한다.

동양철학을 전공한 그에게 '중국'은 그의 지적 탐험의 원천이자 종착역이라고 할 수 있다. 고려대 철학과를 졸업한 후 첫 유학을 떠난 곳이 타이완의 국립대만대학이었다. 동경대학에서 공부한 것도 동양철학이었고 하버드대로 가서 박사학위를 한 것도 동양철학이었다.

노자와 공자, 주역과 도가사상이 그의 철학적 탐구의 시작이었다. 물론 그가 고등학교를 졸업한 후 고려대 생물학과에 입학한 것은 미스터리 중의 하나지만 아마도 스스로의 고백처럼 당시 다른 가족들처럼 서울대를 갈 정도로 성적이 좋지 않을 정도로 공부를 잘 하지 못했기에 선택한 것일 것이다. 생물학과에 입학했지만 적응하지 못한 그는 곧바로 한신대 신학과에 입학했다가 다시 고려대 철학과로 재입학하는 과정을 거쳐 자신의 평생 기반을 찾아냈다.

김용옥의 중국

　김용옥 교수는 워낙 유명세를 몰고 다닌 탓에 섣불리 그에 대해 왈가왈부를 하는 것은 쓸데없는 논란만 키울 수 있다. 논쟁적 글을 마다하지 않는 '강준만' 교수가 지적하듯이 그는 학력콤플렉스에 당한 자신의 상처를 대중에 대한 '지식폭력'으로 풀어나간 독특한 인간으로 규정되기도 한다.

　그가 쓰는 글이나 강의와 책은 모두 노자와 장자, 공자와 맹자 등 동양철학의 사유 속에서 형성된 것이지만 그가 신중국과 신중국 지도자 그리고 중국정치에 대해 던지는 평가와 찬사는 의외로 겉돈다는 느낌이 강하게 들었다. 신중국이 그가 천착해 온 전공분야가 아니라는 것은 분명하지만 그가 건드리지 않는 분야가 없고 공부하지 않는 세상이 없는 다재다능한 인간으로 각인돼 있기에 놀라웠다.
　중국이라면 누구보다 핏대 내면서 누구에게도 지지않으려는 학자이자 연구자지만 동시대 중국에 대해서는 다른 분야에서 보여주던 냉철한 비판의 잣대를 들이대지 않았다. 그래서 한 때 그로부터 교양철학을 수강하고 고작 B학점을 받은 제자로서 그의 '현대중국론'을 분석 비판할 수 있다는 용기를 냈다. 혈기왕성하던 시절 분필을 던지듯이 자신을 비판했다고 내게 돌팔매를 던지지는 않을 것이라 믿는다.

그의 전공은 동양철학이었지만 그가 중국어를 직접 구사하면서 중국을 공부한 것은 고대 철학과를 졸업한 후 간 타이완의 국립대만대학교에서였다. 당연히 타이완에서 경험한 중국과 대륙중국은 판이하게 다르다. 그가 한중수교이전이나 이후 얼마나 많이 대륙중국을 갔는지는 모르지만 수교 이후 중국이 타이완방문 이력자나 타이완에서 공부한 유학생들에 대해서는 비자발급을 제한하는 등 엄격하게 대했다는 사실을 상기하자면 최근을 제외하고는 그의 중국 방문은 그리 잦지는 않았을 것으로 추측한다.

그가 신중국을 직접 보겠다며 중국에 간 것은 2015년 9월 중국 랴오닝성 조선족 자치주 옌지(延吉)의 옌볜(延邊)대학교였다. 방문학자 겸 초빙교수로 간 그는 학부학생들을 상대로 강의하면서 자신이 경험한 옌변 중국을 일기형식으로 쓰기 시작했다. 그 기록이 그의 현대중국으로는 첫 저작인 〈중국일기〉다.

그리고 옌변에서 귀국한 직후 〈도올, 시진핑을 말한다〉(2016 통나무)를 출간했다. 1년 동안 〈중국일기〉(5권)와 〈시진핑〉 등 무려 6권의 중국도서를 출간했다. 〈시진핑〉은 2017년 11월 '일대일로포럼'에 초청받아 한 강연 원고를 수록한 '증보판'을 2018년 재출간했다.

증보판 서문에서 "나는 결코 시진핑(习近平)을 찬양하고 있는 것이 아니다. 그를 바르게 쳐다보고자 하는 것이다"며 "지금도 중국에 가서 이야기를 나누어보면 시진핑에 대해 부정적인 평가를 하는 사람들이 40%는 족히 된다. 그런데 40%의 인간들은 대체적으로 기득권층이다. 교수나 관료, 부유한 층의 사람들은 불편한 심기를 드러낸다. 그러나 서민들, 그리고 특히 젊은이들은 압도적인 지지를 표명한다. 그리고 중국 사회에서 작은 일에 있어서까지 부패의 측면은 현저하게 감소하고 있다. 시진핑은 인민에게 미래에 대한 꿈을 심어주는 데 성공하고 있다고 나는 확신한다."면서 시진핑의 통치를 칭송했다.

 김용옥 교수의 시진핑 찬가에 반론을 제기하려는 것은 아니지만, 또한 그가 시진핑 칭송에 나선 시점인 2018년에서 6년이 지났지만 중국에서 부패와의 전쟁이 벌어진 이후 공직자의 부정 부패가 진짜 감소한 것인지, 시 주석이 중국 인민에게 중국의 미래에 대한 희망과 꿈을 심어주는 데 성공한 것인지 되묻고 싶었다. 6년 전 자신의 확언에 대해 여전히 확신하는 지 말이다.
 그가 중국에서 얼마나 많은 교수와 관료 등 기득권층을 만나고 젊은 학생, 그리고 라오바이싱(老百姓)을 만났는지는 알 수 없지만 부정평가한 40%는 어떻게 추산했는지도 묻고 싶다.
 그의 책 〈시진핑〉이 100% 시진핑 찬가라고 규정하기는 어렵지만 그가 증보판 서문에 사족으로 붙인 문재인 전 대통령의 첫 방중을 애써 옹호하는 아부성 언급에 대해 먼저 지적해야 겠다.

 그래서 "역량있는 지도자가 중국이라는 대국을 관리하고 있다는 사실에 대해 우리는 감사해야 한다."고 단언하는 그의 가벼운 처신을 어떻게 봐야 하는 지 혼란에 빠지게 된다.

"최근 문재인 대통령의 방중(2017.12.13.~16.)에 관해서 우리나라 언론이 왈가왈부하는 소리를 들어보면 가소롭기 그지없다. 미국에 가서는 어떠한 부당한 대접을 받는지 끽소리 못하는 한국의 언론이 중국에 대해서는 어찌하여 그토록 가혹한 절차의 잣대를 들이대는가? 한국인들은 무의식적으로 중국을 깔본다. "뙤놈" "떼놈" "짱꼴라" 운운하던 기나긴 세월의 아라야식에 간직된 편견을 아직도 불식 못하고 있는 것이다. 정치는 오직 현실이고, 공생을 도모하는 것이고 자국의 이익을 우선시하는 것이다. 더 이상 췌언을 삼가겠다."

이 글이 2018년 1월 2일 탈고된 점을 감안하면 당시 문 전 대통령의 국빈방중과정에서 불거진 혼밥과 중국 사설 경호원의 취재기자 폭행사건 등이 발생하면서 중국의 외교적 홀대가 크게 문제된 직후에 작성됐다는 사실을 감안하면 김용옥 교수는 문 전 대통령과 중국측의 처사를 적극 옹호하는 입장에 섰다.

그는 중국이 한국대통령을 최고예우인 국빈방문형식으로 초청하고서는 3박4일 동안 정성껏 국빈 대접을 하기는커녕, 혼밥을 먹도록 내버려뒀다는 사실에는 전혀 관심이 없다. 한국기자들이 중국 공안(公安, 경찰)도 아닌 보안(保安, 사설 경호원)에게 집단폭행을 당한 사실도 그는 중시하지 않았다. 우리나라 대통령이 미국을 국빈방문하거나 실무적으로 방문한 역사를 되돌아보면 문 전 대통령처럼 '혼밥'을 한 적도 기자는 물론 수행원들이 미국 경찰이나 경비원들에게 집단폭행을 당한 적도 없다.

그런데 어찌하여 그는 "미국에 가서는 어떠한 부당한 대접을 받는지 끽소리 못하는 한국의 언론이 중국에 대해서는 어찌하여 그토록 가혹한 절차의 잣대를 들이대는가? 한국인들은 무의식적으로 중국을 깔본다."며 말도 되지 않는 논리로 한국 언론을 폄하하는 지 알 수가 없다. 한국의 어느 대통령이 미국에서 외교적 푸대접을 받았고 그런 사실을 우리 언론이 비판 한마디 못하고 끽소리도 못한 적이 있었는지 제시해줘야 되지 않겠는가? 그래야 당신의 중국을 깔보는(?)한국 언론의 비난이 돼먹지 않다는 지적이 설득력을 갖추지 않겠는가? 무턱대고 미국에 머리를 조아리면서 중국에 대해서는 '짱골라' 운운하면서 깔본다는 비난은 당신의 상상 속 '뇌피셜'에 불과한 것이다.

'정치는 현실이고 공생과 자국의 이익을 도모하려는 것'이라는 사족같은 언급은 공허하다. 도대체 문재인은 2017년 12월 방중을 통해 외교적 수모를 당하고 국격을 훼손한 것 외의 무엇을 얻었단 말인가?

'외교는 프로토콜이다.' 프로토콜, 즉 의전을 벗어난 행위는 무례한 것이고 상대국가를 존중하지 않는 도발이다. 상대의 외교적 결례에 대해서는 즉각 항의하고 사과와 재발방지를 요청하지 않으면 우리나라의 국격이 무너지고 국익도 침해받는다. 그런 대접을 받고도 아무 말도 못하는 것은 중국이 무서워서인가? 아니면 친중사대외교에 빠져서 인가?

한중수교 이후 국빈이든 실무방문이든 어떤 형식으로든 방중한 역대 대통령 중 누가 문 전 대통령처럼 무례한 중국의 대접을 받았는

지 확인을 해 보는 것이 좋겠다. 중국의 외교적 결례를 나무라기는커녕, 머리를 조아리는 것은 "중국 사대"에서 비롯된 것인가 아니면 태생적 친중성향을 갖고 '소국'에 태어난 한국인의 자격지심' 때문인지 잘 생각해보시기 바란다.

우리가 왜 시 주석을 역량있는 지도자로 존중하고 그가 관리하는 중국에 감사해야 하는가? 김용옥 교수는 근거도 없는 논리로 스스로 창조한 '뇌피셜'을 하나의 신화마냥 되풀이하고 있는 것 같다.

그것이 김용옥의 〈도올, 시진핑을 말한다〉에 일관되게 흐르는 기조다.

시진핑 찬가

김용옥 교수가 줄기차게 부르는 '시진핑 찬가'에 대해 더 파악해보기로 하자.

"(시 주석이 제창한)신시대 중국특색사회주의의 핵심은 '생태문명 건설'입니다. 나는 시 주석의 강연을 다 들었어요. 그리고 세밀히 분석했지요. 시 주석의 입에서 인민의 '아름다운' 삶, '아름다운' 중국, 아름다운 사회주의라는 말이 나왔을 때 나는 무척 기뻤습니다. 공산주의가 말하는 주요 모순이 이제는 생산력과 생산관계 운운하는 그런 것이 아니라 인민이 추구하는 아름다운 삶에 대한 열정과 개혁개방이 추구한 불균형하고 부패한 경제발전 사이의 모순관계라는 것이죠.

이제 중국공산주의는 맹목적 진보를 목표로 하지 않습니다. 나는 시진핑 주석이 세계의 어느 리더와도 다른 새로운 타입의 세계 영도력의 '방양'을 제시해줄 것을 갈망합니다. 우리는 중국이 맹자가 말하는 대로 천하의 대도를 실천하는 대장부의 길을 걸어갈 수 있도록 도와야 할 것입니다."

그가 저장성 타이저우에서 열린 '일대일로 국제회의'에 초청받아 한 강연의 한 대목이다.

그는 '아름다운'이라는 중국어식 표현 '美好的'에 매혹당한 듯, 아름다운이라는 단어를 여러 번 강조했다. 이 단어를 그는 '공산주의가 말하는 주요 모순이 이제는 생산력과 생산관계 운운하는 그런 것이 아니라 인민이 추구하는 아름다운 삶에 대한 열정과 개혁개방이 추구한 불균형하고 부패한 경제발전 사이의 모순관계라는 것'이라고 오독(誤讀)하기에 이른다.

한술 더 떠 '중국 공산주의는 맹목적 진보를 목표로 하지 않는다'고 단정했다. '생태'라는 수식어를 통해 생태문명이라는 단어를 차용하고 '美好的'라는 수식어를 붙이자 삭막한 중국이 '아름다운' 중국이 되었다고 느끼고 시진핑 주석은 '위대하고 생태적이고 아름다운' 지도자가 된 것처럼 착각한 것은 아닐까?

무엇보다 그가 초청받아 참석한 행사가 시 주석이 내세우는 '중국몽'을 실현하기 위한 프로젝트의 하나로 추진하고 있는 '일대일로'(一帶一路, 실크로드) 포럼이라는 사실이 걸린다. 일대일로 프로젝트는 시 주석이 제시한 '중국몽'을 실현하는 도구로서 일대일로 프로젝트에 동참하는 것은 중국몽에 참여하는 것과 마찬가지다. 김용옥 교수 역시 문 전 대통령이 베이징에서 행한 '중국몽이 세계의 꿈이 되길 바라며 한국도 동참하겠다'는 '중국부역자'의 길을 무의식적으로 받아들인 셈이다.

일대일로 포럼에서 한복을 입은 한국의 저명한 유명 동양철학자가 "나는 시진핑 주석이 세계의 어느 리더와도 다른 새로운 타입의 세계 영도력의 방양을 제시해줄 것을 갈망합니다. 우리는 중국이 맹자가 말하는 대로 천하의 대도를 실천하는 대장부의 길을 걸어갈 수 있도록 도와야 할 것입니다."라며 '시진핑 찬가'를 부르는 모습을 중국측은 흐뭇하게 바라봤을 것이다. 시 주석을 노래하는 그의 모습은 TV 강연을 통해 공자 등에게 지식폭력을 구사하던 것과는 대조적이다.

김 교수에게 다시 묻고 싶은 것은 정말로 시 주석이 세계의 지도자가 될 만한 인물이던가? 그가 본 시 주석은 세계의 어느 다른 지도자와 다른 새로운 타입의 세계적인 영도력을 발휘할 수 있는 지도자였는지 되묻고 싶다. 덩샤오핑 이후 장쩌민에서 후진타오까지 '격대지정'을 통해 후계구도를 이행해 온 기존의 중국 최고지도자들과 달리 1인 지배 권력을 강화해가면서 독재자가 된 시 주석의 무엇이 그를 매료시켰을까 궁금하다. 필자는 자유민주주의체제나 사회주의 체제든 간에 법률이나 관례를 벗어나 장기집권을 하는 지도자는 독재자라 규정하는 것이 맞다고 생각한다.

시 주석은 김용옥 교수의 탁월한 판단처럼 기존의 리더와는 다른 특별한 영도력이 있기 때문에 장쩌민, 후진타오와 달리 15년, 20년 아니 종신집권을 해도 무방한 마오쩌둥을 넘어서는 위대한 지도자로 봐야 한다는 것인가? 아니면 포럼에 초청해준 주최측에 감사인사를 한다는 것이 과한 아부가 된 것인가?

그의 시진핑 노래는 계속된다.

"그(시진핑)는 '중국몽'을 말하면서도 애매한 꿈을 말한 것이 아니라 반드시 의법치국(儀法治國)을 말하고 종엄치당(從嚴治黨)을 말했다. 나라는 법으로 다스리고 당은 엄격한 잣대로 기율을 잡겠다는 것이다. 그가 말하는 꿈은 오직 부패척결이었고 당의 영도력은 당을 다스리는 사람들의 도덕성으로만 가능해진다는 것이다."

실소(失笑)가 터져나온다. 시 주석의 중국몽이 도대체 무엇인지 몰라서 그러는 것인지 김용옥 교수가 이해한 중국몽은 우리가 아는 중국몽과 다른 것인가. 시진핑의 중국몽에서 무엇을 발견했기에 확신에 차서 의법치국과 종엄치당을 강조하면서 노래를 부르는 것인가.

그의 중국몽은 '중화(中華)패권주의'의 실현이나 초강대국 미국과의 경쟁, 혹은 대만과의 통일을 통한 하나의 중국을 추구하는 것이 아닌 고귀한 무엇이라고 여기는 것인가? '중국몽은 오직 부패척결이다'고 주장하는 근거는 무엇인지 이해할 수 없는 김용옥만의 '중국 문해력'에 어안이 벙벙하다.

시진핑 주석과 중국을 연구하는 중국학자들 중 어느 누구도 중국 현지에서 취재하는 특파원 중 누구도 시진핑의 중국몽을 이런 식으로 해석하는 경우는 들어본 적이 없다. 이 정도로 '시진핑 찬가'를 부르면 그는 중국공산당으로부터 최고의 대접을 받고 시 주석의 부름을 받을 수 있을 것 같다.

그는 민주주의는 절차와 규칙을 지키는 데서부터 시작된다는 민주주의의 기본 작동원리를 깡그리 무시한다. 최대다수의 최대행복이라는 '공리주의'를 넘어서는 민주주의는 선거라는 제도에 있는 것이 아니라 그 과정과 절차를 통해 완성된다는 것을 그 역시 모르지는 않을 것이다.

"우리(대한민국)가 근대적 민주국가임을 자랑하는 것은 오직 대통령이 국민이 직접 뽑는 선거에 의하여 제도적으로 교체된다는 그 사실 하나에 있다. (...) 세계정치사에 있어서 리더십 체인지 처럼 확고한 근대성의 징표가 되는 것도 없다."

우리나라가 민주주의국가라는 징표가 대통령을 직선으로 뽑는다는 것 하나 밖에 없다는 말은 아니다. 인권과 민주주의는 민주주의를 규정하는 한 묶음이다. 대통령 뿐 아니라 국회의원과 지방자치단체장 시·도의원까지 우리는 선거를 통해 직접 뽑는다. 또한 언론의 자유는 철저하게 보장돼있고 사법제도 또한 완벽하게 민주적으로 보장돼있다.

반면 중국은 어떠한가? 분리독립을 요구하는 신장(新疆)웨이우얼자치구와 티벳장족(藏族)자치구 상황에 대해서는 어떻게 봐야 할까? 그들에 대한 무자비한 탄압에 대해 국제사회가 우려를 제기하는 것은 중국 정부가 주장하는 '내정간섭'이 아니라 인간이라면 누구나 누려야 할 보편적인 인권에 속하지 않는가. 굳이 논란의 '파룬궁'은 언급하지 않겠다.

중국에서는 비판이 허용되지 않는다. 중국공산당과 시 주석 등 중국지도자에 대한 비판은 당연히 불가능하다. 중국은 만리장성이 에워싸듯이 만리방화(万里防火) 같은 거대한 감시망이 둘러쳐진 조지 오웰의 세상이다. 중국에는 언론의 자유가 없다. CCTV와 인민일보, 신화사 등의 관영매체가 있을 뿐이지 이들은 자유로운 비판을 할 수 있는 언론매체가 아니다.

혹 누군가는 중국의 권력후계구도는 온 국민의 직접선거를 통해 대통령을 선출하는 우리나라보다 효율성 면에서는 더 나은 제도라는 주장도 한다. 어느 날 갑자기 대중의 인기를 얻거나 혜성처럼 나타난 인플루언서가 정치권에서 잔뼈가 굵은 대선후보를 물리치고 대통령에 당선되는 곳이 우리나라다. 노무현 전 대통령은 물론이고 이명박 전 대통령도, 윤석열 대통령도 그런 스타 정치인이라고 할 수 있다.

반면 중국지도자는 반짝 스타가 될 수 없다. 최고지도자든 상무위원이든 지방당서기든 지도자수업을 차근차근 밟아서 검증을 받아야만 한 단계씩 거쳐 다음 단계로 올라갈 수 있다.

유능하고 검증된 인재를 선발하는 제도라고 할 수 있지만 중국지도자가 반드시 능력과 공인의식이 뛰어난 것은 아니다. 중요한 것은 중국공산당에 대한 충성심과 출신 성분일 것이다.

"시진핑 제1기 5년 동안 한국 언론이 중국에 대해 보도하는 것을 보면 그저 가소롭기 그지없었다. 너무도 중국사회 변화를 근본적으로 파악하지 못하고 있는 것이다. 중공19대(중국공산당 제19차

4장 김용옥의 시진핑(习近平) 찬가

당 대회, 2017년 10월)를 바라보는 한국 언론의 시각은 아주 단순했다."

　김용욱 교수의 한국 언론에 대한 공개적인 폄하와 무지는 중국의 정치경제사회 등 다양한 방면을 취재해 온 한국 언론을 제대로 모르는 데다 중국에 대한 무지도 한몫하는 것 같다.

　어쩌면 이렇게 단순하게 중국을 바라볼 수 있을까 궁금하다. 현지에서 중국공산당 당대회를 직접 취재해 온 한국의 특파원들을 중국 사회변화에 둔감한 '바보멍청이'들이라고 보는 그는 도대체 무엇을 본 것일까?

　그가 우리 언론에 대해 화가 난 것은 시진핑이 19차 당대회를 통해 1인 지배권력을 강화하고 3 연임에 접근했다고 분석한 것에 분노한 것 같다.

허구적 논리

사실 2017년 10월 개최된 제 19대 중국공산당 당대회의 관전 포인트는 시 주석이 후계자를 지정하는가 여부, 즉 '격대지정'(隔代指定)에 있었다. 격대지정을 지키지 않으면 시 주석의 3연임 가능성이 높다는 관측을 뒷받침하는 것으로 해석될 수 있었다. 후춘화(胡春华)나 천민얼(陈敏尔)중에 시 주석의 후계자가 누가 되느냐에도 외신의 관심이 집중됐다.

격대지정은 덩샤오핑이 장쩌민의 후임 최고지도자로 후진타오 전 주석을 미리 지정한 것처럼 최고 지도자가 차차기 지도자를 미리 지정하는 중국공산당의 관례였다. 그러나 장쩌민 전 주석은 '격대지정'을 행사하지 않았다. 격대지정은 단 한 차례만 이뤄졌다고 해도 틀리지 않다.

그런 점에서 김용옥 교수가 시진핑이 격대지정을 하지 않고 후계구도의 윤곽조차 내놓지 않은 것에 대해 "격대지정은 단 한 차례 이뤄졌고 관례로 정착되지 않았다."는 지적은 맞다.

국내외 언론은 모두 시 주석이 후계구도에 대해 짐작조차도 할 수 없도록 아자 3연임을 넘는 '황제권력'에 접근하고 있다고 예상했다.

한국 언론들도 시 주석이 격대지정의 관례를 깨고 장기집권의 권력체제 구축에 다가섰다고 해석했다. 그러자 깁 교수는 한국 언론이 중국에 대해 깔보는 특유의 선입견을 갖고 일어나지도 않은 3연임을 예견하는 등 지레 짐작하고 있다고 비난했다.

"주어진 10년 동안 권력의 분산이나 시선의 분산이나 추문 없이 충실하게 의법치국의 임무를 수행하겠다는 시진핑의 결의가 어떻게 '황제권력의 구축'으로 해석되어야만 한단 말인가?"

언론이 몇 년 후의 후계구도에 대해 아무런 조치를 하지도 않고 2번째 5년을 시작하는 시 주석의 속셈을 장기집권의 길로 들어섰다고 진단하는 것은 틀리지 않았다. 그럼에도 김 교수는 왜 뒤늦게(3연임을) "중국 정치권력의 핵심에 있는 모든 사람이 환영할만한 결단"이었다고 박수를 쳤을까 궁금하다.

그의 반론은 타당성이 아예 없지는 않은 의견이지만 중국권력구도의 속성을 누구보다 잘 이해하면서 취재해 온 언론의 분석을 그저 '중국 헐뜯기' 시각으로 비난하면서 우겨대는 '시진핑 찬가'는 설득력이 전혀 없었다.

시 주석이 집권 초반부터 전개해 온 '부패와의 전쟁'과 '호랑이 사냥'은 저우융캉(周永康) 정법위 서기를 비롯한 정적과 반대파들을 숙청하기 위한 것이었다는 것은 천하가 다 아는 사실이다. 하물며 중국 '라오바이싱'들도 공감한다. 부패와의 전쟁은 진짜 부패를 척결하려는 것이라기보다는 1인 지배권력 확충과 다름 아니었다.

그러나 그도 2017년에는 시 주석이 10년 집권 후에도 권력을 내려놓지 않고 장기집권에 돌입할 가능성에 대해 우려하는 시선도 내비쳤다.

"이러한 문제에 대해 누구도 확답을 내릴 수는 없다. (…) 과연 시진핑이 5년 후에 권력이양을 하지 않을까? 아니 하지 않고 버틸 수 있을 것인가?"

국내외 언론이 7년 전 예상한 그대로 시 주석의 의도는 장기집권을 위한 권력기반 확충이었다는 사실이 확인됐다. 시 주석은 거침이 없었다. 격대지정을 하지 않았을 뿐 아니라 종신집권을 염두에 두고 주석직 연임 제한 자체를 없애는 헌법 개정까지 단행했다.

시 주석은 집권 10년을 넘어선 2022년 3연임을 통해 주석에서 물러나지 않았다. 10년을 넘어 집권하는 것은 마오쩌둥의 권력에 다가가는 장기집권이다. 그의 임기가 언제까지 계속될 지 누구도 알 수 없다. '시진핑사상'은 이제 중국공산당 당장(黨章)에 올라 그는 덩샤오핑을 넘어 마오쩌둥과 같은 반열로 올라섰다.

중국정치 지형에 대해 한국 언론만 '혜안'을 가진 것이 아니다. 전 세계가 모두 시주석이 독재의 길을 걷고 있다고 봤다. 김용옥 교수 혼자 "시 주석의 충정을 언론이 곡해하거나 알지 못한다"며 '시 주석은 권력기반을 확충하거나 황제가 되려는 것이 아니다'며 우겼다.

케케묵은(?) 동양철학으로 세상을 바라본 탓이라기보다는 그것은 그가 지나치게 시진핑에 경도돼 있었기 때문이다.

대신에 그가 꺼낸 것은 '칠상팔하'원칙이었다. '67세 이하면 연임할 수 있지만 68세 이상이면 은퇴한다'는 것이 중국공산당의 오래된 인사원칙이었다. 1953년생인 시 주석은 2017년 당시에는 64세로 '칠상팔하' 대상이 아니었다. 2022년 시 주석은 69세로 2연임이든 3연임이든 칠상팔하에 따르면 연임할 수 없는 나이였다. 2017년 그가 칠상팔하를 지키려고 한 것이 아니라 아직 그 나이가 되지 않아서였다

이와 관련해서 김용옥 교수는 "전국의 고위 당정군의 (68세 이상) 간부들에게 모조리 은퇴를 명령해놓고 자기 혼자 퉤이시우(退休)하

지 않는다? 과연 그런 어리석은 행동을 시진핑이 할까? 부친 시중쉰이 시진핑의 가슴에 새겨놓은 '기소불욕 물시어인'을 상기할 때 이는 퇘이시우를 선포한 것과 다름없다."며 적극적으로 시 주석을 엄호했다.

그로부터 몇 년이 지났다. 시 주석은 김용옥의 기대를 벗어났다.

"나의 이러한 분석은 한국 언론으로부터 들어볼 수 없었던 내용이었고 너무도 정당하고 합리적인 논리였기 때문에 한국 민중은 나의 언설에 감격하고 감사했다. 한국언론이 얼마나 세계정세를 왜곡하고 있는가?"

이런 허무맹랑한 자화자찬은 CBS 김현정의 뉴스쇼와 TBS 김어준 방송에서 풀어낸 부끄러운 자화상으로 기록될 것이다.

그의 독불장군 견해는 신선하고 새로운 것이 아니라 중국을 오독하도록 하는 가짜뉴스다. 터무니없는 논리로 중국의 권력구도를 왜곡하고 시진핑 주석에 대한 자신의 존경심을 드러내고자 하는 추악한 공명심 밖에 보이지 않는다.

'신시대 사회주의는 서구적 가치관에 예속되던 노예적 사고를 다 벗어버리고 인류운명공동체를 주관하는 최강국으로서의 자신감과 자부심을 가지고 독자적인 노선을 걸어가야 한다는 것이다.'

'시진핑의 중국몽은 단순한 말선이 아닌 아름다운 삶, 아름다운 중

국, 아름다운 사회주의라고 하는 심미적 균형감각을 요구하고 있는 것이다.'

중국관영매체도 이런 수준의 찬사를 늘어놓을 때는 낯이 뜨거워질 텐데 '시진핑을 바로보자'는 그의 궤변은 그 스스로 '나는 시진핑을 찬양하고 있는 것이 아니다'는 뇌피셜을 거듭 되뇌일 정도로 부끄럽기 그지없다. 이런 행위가 중국부역이라는 사실을 아직도 인정하지 못할까?

김용옥의 좌충우돌

세월호 사태와 최순실 국정농단사태가 발생하자 거침없이 언론에 '특별기고'를 통해 선동에 나선 그의 좌충우돌·종횡무진은 그의 진짜 정체성을 드러내는 징표 같은 것이리라.

노태우 전 대통령에게 공개편지를 통해 '용비어천가'를 바치면서 6공 신화 창조에 일조하겠다던 김용옥 교수였다.

그러나 그 편지에 대해 아무런 반응을 보이지 않는 등 불러주지도 않고 무시하자 김 교수는 그로부터 몇 달 지나지 않아 편지 속에서 '셋째 형 뻘'이라며 형 대접하던 노 전 대통령을 갑자기 '노군'이라고 호칭하면서 "당신은 이미 대통령이 아니다"라고 조롱하는 등 맹비난을 퍼붓기 시작했다.

'노는 이미 이 나라 대통령이 아니다 노에 대한 지지도가 10% 미만이라면, 그는 완벽하게 리더십을 상실한 것이다.'

자신을 높이 평가해주기는커녕 부시하는 노 전 대통령은 더 이상

대통령이 아니었다. 무시당한 것에 화가 머리끝까지 오른 그는 노 전 대통령을 비난하면서 자신이 6공 신화에 일조하겠다던 '노태우 정부'를 무능한 정권으로 치부했다.

〈도올, 시진핑을 말한다〉라는 '시진핑'에 대한 용비어천가를 출간하면서 시 주석에 대한 구애를 노골화한 그를 중국공산당이나 중국 정부가 환대하거나 초청, 시 주석과 한번 만나게 해 줄 법도 한데 이후 중국 측이 그를 초청하거나 환대했다는 기록은 보이지 않는다. 혹시 비밀리에 중국공산당이 그를 불러 칭찬했다면 그는 자랑삼아 온 세상에 공개했을 텐데 감추고 있을 리가 없다.

"저는 중국이 공산주의를 새롭게 극복하는 과정에서 어떻게 인류에 새로운 가치를 제시할 것인가를 관심 있게 지켜보고 있습니다. 이 책도 그런 관심의 소산입니다. 중국은 미국을 대신하는 패자로, 새로운 제국주의의 화신으로 등장하는 것이 아니라 뭔가 인류사회에 새로운 철학과 새로운 정치제도와 삶의 방식을 제시하는 문명국으로서의 역할을 해야 합니다. 중국이 그런 성숙한 역할을 하도록 격려해줘야 한다고 저는 생각합니다."

〈시진핑〉을 출간한 후 언론을 통해 저자는 시 주석이 이끄는 신중국이 미국을 대체하는 강대국으로 세계와 인류문명에 새로운 역할을 해 줄 것을 기대한다는 희망사항을 마음껏 피력했다.
시 주석에 대한 무한한 경의와 찬양을 늘어놓으면서 시 주석은 (절대로)1인 독재를 하지 않을 것이며 5년 후 물러날 것이라고 단언한 저자는 시진핑 장기집권체제가 현실화되자 입을 닫았다.

'중국공산당은 국가 그 이상'이라며 아예 하나의 정당. '일당(一黨)이 아니라 국가 그 이상의 전당'(全黨)이라며 설레발을 치면서 중국공산당의 일당독재를 적극적으로 옹호하고 나선 그다. 중국공산당 독재를 넘어 시진핑 1인독재 장기집권시대에 들어간 신중국에 대해 아직까지 일언반구 추가언급을 하지 않고 있다.

그렇다면 과거 자신을 무시하는 노태우 전 대통령에게 분노를 표출하듯이 독재의 길로 들어선 시 주석에게 더 분노해야 마땅하거늘 그는 분노하지도, 자신의 감정을 표현하지도 않고 침묵하고 있다.
그가 진행하던 '차이나는 클라스'나 〈중국일기〉 등을 통해서도 그는 시 주석이 이끄는 신중국에 대한 정치적 접근은 자제하는 듯 하다. 아마도 중국의 보복이 두려워서가 아니라면 여전히 시진핑과 신중국을 사랑하고 있기 때문인가? 이 땅에 그릇된 중국관의 씨를 뿌려놓고도 자신의 오류를 바로잡거나 공식적으로 사과하지 않았던 고 리영희 교수의 전례를 따르는 모양이다.

노태우 찬양

〈도올, 시진핑을 말한다〉의 요지는 다음과 같은 한 두 문장으로 요약할 수 있을 정도로 단순하고 간명하다.

'시진핑 주석은 위대한 중국의 지도자이다. 그가 통치하는 동안 중국의 꿈, 중국몽이 이뤄지기를 간절히 기대한다. 시 주석이 세계의 어느 지도자와 다른 새로운 타입의 영도력으로 세계를 이끌기를 갈망한다.'

'공맹'(孔孟)에 대해서는 온 국민이 시청하는 공중파 TV강의를 통해 욕설에 가까운 거친 언사도 서슴치않고 퍼붓던 그가 이웃나라의 지도자에 대해서는 최고의 찬사를 바쳤다.

그는 "난 날 못 알아보는 자들을 경멸하는 '엘리티즘'이 뼛속까지 물들어져 있다. 그리고 날 알아보는 자들에게 감격하는 치정주의가 있다"고 고백하기도 했다. 그의 고백은 그의 행적을 되짚어보면 입증된다.
아마도 그는 시 주석을 그 이전의 장쩌민이나 후진타오 주석 등 다

른 중국 최고지도자들과 다른 면모를 가진 위대한 지도자로 인정하는 모양이다. 후계구도에 들어서기 전까지만 해도 눈에 띄지도 않았던 '태자당' 출신 한 지방의 당 서기에 불과해보였던 시진핑이었다.

물론 중국지도부의 치열한 경쟁과 막후 역학관계를 통해서겠지만 어느 날 상하이 당서기에 발탁되면서부터 시 주석의 정치적 위상은 달라졌다. 김 교수는 드라마틱해 보이는 그의 집권과정을 눈여겨봤을 것이고 부패와의 전쟁을 통해 정적들을 숙청하면서 '황제권력'을 차근차근 확충하는 과정도 마음에 들었던 모양이다.

'중국몽'을 전면에 내세우면서 '일대일로 프로젝트'를 통해 신시대를 제창하고 나선 시 주석이 일대일로 국제회의에 자신을 초청해주자 심읍해마지 않았던 것은 아닐까? 공교롭게도 중국이 김 교수를 초청한 시기는 〈시진핑〉책을 출간한 지 2년이 지난 2017년 11월 11일 저장(浙江)성 타이저우(台州)시에서 개최된 '일대일로(一帶一路, 실크로드)국제회의'였다. 자신과 아내 등 수행원 등 4명을 함께 초청해달라는 요구를 흔쾌하게 받아준 일대일로 국제회의 측의 환대에 그는 스스로 고백한 바와 같이 자신을 알아봐주는 중국당국에 '치정주의'를 발동했다.

그의 '치정주의'는 김우중 전 대우그룹 회장과 노태우 전 대통령에게도 발동된 바 있었다. 강준만 교수가 실명 저격한 〈이문열과 김용옥〉이란 책에서 그의 치정주의는 적나라하게 드러났다.

월간 〈신동아〉(1990년 1월호)에 기고한 '노태우 대통령께 아뢰옵니다'라는 제하의 글을 통해 김용옥 교수는 특유의 꼬리치면서 권력자에 줄을 대고 싶어 하는 아부의 기술을 적나라하게 드러냈다. 그의 '노태우 찬가'를 우리시대에 쓴 '시진핑 찬가'와 비교해 본다는 의미에서 옮겨본다.

[나는 나의 아내를 사랑한다. 그런데 나는 이 순간 노태우를 더 사랑한다. 그래서 나는 편지를 쓴다. 왜냐? 노태우는 이미 개인이 아니다. 그는 개인은 개인이로되 보편 세계사적 개인(world-historical individual)이다. 철학자인 나는 그 노태우라는 개인의 보편성을 사랑하지 않을 수 없다. 때로는 나의 아내보다도 더…아내가 들으면 섭섭하겠지만…]

노태우 대통령께 아뢰옵니다.
대통령께서 저를 알고 계신지, 혹은 제 문장이나 책을 읽으신 적이 계신지, 저로서는 알 길이 없습니다. 그러나 저는 대통령님을 잘 알고 있습니다. 우선 저는 노태우라는 이름을 가진 사람이 이 나라의 대통령…대통령이라는 지고한 직업을 가지신 분의 분망한 시간을 공연히 제 편지로 인해 뺏는다는 것이 결례일 수도 있다는 생각이 들고,…인간적으로 만나고 싶었습니다…한 번 만나고 싶었기 때문입니다. 나이로 따져도 저에겐 셋 째 형뻘이니까 그렇게 소원하게 느껴질 것도 없구요.

2000년대를 준비하는 마지막 10년에 우리 역사에서 유일하게 민중적이며 또 어김없이 합리적인 동학사상의 주창자인 수운이나 해월이 양력과 관계없이도, 2000년 전후를 선천 개벽 5만년 운세가 다하고 후천 개벽 5만년의 운세로 전환하는 주축으로 비상하고 있는 것만 보아도 무엔가 심상치 않은 보편사의 기운이 감돌고 있다는 텐션을 감지하기에 충분한 것 입니다.

이렇게 장황한 구설을 늘어놓는 이유는 이러한 논의가 바로 앞에서 나에게 던져진 질문, 즉 노태우라는 보편세계사적 개인의 不可還他的 특수성과 직결되기 때문입니다. 일구구공(1990)의 인식의 시각의 선택은 바로 노태우라는 세계사적 개인의 운명을 결정지우는 九厄의 최대함수를 의미하는 것이기 때문입니다.

구 질서의 종결이냐, 새 질서의 시작이냐
왕정이냐, 민주냐? 노태우는 왕정의 시작이냐 민주의 시작이냐? 6,29는 왕정의 불가피한 자기폐업이냐, 민주의 새싹이냐?…………… 왕정이냐 민주냐 ? 그것은 사실의 기술방법으로 흑백논리는 아닙니다. 그것은 사실인 동시에 당위며, 불가피한 실존적 선택의 문제입니다. 그 불가피성은 오로지 당신께서 세계사적 개인이시기 때문에 주어지는 것이며, 그것은 이 나라의 민중과 역사가, 그리고 보편사(보편의 氣)의 민중과 역사가 인간 노태우에게 강요하는 당위며 결단(Entscheidung)인 것입니다. 역으로 말하자면 당신 노태우야말로 그러한 보편사적 후천개벽 운세의 개합(열고 닫음)을 결단할 수 있는 실존적 행운을 소유한 유일한 세계사적 개인이라는 것입니다.
泰愚라는 이름은 大智若愚입니까

당신은 일천구백삼십이년 십이월 사일에 태어나셨습니다. 그때 누군지 모르지만 이 우주의 기를 갓 쐰 당신에게 태우라른 매우 좋은 이름을 지어주셨습니다. 제가 동양철학을 전공하는 관계로 작명도 많이 하고 성명철학에는 또 일가견이 있기 때문에 규탐하는 말이오나 태우라는 이름은 썩 좋은 이름이며 미래에 대해 형안이 있는 자의 작명이올습니다. 당신께서 대통령이 되신 것이 아마도 이름 석자 덕분이 아닌가 하는 생각이 들 정도니까요. 음양오행 따지는 상수이치는 그만두더라도 세만틱스만 짚어 보아도 썩 좋은 이름이지요.

………모차르트의 오페라 연주를 바라보는 살리에르 처럼 저는 위대한 당신을 바라보았습니다.

진보세력은 6,29선언을 대외모순관계의 맥락에서 미국의 공작정치의 승리일 뿐이라고 규정합니다. 그들은 5,18천주교 사제단의 은폐조작 발표도 미국의 사주에 의하여 계획된 타이밍의 사건으로 분석…………저는 당신의 친구가 될지언정 학생들로부터 배반당하고 버림받는 운명에 처해지는지도 모릅니다. 노태우 개인의 결단은 역사의 결단이며 그 실존인의 결단이다. 고문으로, 분신으로 스러져간 민주투사의 눈에서 본다면야 얼마나 하찮은 용기로 보이랴마는 나는 체제 밖에서 천리를 뛰는 것보다도 체제 안에서 한치를 움직이는 것 또한 어려운 일인 것을 잘 알기에 그 용기를 인정치 아니할 수 없는 것입니다.

바로 6,29는 이러한 80년대 의식화의 한 결실이었으며 그 결실의 나무는 오로지 금남로의 피를 먹으면서만 자랄 수 있었던 것입니다.
노태우 대통령께서 국민으로부터 얻어낸 합법성은 바로 6,29라는 선언에서 보여준 실존적 이니시어티브의 용기, 그리고 그러한 용기는 5공을 청산하고야 말리라는 기대, 그 기대가 기나긴 독재투쟁에서 축적된 양김의 양식과 양심에 대한 기대보다도 앞섬으로써 획득된 합법성이었습니다.

개인의 의리냐 역사의 의리냐

나 김용옥은 6공의 모든 문제가 노태우라는 세계사적 개인이 '죄인'임을 사실 그대로 시인하고 그 죄인임을 참으로 용서 받을 줄 아는 용기의 부족에서 기인된다고 믿고 있습니다.

6공문제는 모두 노태우 개인 한 사람의 도덕덕 취약성에 기인한다고 믿고 있습니다. 87년 6월초, 전두환 씨가 당신을 대통령 후보로 지명했을 때, 당신의 두 눈에는 눈물이 핑 돌았습니다. 그것이 어찌 당신을 후보로 지명해준 친구의 우정에 대한 감사의 눈물이었겠습니까? 그동안 친구 두환이 밑에서 감내해야만 했던 모든 수모와 불확정적 상황이 당신의 지략의 결실로 그 지겨웠던 막을 내리는 순간에 핑 도는 감회, 그리고 삶의 마지막 성취인 대권을 눈앞에 둔 감격의 눈물이 아니었겠습니까? 폭군 궁예 밑에서 새 왕조의 창건 찬스만 노리고 있었던 덕장 왕건의 수모와 야심!

도올 눈에는 눈물이 돕니다.

이 붓을 놓지 못하는 이유는 모두에서 말씀드린 대로 당신 노태우, 세계사적 개인을 애틋하게 사랑하는 마음이 있기 때문입니다....내가 지금 당신을 죄인이라 하는 것도 당신이 하고 싶은 말을 국민 앞에 대신해 드리고 싶은 충정에서 하는 것이며, 당신의 죄악을 빙자하여 당신을 음해하고자 하는 정상 모리배들이 비판 아닌 비난과, 분노 아닌 빈정과, 사랑 아닌 저주의 언사와 혼동될 그러한 성질의 것이 아닙니다.

3심처럼 뻔뻔스러운 낯짝을 역사에 다시 드러내 보이지 않겠다는 확실한 퇴진의 모습을 보여주는 지금 광수 큼남로에 높으 제단을 쌓아 올리십시오. 그곳에 백담사에 계신 전두환 씨를 끌어내 세우십시오. 그리고 종아리를 걷어 올리게 해, 금남로에서 죽어간 자식을 부둥켜안고 울고 또 울었던 어떤 무명의 할머니 손에 회초리를 쥐어주십시오. 그리고 피가 맺히도록 때리게 하십시오. 그것을 위성중계 하십시오. 그 후 당신이 그 자리에 올라 정강이를 걷어 올리십시오.

저는 이글을 쓰면서 너무도 울고 또 울었습니다.
부족한 점이 있더라도 격려해 주십시오. 당신에게 해가 가는 일을 저는 하지 않을 것 입니다. 민중과 학생의 욕을 얻어먹더라도 저는 당신의 아름다운 6공의 신화를 만드는 데 일조를 하고 싶습니다.

1989년 12월13일 도올 김용옥 봉원재에서 아뢰옵니다.

참으로 길고 장황하면서도 구구절절 노태우 대통령을 이 시대의 聖君으로 받들면서 불러만 준다면 6공화국에서 노 대통령 밑에서 일하고 싶다는 세속적인 욕망마저 녹여낸 戀書라고 하지 않을 수 없다.

친중사대는 현재진행형

김용옥의 친중사대(親中事大)는 현재진행형이다. '조변석개'하듯 치정주의를 발휘해 온 김용옥의 중국찬양이 언제 변화할지는 알 수 없다.

그의 '친중'은 자연스럽게 친북으로 이어진다.

"'조선'의 문제는 절대로 강압적 방식에 의해서 해결될 수 없습니다. 우리는 북한이 왜 그러한 자세를 취하는지 인내심을 가지고 이해해야 합니다. 궁극적으로 그들이 원하는 것은 군사대결이 아니죠. 서로를 인정하자는 것이죠(...) 이 세계의 여러분들이 북조선 사람들이 잘못하고 있다고 생각하시면 그 모든 잘못은 '나의 책임'이라고 말하겠습니다. 그들은 나와 같은 피를 나눈 친형제들입니다. 북한의 사람들은 악할 수 없습니다. 그들은 기껏해야 '좋지 않을 수 있다.' 불선(不善)하다. 그 정도이겠지요. 그러나 좋지 않음은 곧 좋음이 될 수 있지요. 북한을 악 (惡)으로 규정하는 자들이야말로 '악의 축'(Evil Axis)이겠지요."

북한을 적극 옹호하는 그의 태도는 동포주의 혹은 민족주의에서 비롯된 것이다. '북한의 잘못이 곧 나의 잘못'이라고 환치하는 그는 동포애로 충만한 정의의 기사를 자처한다. 핵무기를 고도화하고 중장거리 미사일 개발을 통해 무시로 군사적 도발을 해대는 북한이 왜 김용옥 본인의 잘못이란 말인가? 핵무기를 고도화하는 것이 북한의 자위권이고 북한이 진정 원하는 것이 남한 적화통일이 아니라 남북이 서로 인정하자는 것인가? 그는 북한의 군사적 도발을 전혀 생존을 위협하는 행위가 아니라는 말인가?

물론 그가 이 책을 쓴 시점이 7~8년 전이라 북한 김정은 위원장의 전략이 구체적으로 드러나지도, 북미간 대화와 하노이 회담도 없었던 시기라 착각할 수는 있다. 그렇다고 하더라도 북한을 '악의 축'으로 여기지도 않고 '불선' 혹은 '선'으로 보는 시각은 이해할 수가 없다.

한술 더 떠 심지어 그는 한국의 사드배치에 대해서도 직접 반대깃발을 들고 나섰다. 그는 도대체 어느 나라사람인가?

박근혜 전 대통령 탄핵국면에서는 촛불집회에 참석해서 직접 마이크를 잡고 선동질을 한 것을 보면 대중 앞에 설 기회만 있으면 나서는 관종이거나 기회주의자적인 행동을 해댔다.

1980년대 전두환 군사독재 시절 대학가가 반독재투쟁에 나서는 분위기에서 고려대 교수들의 시국선언이 터져 나올 때도 서명하지 않고 버텼던 김용옥 교수였다. 학생들의 시위사태가 이어져도 강의

실에서는 단 한마디도 시국에 대해서는 언급도 하지 않던 그는 어느 날 슬그머니 사직서를 제출하고 고려대를 떠났다.

"사드만 해도 그렇다. 그것은 미국의 대중 대한반도 압박이라는 차원에서 인식할 문제가 아니라 오히려 우리가 미국을 압박할 수 있는 협상카드로서 활용할 수도 있다. 사드를 평계로 중국으로 하여금 북한을 견제케 할 수도 있으며 또 미국의 군사전략에 대한 우리 스스로의 입장을 보호하는 다양한 묘책을 강구할 수도 있다."

그냥 지껄이는 '아무 말 대잔치'가 아니라면 그는 우리 정부의 사드배치가 북한의 핵위협에 대응하는 군사대응카드가 아니라 미국의 중국 압박수단으로 이해했던건가? 사드배치를 미국을 압박하는 카드로 전용될 수 있다는 생각은 엉뚱하다 못해 치기 가득한 헛소리다.

사드배치는 미국의 대중국 압박용인 소위 'MD' 차원이 아니다.

"나는 시진핑을 막시즘의 시각에서 바라보지 않는다. 그러나 나는 그의 분투가 흔히 그를 흠집 내려는 세계 언론의 질타와는 다른 차원에서 인류사에 새로운 민주의 가치를 창조하리라고 기대하고 있다."

이 대목에서는 중국이 구사하는 세계전략의 하나인 초한전에 포섭된 것이라기보다는 스스로 중국을 따르는 가련한 '종중'(從中)지식인의 현주소를 보는 것 같아 씁쓸하다. 이런 행위가 지식인의 중국부역이다.

그의 중국관이 어디서부터 어떻게 잘못된 것인지는 중요하지 않다. 그가 한국 사회에서 논란을 불러일으키면서 대학 강단과 'TV쇼'는 물론 백여 권에 이르는 책을 출간하면서 지식폭력을 행사하고 영향력있는 '인플루언서'로 활동해왔기에 그가 어느 날 제시한 중국 최고지도자 시진핑 주석에 대한 이야기는 그냥 무시할 수만은 없었다.

그래서 그의 책을 꼼꼼하게 읽어보고서는 '그의 터무니없는 논리에 빠져 한중관계에 대한 잘못된 프레임에 빠질 수도 있는 잠재적인 '김용옥 독자와 제자'들에게 끼칠 해악을 방지했으면 좋겠다는 생각이 들었다.

스스로 〈도올, 시진핑을 말하다〉에 대해 엄청난 자부심을 갖고 있는 모양이다.

"이 책은 단순히 시진핑(习近平), 개인에 관하여 말하는 것이 아니라 한국의 지성인들로 하여금 중국문명을 정확히 이해하게 만들고 한국의 정치인들로 하여금 시진핑과 같은 무게 있는 상식적 지도자가 중국을 영도하고 있는 기간 동안에 남북화해를 진전시킬 수 있는 그 많은 것을 따내도록 도움을 주기 위한 것이다. 중국은 반만년 동안 우리의 우방이다. 미국은 몇 십 년의 우방에 불과하다. 중국을 바로 이해하는 길만이 우리의 살길이다. 나는 시진핑의 정치개혁이 인류에게 새로운 빛을 던져줄 수 있기를 갈망한다."

우리, 아니 세계가 시 주석을 '무게 있고 상식적인 지도자'로 여기고 있는가 아니면 독재자로 보고 있는가? 그의 실체를 바로 아는 것이 중요하다면 그가 쏟아내고 있는 '시진핑 찬가'가 잘못된 것이라면

큰일이다. 시 주석은 김용옥이 간주하는 위대한 지도자가 아니다. 중국인 모두가 존경해마지 않는 지도자가 아니다.

그의 시진핑 찬가는 수없이 많은 의문부호와 물음표를 던지고 있다.

정적 죽이기에 올인 하면서 자신을 최고지도자로 만들어 준 장쩌민 전 주석과 상하이방(幇)에 속하는 당·정·군의 고위간부들을 무자비하게 숙청하는 중국이야기를 각색해서 신화를 만들어보고자 하는 그의 의도를 모르지는 않는다. 그렇다고 이를 '21세기 삼국지'라거나 '영웅호걸들의 이야기!'라고 자화자찬하는 것은 어안이 벙벙해지게 하는 대목이다.

"그를 흠집내려는 세계 언론의 질타와는 다른 차원에서 인류사에 새로운 민주의 가치를 창조하라라고 기대하고 있다. 중국의 인문정신의 발로로서의 새로운 패러다임을 창출하리라는 기대를 저버리지 않으면서 조심스럽게 그를 관망하고 있는 것이다."

애초 중국사대. 시진핑 추앙을 위해 쓴 찬가일 뿐 하나부터 열까지 논리도, 사실관계도 빈약하다.

그저 동시대 중국전문가들의 글과 중국특파원들이 일상적으로 취재해 보도한 뉴스들을 취사선택 자의적으로 해석한 김용옥만의 시진핑이 만들어진 것이다.

그가 독자들에게 제시한 시진핑은 그가 한번도 만나지 않고 창조한 상상 속의 시진핑이다.

그는 시 주석이 선의를 가진 위대한 지도자라고 간주하지만 현실은 전혀 그렇지 않다.

권력의 속성, 절대권력의 생리를 터득한 냉혹한 독재자라는 것을 인정하지 않는다.

김용옥 선생이 직접 출연한 다큐멘터리

촛불집회

국정농단 사태가 불거진 2016년 11월 김용옥 선생은 '월간중앙'에 장문의 글을 기고했다. 당시 한신대 석좌교수 신분의 그는 광화문에서 열린 촛불집회에도 무작정 나가 주최 측이 마이크를 건네주자 "우리는 우리의 삶을 혁명하고 제도를 혁명하고 의식을 혁명하고 이 모든 압제를 다 혁명해야 한다."며 "진정한 혁명의 역사를 쓰고 있는 것"이라며 선동에 나섰다.

다음은 월간중앙 특별기고 발췌.

[도올 김용옥 특별기고] 천명(天命)은 이미 박근혜를 떠났다!
(2016년 11월 17일)

법철학자 루돌프 폰 예링은 "법조문 하나도 투쟁을 거치지 않고서 얻어진 것은 없다"고 말했다. 법의 목적은 평화이지만, 평화를 얻는 수단은 투쟁일 뿐이란 통찰이다. 고정된 사상이 아니라, 끊임없이 생동하는 힘으로서의 법을 예링은 웅변한다. 불법에 대한 저항은 인간됨의 의무, 자기 자신에 대한 의무다. 도덕적인 자기보존의 준엄한 명령, 바로 2016년 국민이 듣고 있는 시대의 목소리다.

혁명(革命)이란 무엇인가? 명(命)을 혁(革)한다는 뜻이다. 혁은 타동사로서 명을 목적어로 삼는다. 명은 천명(天命)을 말함인데, 혁은 〈주역〉의 괘상(卦象)에서 왔다. 〈주역〉의 64괘 중에 49번째 괘가 혁괘인 것이다. 그런데 이 혁괘는 상괘가 태괘로서 연못(澤)을 의미하고 하괘가 리괘로서 불(火)을 의미한다. 생각해보라! 불덩어리가 연못 한가운데 있으니(택중유화, 澤中有火) 그 불덩어리의 치성함을 짐작할 수 있을 것이다. 보통 불 위에 많은 물이 있으면 당연히 그 불은 꺼지게 마련이다. 11월 12일 광화문광장에 모인 100만 민중의 울분은 연못 속에 눌린 불덩어리 형상이다. 아직도 거대한 연못과도 같은 막강한 물이 5000만의 불덩어리를 휘덮고 있는 형상이다.

그러나 그 불(火)이 연못(澤)을 치고 올라온다. 나는 어려서 〈주역〉을 읽을 때부터 이 혁괘의 택중유화(澤中有火)의 강렬한 이미지에 항상 전율을 느끼곤 했다. 5000만의 울분, 그 불덩어리는 이미 홍수같이 밀려드는 막강한 권력의 횡포를 이겨낼 수 있다! 그 괘사(卦辭)는 매우 단순하다. 회망(悔亡)! 혁명이 바른 시기에 바르게 이루어지면 민중의 울분과 원한이 사라진다는 뜻이다. 역설적으로 말하면 회망하지 않는 한 혁명은 계속될 수밖에 없다는 뜻이다.

단전(彖傳)에 말하기를, 재미있게도 혁명은 "두 여자가 동거해서 일어난다(二女同居)"고 했다. 언뜻 황당하게 보이지만 〈주역〉의 예지는 참으로 놀랍다! 두 여자를 박근혜와 최순실로 대입시켜도 전적으로 무방하다. 박근혜와 최순실, 이 두 여자가 동거했으니 혁명이 일어나지 않을 수 없는 것이다. 이것이 바로 동방고전의 지혜인 것이다.

〈주역〉에는 '설괘전(說卦傳)'이라는 해설적 문헌이 날개로 붙어 있는데, 그 '설괘전' 속에서 태괘는 소녀(少女: 작은 딸, 건과 곤을 부모로 상징해서 하는 말)가 되고 리괘는 중녀(中女: 중간 딸)가 된다. 소녀와 중녀가 위아래로 으르렁거리고 있는 것이다. 박근혜와 최순실이 매우 사이가 좋았던 것처럼 보이지만, 실상은 '수화상식(水火相息)'의 꼴이라고 '단전'은 말한다. 물과 불이 서로를 잡아먹고 있는 (熄滅) 꼴이라는 것이다. 소녀와 중녀는 본시 서로 동거(同居)해서는 아니 되는 사이인 것이다. 결국은 서로가 서로를 파국으로 이끌게 된다는 것이다.

보통 혁(革)이라는 글자는 가죽의 뜻으로 쓰인다. 자형(字形)을 잘 보아도 알 수 있듯이 동물의 머리와 가슴 정중앙을 갈라 옆으로 쫙 작대기 같은 것을 꿰어 펼쳐놓은 형상이다. 혁은 가죽이다. 가죽은 서양에서는 모든 문헌의 자료 구실을 했고, 동서양을 막론하고 인간의 삶의 불가결한 도구였다. 혁은 '삶의 헌법'이라고도 말할 수 있는 것이다. 그러니깐 가죽이란 썩은 살을 도려내어 무두질을 계속하여 아름다운 무늬(질서)가 있는 힌장으로 변화시킨 것을 말하는 것이다. 이 썩은 살을 도려내고 부드럽게 만드는 무두질의 변혁을 혁(

革)이라고 한 것이다. 우리는 여기서 "법조문 하나도 투쟁을 거치지 않고서 얻어진 것은 없다"라는 루돌프 폰 예링(Rudolf von Jhering, 1818~1892)의 말을 연상할 수 있다. 법의 목적은 평화이지만, 평화를 얻는 수단은 투쟁일 뿐이다. 법의 생명은 투쟁이며, 그것은 민족과 국가권력, 계급과 개인의 투쟁에 있다. 법은 고정된 사상이 아니라, 끊임없이 생동하는 힘이다. 우리 평범한 시민의 권리를 침해하는 불법에 대한 저항은 우리의 인간됨의 의무이다. 그와 같은 저항은 권리자의 자기 자신에 대한 의무이다. 그 저항은 도덕적인 자기보존의 명령이며 사회에 대한 의무이다. 법이 실현되기 위해서는 저항이 필요하다!

맥락은 다르지만 '단전'은 혁명의 주체는 문명(文明)의 덕을 갖추어야 하며, 시(時)의 마땅함(當)을 얻어야 한다고 말한다. 그래야 근원적으로 민중의 원망이 사라질 수 있다고 말한다. 그리고 나서 유명한 메시지를 발한다.

"천지혁이사시성(天地革而四時成)"

이 말은 무엇을 의미하는가? 하늘(天)과 땅(地)은 가만히 있는 것 같이 보이지만, 오로지 끊임없이 변혁됨으로써만이 사시(四時)라는 시간의 질서를 이룰 수 있다는 것이다. 다시말해서 천지 그 자체가 끊임없이 혁명을 함으로써 사시의 코스모스가 이루어지고 있듯이 인간세도 끊임없이 혁명됨으로써만, 썩은 살이 계속 도려내어짐으로써만, 그 질서가 유지된다는 것이다.

혁명 없는 질서는 없다. 그리고 나서 '단전'은 하나라를 은나라로 바꾼 탕왕(湯王)의 혁명, 그리고 은나라를 주나라로 바꾼 무왕(武王)의 혁명을 예찬한다.

"탕무혁명(湯武革命), 순호천이응호인(順乎天而應乎人)."

탕임금과 무왕의 혁명은 하늘의 때를 따랐으며, 민심의 소리에 상응하였다는 것이다. 혁명은 명을 혁파하는 것이다. 명이란 천명(天命)이다. 그러나 천명은 결국 민심(民心)이다. 민이 가장 고귀한 것이다. 군이란 가벼운 것이다(民爲貴, 君爲輕). 민심을 배반한 지도자는 이미 지도자가 아니다. 얼마든지 갈아치울 수 있는 것이다.

(...)

박근혜는 이미 우리의 지도자가 아니다. 박근혜에게는 이미 대통령의 명(命)이 떠났다.

나는 박근혜가 대통령이 되기 전부터 이미 오늘의 사태를 예견하였고 공적으로 명언한 사람으로 잘 알려져 있다. 나는 박근혜라는 한 자연인의 인품과 교양의 수준, 그리고 성장과정에서 초래된 성격의 파탄, 그리고 도저히 치국의 방략을 논할 수 없는 사고의 구조를 일찍이 간파(看破: 선종에서 잘 쓰는 말)하였고, CBS 김현정 앵커와의 인터뷰에서 박근혜는 대통령이 되어서는 아니 될 사람이라고 단언하였다. 김현정은 원래 성격도 서글서글하고 말도 시원시원하게 하는 사람이다. 상대방의 의중을 꿰뚫고 논리의 허점을 파악하여 날카롭게 쑤시고 들어오는 장기가 있다. 나는 김현정과의 대화를 매우 좋아한다. 우리 시대의 가장 유능한 뉴스 앵커 중의 한 사람이라 해야 할 것이다. 그러자 김현정은 나에게 이렇게 물었다. "만약 박근혜

후보가 대통령이 되면 나라가 어떻게 될까요?" 나는 주저없이 말했다. "환관들만 청와대에 우글우글 들끓게 될 것이다."

(...)

박근혜라는 인간의 삶의 특징은 '격절'이다. 대화나 개방이나 섞임, 그리고 생각의 교류가 전무한 '격절의 인간'이다. 최근 추미애 대표가 영수회담을 제안했다가 취소한 사건은 그 시말이 어떠했든지 간에, 의총의 대화가 있었고 생각의 교류가 있었으며 그 교류의 합리적 방안에 따라 자기의 의사를 취소했다. 이것이 바로 정치요 정상적인 인간이 걸어가는 도리이다. 공자도 "과즉물탄개(過則勿憚改)"라 했으니, 잘못을 저질렀으면 그것을 고치기를 꺼려하지 않는 것이 군자이다.

추미애는 군자라 말할 수 있다. 박근혜에게서는, 최근 김종필이 지적한 대로, 바로 이 "물탄개(勿憚改)"를 기대할 수가 없는 것이다. 공자는 개탄한다. "잘못을 저지르고 고치지 않는 것, 그것이야말로 진짜 잘못이다!(過而不改, 是謂過矣)"

(...)

나는 세월호 사건 때부터 이미 박근혜 대통령의 하야를 주장했다. 그때까지 아무도 감히 '하야'라는 말을 입에 올리지 못했다. 많은 사람이 나보고 용감하다고 말했으나 나는 별 공포심 없이 평심하게 한 말이다. 세월호 비극의 전 국민적 체험은 6·25전쟁을 전 국민이 텔레비전 화면으로 객관화시켜서 보면서 다시 체험하는 것에 상응하는, 대한민국 헌정사에 용서할 수 없는 거대사건으로 나의 의식에 부각되었다. 그래서 박근혜정부의 행태와 이승만의 6·25 전후의 행태를 비교하여 말하였던 것이다. 전쟁 이상의 사건이 터졌는데, 항상 외환보다 내우가 망국의 결정적 원인이라 말할 수 있는데, 내가 못할 말이 뭐가 있겠는가!

나는 2016년 11월 12일 광화문 대집회를 향해서 국민들이 행진하도록 꾸준히 독려하였다. 김현정과의 대화를 시작으로, TBS텔레비전방송의 '품격시대', 그리고 정봉주의 '전국구', 그리고 가장 결정적인 사건은 11월 5일 내가 광화문 20만 인파의 무대 위에서 즉흥연설을 하게 된 사건이었다. 그때 나는 인파에 의해 무대 위로 떠밀어 올려졌던 것이다. 그리고 그때 나는 일주일 후에 반드시 이 무대 위에 서겠다고 민중과 약속했다.

나는 11월 12일, 약속대로 광화문 집회에 나갔다. 나가기 전에 김용민 군(김군은 팟캐스트 '김용민브리핑'을 운영하면서도 한신대 신학대학원에서 정규수업을 받는 착실한 생활을 하고 있다)을 통하여 주최측에 나의 출연을 상의하였고, 참여연대 사무처장 안진걸로부터 모시겠다는 약속을 용민 군을 통하여 전달받았다. 그래서 나는 백만 인파를 예상하고 즉흥연설은 결례라 생각하여 나 나름대로의 생각을 성실하게 요약하여 약 6분 낭독분의 연설문을 작성하였다. 그런데 막상 나가보니 몇 사람에서 강렬하게 내가 단상에 올라가는 것을 저지하는 것이다. 나는 도무지 이해할 길이 없었다. 도대체 이 자리가 누구의 자리인데, 어느 한 사람이 마음대로 민주의 광장을 독점할 수 있단 말인가? 민주의 광장에도 물론 노래도 필요하고 만담도 필요하고 풍자와 구호의 반복도 필요하다. 그러나 그 열광의 정열 속에 6분짜리 로고스를 심는 여유조차 배제해야 한단 말인가!

(…)

내가 광화문 혁명의 광장에서 느낀 소감은 지도부의 부재, 아니 체계적인 혁명 비전의 부재, 다시 말해서 혁괘(革卦)를 넘어서는 정괘(鼎卦)의 방략이 부재한 것이다. 현재 박근혜의 하야를 촉구할 수 있는 힘은 근원적으로 국민의 함성의 압박에서 온다. 그러나 그것은 기실 너무 추상적이다. 실상 그 구체적 압력은 두 소스밖에 없다! 언론과 검찰이다. 언론과 검찰이 정신 차리고 민족사의 혼을 망각치 않는다면 박근혜는 막다른 골목에 몰릴 수밖에 없다. 이러한 사태의 긴박함을 전제로 탄핵, 하야, 2선 후퇴, 질서 있는 퇴진 등등의 여러 방략이 있지만, 현재 정괘(鼎卦)의 핵심은 훌륭한 인격을 갖춘 과도기의 총리를 확보하는 것이다.

(이 글의 끝에서 그는 김부겸을 총리후보로 추천했다.)

세월호 참여

세월호 참사가 터지자 김용옥 선생은 다시 '특별기고'를 통해 선동에 나섰다.

'애도만 하지 말고 국민들이여 거리로 뛰쳐나오라.'

2014년 5월 3일자 한겨레신문이다. 그는 임진왜란 당시 왜군의 진격을 피해 한양을 버리고 의주로 도망친 선조를 비난하고 6.25 전쟁 당시 서울을 버린 이승만 대통령을 끄집어내면서 박근혜 하야를 주장했다. 이승만이 6.25때 서울을 버리고 도주했다는 주장은 '가짜뉴스'였다는 것이 다큐영화 〈건국전쟁〉 이후 새롭게 조명된 사실이다.

[세월호 참사 특별 기고] 도올 김용옥 한신대 석좌교수

더이상 애도만 하지 말라! 정의로운 발언을 서슴지 말라!/조선의 창공이 원혼의 피눈물로 물들어/잿빛 같은 암흑을 드리우고/온 생명의 분노가 열화같이 치솟아/암흑의 장막을 불태울 때/원망조차 잊어버린 순결한 여린 혼령들은/신단수의 하늘에서 소리친다/엄마 아

빠/홍익인간의 천부인은/어디로 사라졌나요

 1950년 6월25일, 국민 전체의 안위를 책임지고 있었던 이승만은 새벽부터 전쟁 발발의 소식을 듣고 우선 자기 혼자 도망갈 생각부터 했다. 26일 아침 8시 신성모 국방장관이 방송에 나와 "국군이 인민군을 물리치고 북진 중에 있다"는 담화를 발표한다. 그런데 27일 새벽부터 비상국무회의가 열렸지만 이승만은 회의에 참석조차 하지 않았고 열차편으로 이미 몰래 서울을 빠져나가고 있었다. 그는 대전 도피에 관해 각료는 물론, 국회의원, 하물며 육군본부에까지도 알리지 않았다. 그런데 이승만은 대전에 도착하자마자 곧 특별담화를 녹음한다. 27일 밤 9시부터 서울중앙방송국에서 전파를 타고 전 국민에게 전달되었다: "우리 국군이 용감하게 적을 물리치고 있습니다. 국민과 공무원은 정부 발표를 믿고 동요하지 마십시오. 나 대통령 본인도 서울을 떠나지 않고 국민과 함께 서울을 지키고 있습니다." 생거짓말이었다. (…)

 이승만은 7월1일 대전에서 또다시 도망갈 때도 목포로 가서 부산으로 배를 타고 갔다. 경부가도가 이미 위험하다는 판단 때문이었다. 이승만은 전 서울 시민을 서울에 가두어놓고 자기 혼자만 살 생각을 했다. 그리고 9·28 서울수복을 했을 때 서울에 남아 고생한 뭇 시민들을 부역했다고 죽이고 고문하고 연좌제로 묶어놓았다. 우리는 이러한 이승만을 성스러운 통치자로 모시는 기나긴 정치사적 이념의 굴레에서 한 치도 벗어나지 못하고 있다. 내가 말하는 것은 움직일 수 없는 사실이다.

 역사의 비극적 상황이란 모든 함수가 최악의 길을 재촉하도록 협동을 한 필연·우연의 사태이기 때문에 그 인과를 단선적으로 분석하는 것은 사태의 해결이나 반성에 크게 도움을 주지 않는다. 그러나 수많은 인과계열 중에서도 움직일 수 없는 명백한 사실들이 있다.

우선 배에 관하여 정확한 구조적 지식을 가지고 있으며, 끝까지 남아서 승객의 안위를 책임지어야 할 선박직 승무원 15명 전원이 먼저 탈출하여 쌩쌩하게 살아 있다는 사실이다. 그리고 가장 비극적인 사실은 이준석 선장과 일등항해사가 탈출하면서도 학생들에게 동요하지 말고 객실 속에서 제자리를 지킬 것을 명령하였고 그것을 계속 강요하였다는 가슴 아픈 일련의 사태에 내재한다. 모든 비극은 이 하나의 움직일 수 없는 명백한 사실로부터 연역되는 것이다. (…)

임진왜란이 일어났을 때도 선조는 대책 없이 먼저 도망쳤다. 사실 왜군은 이순신에게 해로를 차단당해 보급이 끊겼기 때문에 식량이 없었고 지쳐 있었다. 서울은 한강으로 둘러싸인 천혜의 요새다. 그리고 당시 서울에는 화약이 2만7천 근이나 저장되어 있었다. 한강의 대형 수송배들과 지형을 활용하고 강북 강변에 군사를 배치하여 대처했더라면 왜군의 도강을 쉽사리 막을 수 있었다.

그러나 선조는 가마를 메어줄 사람도 없어 우중에 말을 타고 쫄쫄 비 맞고 굶으면서 북상에 북상을 거듭했다. 그러면서 이승만처럼 자기가 건넌 임진강변의 건물과 배는 다 태워버렸다. 한번 생각해보라! 그가 의주까지 도망갈 때, 그의 말을 이끌었던 말단 관리 이마와 임란을 승리로 이끈 불세출의 영웅 이순신 장군 두 사람의 공훈을 평가할 때, 누굴 더 높게 평점했을까? (…)

이 시대 총체적 부실의 주체는 다름 아닌 박근혜 정부이다.

이러한 사태는 현재 우리가 살고 있는 이 시대의 역사가 총체적 부실 속에서 결정권자가 부재한 상태로 표류하고 있다는 사실을 입증하고 있는 것이다. 그 총체적 부실의 주체는 다름 아닌 박근혜 정부이다. 그리고 이 박근혜 정부의 구조적 죄악의 책임은 궁극적으로 모두 박근혜 본인에게 돌아간다. 세월호 참변의 전과정을 직접적으로 총괄한 사람은 박근혜 한 사람일 수밖에 없다. 그의 정부의 사람과 이념, 그 모든 것이 박근혜가 창조한 것이다. 그만큼 통치의 정점은 국가의 안위에 막중한 영향을 끼친다.

그런데도 박근혜는 진심어린 전면적인 사과의 한마디도 없었다. 과거의 황제인 한(漢)나라의 문제(文帝)조차 불상사가 일어날 때마다 거느리고 있는 신하를 탓하지 않고 자기가 국민 앞에 직접 사죄했다. 맹자는 통치자가 진정 생도(生道)의 원리를 가지고 다스리면 죽는 사람도 죽음을 원망치는 않는다고 했다. 그러나 현 정부는 사도(死道)의 원리로써 생사람까지 죽이고 있다. 이 불상사는 99.99%의 대중을 희생시켜 0.01%의 부귀권세가들을 봉양하려는 이명박 정부 이래의 줄기찬 신자유주의적인 정책기조가 교육·경제·정치·행정·법률·문화 전반에 끼친 영향이 만들어낸 것이다. 세월호의 실소유주 유병언은 이윤 극대화를 위하여 승객을 짐짝화한 것이다. (…)

나 도올은 선포한다: "박근혜, 그대의 대통령의 자격이야말로 근본적인 회의의 대상이다." 그대가 설사 대통령의 직책을 맡고 있다 할지라도 그것은 본질적으로 허명이다. 그대의 대통령이라는 명분은 오로지 선거라는 합법적인 절차에 의하여 정당화되는 것인데, 그 정당화의 법률적 근거인 선거 자체가 불법선거였다는 것은 이미 명백

한 사실로서 만천하에 공개된 것이다.

국민들이여! 더 이상 애도만 하지 말라! 의기소침하여 경건한 몸가짐에만 머물지 말라! 국민들이여! 분노하라! 거리로 뛰쳐나와라! 정의로운 발언을 서슴지 말라! 박근혜여! 그대가 진실로 이 시대의 민족지도자가 되기를 원한다면 대통령직에서 물러나는 것이 정도일 것이다. 그러나 그것이 차마 여의치 못하다고 한다면, 정책의 근원적인 기조를 바꾸고 거국적 내각을 새롭게 구성하여 그대의 허명화된 카리스마를 축소하고 개방적 권력형태를 만들며, 주변의 어리석은 유신잔당들을 척결해야 한다. 그들은 통치능력이 부재한 과거의 유물이라는 사실이 이미 명백히 드러났다. 그대의 양신(良臣)은 민적(民賊)이다.

(...)

그대는 "국가개조"를 말했다. 그러나 그대가 중심이 된 국가개조는 악순환만 초래한다. 이 사태를 해결하기 위한 시스템의 근원적 변화는 그대의 시녀가 되어버린 검찰이나 행정체계가 중심이 되는 것이 아니라, 보편적 원칙에 따른 국민적 합의가 창출한 새로운 기관에 의하여, 다시 말해서 국민이 주체가 되어 국민 스스로의 미래를 개혁해 나가는 과정을 그대가 적극 도와주는 그런 변화이어야 한다. (...)

마지막 순간까지 서로를 애타게 챙겨주며 질서를 지킨 단원의 학생들, 그들을 보호하며 목숨을 던진 선생님들, 선박직이 아닌 헌신적 승무원들, 그리고 책임을 통감하고 "시신을 찾지 못하는 녀석들과 함께 저승에서도 선생을 할까"라는 유서를 남기고 떠난 강민규 교감님,

우리는 이들의 모습 속에서 우리 민족의 도덕성을 발견할 줄 알아야 한다. 민족 구원의 빛줄기는 있다. 세월호 희생자 302명은 살아있다.

5장

초한전
(超限战)

초한전이란

초한전은 시진핑 중국의 새로운 전쟁전략이다. 말 그대로 '한계를 초월하는 무한 전쟁'이다.

고도의 미사일이나 핵 등의 무기를 동원하지 않고도 얼마든지 상대 국가를 제압하고 무력화(無力化)시켜서 점령할 수 있다. 비무력 방식은 무역보복일 수도 있고 외교적 방식일 수도 상상할 수 있는 비교역적 다양한 방식을 모두 동원할 수 있다. 무력을 동원한 협박이 20세기식이라면 '초한전'은 기존방식의 전쟁을 포함, IT와 금융, 미디어. 미인계 등의 모든 것을 포괄한, 상상할 수 있는 모든 방식의 전쟁을 말한다.

시진핑(习近平)의 중국몽(中國夢)은 신중국 건국 100주년이 되는 2049년까지 세계중심국가가 되겠다는, 초강대국 미국을 능가하는 패권국이 되겠다는 야심만만한 중화(中華)의 꿈이다.

그 중심에는 중국공산당과 당의 핵심 시진핑이 존재한다.

중국은 새로운 전쟁을 수행하고 있다. 한계를 뛰어넘고 경계도 없는 전쟁, '초한전'(超限戰)이 그것이다. 중국 스스로 초한전의 개념을 공식적으로 제시한 적은 없다. 마오쩌둥의 통일전선전술 '적이 강하면 손잡고 적이 약하면 공격하는' 게릴라전술도 포함된다.

초한전은 중국공산당이 구사하는 전혀 새로운 전쟁이다. 통일된 전술도 없고 실체도 없다. 정치공작도 있고 통일전선전술도 있고 공식·비공적 외교전도 있다. 인터넷을 통한 '우마오당'의 댓글공작도 24시간 일년 내내 무제한 전개되고 있다.

우리나라는 물론이고 중국의 초한전은 국가간 경계를 가리지 않고 무제한적으로 다양펼쳐지고 있다. 특히 경제협력과 민간교류를 명분으로 내건 친중파들에 의한 자발적 초한전도 있다.

학계와 언론, 경제계 등 민간분야에서 한·중우호의 가교를 자처하는 친중인사들에 의해 한국이 살 길은 '중국밖에 없다'는 주장이 제기되고 '한중우호협회'와 '한중친선협회' 등의 미명을 가진 친중교류협력단체들은 한중우호협력을 날마다 외친다.

초한전은 실제적인 무력을 수단으로 삼지 않는다. 무력을 쓰기 전에 상대를 무력화시키는 것이 목적이다.

초한전의 전사들은 우리가 간과하는 중국의 실체, 중국공산당 등을 파헤치는 주장을 공격한다. 그들은 전통적인 의미의 '스파이'와 간첩, 공작원의 틀과 규범에서 벗어나 있다. 한국에 투자한 중국기업의 주재원이거나 민간협력기구의 주재원, 혹은 한국에 이주한 이주노동자이기도 하고 그들이 조직한 조선족사회의 배후실세로 신분을 감추고 있기도 한다.

'차하얼학회'와 '공자학원'은 중국공산당의 통일전선기구의 지휘를 받는 해외공작기구의 하나라고 해도 무방하다.

물론 공자학원이 직접적으로 우리나라나 다른 국가에서 공공연한 스파이활동을 하거나 노골적인 친중 활동을 하다가 적발된 경우는 없다. 대만독립을 주장해 온 독립파가 승리한 이번 대만 총통선거를 복기해보면 중국의 초한전이 어떻게 전개되고 있는 지 대충 짐작할 수 있다. 총통선거가 임박하자 중국은 타이완해협에 중국전투기를 수시로 출격시키면서 중국은 언제든지 타이완 침공을 할 수 있다며 군사적 위협을 가했다. 시진핑 주석은 공공연하게 중국통일을 수년 내에 달성하는 것이 중국몽이라고 주장한다.

타이완 내에서의 친중파 목소리도 덩달아 높아져갔다. '하나의 중국'이라는 중국공산당의 틀 속에 편입해 들어가는 것이 어정쩡한 타이완의 상태를 해결하는 유일한 돌파구라는 인식을 은연중에 스며들도록 만드는 전략이다.

굳이 대만의 후원자 미국과의 군사적 충돌을 무릅쓰는 위험을 감수하지 않고서라도 타이완 스스로 중국과 통일하자고 무릎 꿇도록 하는 것이 초한전의 최종 목표다. 이번 타이완 총통선거에서 성공하지 못했지만 친중파인 국민당 허우유이 후보가 33.49%를 득표하고 민중당 커원저 후보가 26.46%를 얻는 등 친중성향의 야당을 선택한 타이완국민이 과반을 넘었다는 사실은 의미심장하다.

반면 민진당 라이칭더 후보가 40.05%의 득표율로 정권 재창출에 성공하기는 했지만 야권 후보 단일화가 성사됐더라면 10여년 만에

'친중'정권이 재탄생할 수도 있는 아찔한 순간이었다. 중도성향의 커원저 후보가 타이완의 젊은 층의 표심을 뒤흔들었다는 점에서 중국의 타이완 공략 초한전은 먹혀들었다.

타이완과의 전쟁에 나서지 않더라도 '친중정권'을 탄생시켜 자연스럽게 통일과업을 완성시킨다는 것이 타이완에서 추진하는 초한전의 목표다. 중국의 타이완 초한전은 현재진행형이다.

한국의 상황은 어떤가? 문재인 정부 5년 사이 국내의 친중세력은 정부를 장악하다시피 하면서 '친중·반미'정책을 구사하면서 대중적 영향력을 확대하는 데 성공했다.

그러나 중국의 '사드(THAAD)보복과 문화공정, 주한중국대사의 안하무인격 외교적 무례를 접하면서 오히려 반중정서는 고조되고 있다. 국내에서 형성된 반중·혐중 정서 확산은 우리 내부에서 저절로 만들어진 것이 아니라 중국의 '자충수'에 따른 반작용이었다.

1992년 한중수교 이후 전개된 상황은 중국의 초한전이 가장 활발하게 전개된 곳이 한국이 아닌가 하는 생각이 들 정도로 한국의 상황은 중국을 미소 짓게 한다. 한국은 초한전을 시험하기에 좋은 조건을 가지고 있다. 중화문화권에 속하는 한국은 중국문화의 영향을 가장 많이 받은 나라다. 문화적으로 중화주의에 경도될 수 있는 경향이 농후한데다 수교이후에는 최대교역국으로서 한·중간의 급증한 교류확대는 중국공산당의 존재나 사회주의 중국에 대한 경계심을 무너뜨렸다.

신냉전시대를 거쳐 '죽의 장막' 너머의 중공이 어느 날 세계의 공장이자 엔진이 되었을 때 한국은 중국 경제성장의 촉진제역할로 한몫 단단히 했다. 그 뿐이었다. 한국은 문화와 경제뿐 아니라 정신적으로도 중국에 조종당할 정도로 예속되고 있는데도 우리국민들은 그런 상황을 전혀 눈치채지 못하고 있다. 인구감소로 학생모집에 어려움을 겪는 대학들은 몰려드는 중국유학생들이 대학운영의 '효자'노릇을 하는 줄만 알았지 그들이 국내에서 무슨 일을 하는 지 전혀 알지 못한다.

이주 조선족들이 한국인들이 기피하는 '3D'일자리를 채워주는 고마운 보완재로 여겼지만 그들이 이주노동자의 절대다수를 차지하면서 국내 정치여론을 왜곡하는 우마오당으로 활동하고 있다는 사실은 꿈에도 짐작하지 못했다.

한국정부는 '상호주의' 원칙을 내세우지도 요구하지도 않고 이주노동자들에 대해 의료보험과 국민연금 혜택을 부여한 데 이어 지방선거투표권 등 참정권까지 허용했다. 미국이나 일본 등 서방국가는 물론이고 중국 등 사회주의 국가로 이민가거나 비즈니스 이민을 간 한국인들이 영주권을 따더라도 그 나라에서 참정권을 받는 경우는 거의 없다.

우리나라의 외국인 참정권부여는 전 세계 어디에서도 찾아볼 수 없는 사실상 미친 짓이라고 하지 않을 수 없다.

전사 저우위보(周玉波)

  국내신문사가 중국공산당 기관지 인민일보와 업무제휴를 통해 기사공유를 한다는 것은 어떤 의미일까?

  독자가 1억 명에 이르는 중국 '인민일보'는 언론매체라기보다는 중국공산당의 입장을 대변하는 공식기관지이자 관영매체다. 우리의 언론과 달리 중국 관영매체는 보도는 물론이고 비판기능이 전혀 없다. 그래서 여론을 전달하고 뉴스를 보도하는 서방국가 등 보통의 언론매체와 다르다.

  한국의 신문사 등 언론매체가 인민일보나 인민일보 인터넷망 '인민망'과 업무제휴를 하는 것은 우리 독자들에게 별다른 의미가 없다. 중국인이나 중국공산당원이 우리나라 언론매체 기사를 읽으면서 양국의 문화를 공유한다고 생각하는 것은 착각이다. 한겨레신문은 2016년 인민망 한국대표와 업무협약을 맺었다고 밝히면서 대대적으로 홍보했다.

  한겨레신문이 홍보한 인민일보와의 업무협약은 한겨레 홈페이지를 통해 인민일보를 볼 수 있다는 의미인가? 그래서 한겨레 독자들이 중국소식을 실시간으로 볼 수 있다는 말인가? 그렇지 않은 모양이다. 한겨레 홈페이지에서는 한겨레기사를 중국어로 볼 수 있도록

왼쪽이 저우위보(주옥파) 인민망 한국지사 대표

한 '中文'페이지가 있고 중문 홈페이지에 가면 '인민망'으로 연결되는 배너가 있다.

다음은 당시 한겨레의 보도다.

'한겨레' 중국어 기사 '인민망' 1억 명 독자와 함께 본다.
정석구 편집인-저우위보 대표 협약(2016-01-25)

지난 4일 중국어판 서비스를 공식 개설한 〈한겨레〉는 25일 중국 〈인민일보〉의 뉴스포털인 〈인민망〉과 업무제휴 협약을 맺었다.

한겨레 정석구(오른쪽) 편집인은 25일 서울 프레스센터에서 저우위보(왼쪽) 인민망 한국지사(피플닷컴 코리아) 대표와 기사 교환 등 다양한 분야에서 협력하기 위한 업무협약서에 서명했다.

이는 지난해 9월22일 베이징에서 한겨레신문사 정영무 사장이 인민일보사 양전우 사장과 맺은 포괄적 양해각서의 후속 조처다. 앞으로 두 회사는 서로의 누리집에 배너를 교환하고, 아웃링크(기사를 클릭하면 상대방의 누리집으로 연결됨) 방식으로 기사를 교환하게 된다. '한겨레 온라인 중문판'(china.hani.co.kr)이 중국어로 기사를 제공하면 인민망은 중국 대륙에 한국을 소개하는 자사 중문판 누리집 한국 채널(korea.people.com.cn)에 이를 게재하고, 인민망이 한국어 기사를 제공하면 '인터넷 한겨레' 국제섹션에 게재하는 방식이다. 두 회사는 각사의 중문판과 한국어판 배너도 교환하기로 했다.

인민망은 중국 공산당 기관지인 인민일보의 포털 누리집으로 하루 방문자가 1억명을 넘는다. 정석구 편집인은 "인민망을 통해 더 많은 중화권 독자들에게 한겨레의 정직한 목소리를 알릴 수 있게 돼 기쁘다"고 말했다.

저우위보 대표는 "한겨레의 탄생 과정과 한국 사회에서 차지하는 위상을 잘 알고 있다"며 "앞으로 중·한 양국이 서로에 대한 이해를 더욱 넓혀 나가는 데 도움이 되길 기대한다"고 말했다.

저우위보(周玉波, 1975년생) 대표는 베이징의 대외경제무역대학 한국어과 출신으로 졸업과 동시에 이 대학 최연소 교수로 발탁된 '한국통'이다. 14년간 모교에서 교수 생활을 하며 〈중한번역교육론〉 등 14권의 연구서와 사전을 펴냈고, 2011년 인민일보에 스카우트됐다.

인민망은 중국어를 비롯해 9개 언어로 기사를 서비스하고 있다. 또 중국 내 소수민족을 위한 사이트도 별도로 제공한다. 두 나라 수교 20돌을 기념해 2012년 8월 누리집에 한국 채널을 개설했다. 인민망은 중국어로 서비스되는 한국 채널과 별도로 한국어판도 운영하고 있다.

저우위보의 스파이소송

저우위보(周玉波) 인민망 한국지사 대표와 인민망 한국법인인 '피플닷컴코리아'는 2022년 초 자신을 중국공산당을 위해 '간첩'활동을 하는 스파이의혹을 제기한 '파이낸셜 투데이'와 '에포크타임스' 등 인터넷매체와 유튜버 신인균씨 등을 상대로 명예훼손에 따른 손해배상 소송을 제기했다. 소송은 이들 매체가 중국공산당의 지령을 받고 활동하는 간첩처럼 표현하는 등 명예훼손을 했다는 이유에서 제기했다.

'에포크타임스'(THE Epoch Times, 大纪元时报)는 2021년 5월 △한국사회 샅샅이 훑는 '수상한 그녀'...저우위보 인민망 한국대표처 대표 △저우위보와 인민망 한국 대표처를 둘러싼 미스터리 △저우위보와 인민망 한국대표처의 10년...알려진 행적들 이라는 세 건의 기사를 통해 저우 대표의 행적을 추적, 그녀가 중국공산당을 위해 한국의 정·관·재계 유력자들을 만나는 등 사실상 간첩활동을 한 것이라는 의혹을 제기했다.

유튜브에서 '국방TV'와 '디펜스뉴스' 채널을 운영 중인 자주국방네트워크 신인균 대표와 '신세기TV' 등 유튜브방송은 강원도가 추진하던 '강원도 차이나타운' 조성사업 등에 저우 대표가 개입한 정황을 보도하면서 저우 대표의 광범위한 국내인사 포섭활동 등이 스파이의혹을 받을 수 있다고 지적했다.

저우 대표는 실제로 2021년 3월 논란을 빚은 △강원도 홍천 차이나타운 건설사업과 △드라마 '조선구마사' 논란을 통해 국내언론으로부터 엄청난 주목을 받은 바 있다. 그녀는 최문순 전 강원도지사 재임시절 최 전지사와 깊은 친분을 쌓아 '명예강원도지사' 위촉장을 받은 바 있고 박원순 전 서울시장으로부터 '명예서울시민'으로 위촉받기도 했다. 또한 전국 지자체들과 업무협약(MOU)을 맺는 등 중국공산당을 대변하는 선전매체의 한국지사 대표 신분으로는 과도한 '광폭행보'로 당국으로부터도 특별한 주목을 받고 있다.

"저는 이 사업을 문화 일대일로라고 이름 붙였습니다. 마음속에 까는 일대일로가 되겠습니다. 강원도에서 '작은 중국'을 통해, 한중 양국 간 문화가 융화되는 교류의 장소로 전 세계인의 관심을 끌게 될 것을 기대합니다."

홍천차이나타운은 최 전 강원도지사가 문제의 중국 인민망과 함께 '중국복합문화타운(中国复合文化村)'이라는 명목으로 개발하려던 120만㎡ 규모의 관광단지로, 한·중 수교 30주년 및 2022 베이징 동계올림픽 개막을 기념, 2022년까지 완공하는 것을 목표로 했으나 '강원도 차이나타운'으로 알려지고 지역 여론의 반대 등으로 코오롱건설 등 참여 건설사가 전면 재검토를 선언하면서 무산된 프로젝트다.

이 프로젝트에 중국자본을 참여시키는 등에 저우 대표의 역할이 꽤 있었던 것으로 알려졌다.

박 전 서울시장도 친중 사대 발언으로 논란을 빚었다. "파리가 말에 붙어가듯 우리는 중국에 붙어 가야"라는 한국의 위상을 폄하하는 발언을 한 지 두 달여 뒤 저우 대표를 서울시 명예시민으로 위촉한 바 있다. 당시 서울시는 "중국 관영 최대 인터넷 매체인 인민망에 서울시 관련 기사를 적극 게재했고, 주한중국상회 부회장으로 활동하면서 서울소재기업들의 중국 진출을 도왔다"는 것이 명예시민으로 위촉한 사유였다.

저우 대표가 중국공산당원이든 아니든 간에 한국과 서울을 중국과 교류하는 데 큰 도움을 줬다면 명예시민으로 위촉하는 것을 문제 삼을 수 없다.

그러나 2012년부터 10여 년간에 이르는 그녀의 국내활동은 수상하기 짝이 없다. 보수진영과 반중성향 인터넷 매체 뿐 아니라 국내 유수 언론매체까지 그녀의 수상한(?)활동에 의문부호를 제기했지만 그녀는 여전히 인민망 한국 대표로 한국에 상주하면서 위축되지 않은 채 활

동을 계속하고 있다. 뿐만 아니라 한국법원에 민사소송을 제기하는 것으로 적극적으로 자기방어에 나서는 것으로 맞대응하기까지 했다. 중국공산당을 대변하는 관명매체가 한국법원을 상대로 명예훼손 소송을 제기한 것은 특별한 상황이 아닐까 싶다. 한국의 주요 매체가 중국에서 명예훼손 민사소송을 한다는 것은 상상도 못하는 일이다.

그녀가 중국공산당을 위해 활동하는 공작원인지, 정보원에 불과한 것인지는 문제가 아니다. 간첩인지 여부는 방첩당국도 주시하고 있겠지만 한국의 국가보안법이나 형법 등은 중국을 위해 일하는 스파이활동을 처벌할 수 있는 법적 조항이 모호하다. 국가보안법으로도 어느 법률로도 직접 처벌하거나 제재하기가 어렵다.

중국공산당을 위해 활동하는 화이트요원이든 블랙요원이든 간에 처벌은 고사하고 추방하는 등의 적절한 대응방법을 찾기도 어렵다는 것이다. 2023년 엄청난 논란을 빚은 국내의 중국 비밀파출소 운영의 주역인 동방명주식당의 왕하이쥔(王海君)에 대해서도 당국은 제대로 대응하지 못하다가 2024년 들어 압수수색하는 등 뒤늦게 강제수사에 착수한 바 있다. 중국의 반간첩법을 원용할 필요는 없지만 우리도 이제는 북한외 제3국인들의 국내외 간첩활동을 처벌할 수 있도록 간첩죄를 개정하는 등의 국가보안법 개정이 필요한 시점이다.

중국스파이 논란으로 난리가 난 사례는 더 있다.

2011년 이명박 정부 때다. 중국 상하이 교민사회는 물론 한국 외교부를 발칵 뒤집어놓은 '덩신밍'(鄧新敏)이라는 한 중국이 주역인 '상하이스캔들'을 기억할 것이나.

상하이스캔들

인터넷 매체 '에포크타임스'는 중국의 미인계 공작은 한국도 무풍지대나 예외가 아니라고 지적한다.

2021년 1월 6일 에포크타임스는 미국에서 중국스파이 논란을 빚은 '크리스틴 팡'(方芳)이 최소 두 명의 미국 시장과 연애관계와 성관계를 맺는 등의 '미인계'공작으로 논란을 빚었다는 기사를 게재했다.

'미인계'는 미모가 뛰어난 여성을 이용한 고전적인 공작으로 제1차 대전 당시 독일과 프랑스를 오가며 스파이활동을 한 '마타하리'라는 매력적인 여성 스파이를 가장 떠올리게 하는 공작이다. 영화 '색계' 역시 미인계를 이용한 공작을 소재로 삼았듯이 고전 중의 고전이라는 미인계는 현대에도 가장 널리 쓰이는 스파이활동으로 선호되는 모양이다. 이 미인계는 중국공산당의 해외공작활동의 하나로 가장 즐겨 사용하는 수법이라고도 한다.

매체는 "미국인에게 '미인계'는 007시리즈 영화처럼 할리우드 스파이 영화처럼 낭만적으로 들리지만, 전 세계에서 중국이 가장 광범위하게 사용하는 숙련된 스파이 전략"이라고 소개하면서 "미국내 다양한 정치인과 정보계 인사, 상·하의원이 그들의 최우선 목표이며 사안의 민감성 때문에 (적발되더라도) 공개되지 않은 사례가 많을 것"이라고 덧붙였다. 그러면서 한국의 사례로 2011년 논란이 된 상하이스캔들에 등장한 '덩신밍(鄧新敏)'이라는 미모의 젊은 중국여인을 기억해냈다.

덩신밍이라는 미모의 그녀는 당시 상하이총영사관의 김정기 총영사를 비롯, 5~6명의 각 부처 파견공무원들인 영사들과 깊은(?) 관계를 갖고 총영사관의 핵심정보를 쥐락펴락하는 등 스파이논란을 불러일으켰다.

'스캔들'이 외부로 드러나게 된 발단은 2010년 9월 법무부 출신 H영사 부인이 뒤늦게 남편을 따라 상하이로 오고난 후 남편이 덩 여인과 불륜관계를 맺고 있다는 사실을 알게 되면서 대자보가 대사관과 교민사회에 나붙으면서 시작됐다. 두 남녀의 사진과 'LOOK Kore-

SBS 그것이 알고싶다가 방송한 '상하이스캔들' 상하이아파트에 나붙은 대자보

an'이라 영어가 적힌 그 대자보를 직접 만들어 게시한 당사자가 누구인지는 정확하게 알려진 바는 없다.

대자보로 인해 쉬쉬하던 소문이 사실로 드러났다. 총영사관과는 아무런 공적 관계가 없는 한 중국여인이 총영사관에서 일하는 5명의 영사들과 관계를 갖고 엄청난 영향력을 행사해 온 사실이 백일하에 드러났다. '덩신밍'이라는 여인이 총영사는 물론 영사들과 다정한 포즈로 찍은 사진들도 공개됐다.

총영사관이 덩 여인과 관계를 맺은 것은 2006~2007년이었고 2008년 이명박 정부가 출범하면서 중국과는 아무런 인연이 없고 중국어 한 마디 하지 못하는 김정기 총영사가 총영사로 부임한 이후 덩 여인의 영향력이나 위상은 더욱 강화됐다고 한다. 영사들뿐만 아니라 총영사까지 덩 여인의 영향력 아래에 들어간 것이다.

중국의 경제수도 상하이에 위치한 한국총영사관은 베이징의 주중한국대사관의 위상에 맞먹는 중요한 외교공관이었다. 김정기 총영사는 상하이에 부임하기 전까지는 중국과는 아무런 인연이 없었지만 대선에서 이명박 캠프에서 일한 공로로 낙하산 총영사로 상하이에 왔다. 상하이 당국은 김 총영사에 대해 그다지 탐탁치않게 대했던 모양이다. 중국 외교가의 생리를 전혀 모르던 그를 상하이당국이 호의적으로 만나줄 리 만무했다. 그는 총영사로 부임하고도 상하이시 당국이 면담요청을 받아주지 않아 당시 상하이시의 당서기인 위정성과 부임인사도 하지 못했다. 그래서 그 또한 자신을 무시하는 상하이시 당국에 대해 '중국놈들! 오만하다!'며 노골적으로 불만을 터뜨렸던 모양이다.

김정기 총영사는 중국어를 한 마디도 하지 못했다. 그도 그럴 것이 그는 유명 영어강사 출신이었다. 그래서 위 서기가 만나주지 않은 것은 아니지만 한동안 상하이서기와의 첫 상견례 일정조차 잡지 못했다. 이런 상황은 당시 상하이총영사관의 우리 외교관들이 무능하거나 얼마나 제대로 일을 하지 않았던 것인가를 간접적으로 보여주는 것이나 마찬가지다. 그런 상황에서 위 서기와의 첫 면담을 덩 여인이 주선해서 성사시켜줬다는 소문이 돌면서 덩 여인이 총영사관의 실세로 영향력을 발휘하기 시작했다.

2008년은 중국이 베이징 올림픽 성공에 총력을 기울이고 있을 때다. 중국 정부와 중국공산당이 도광양회에서 벗어난 중국의 '대국굴기'를 전 세계에 과시하고자 온 신경을 집중할 때라 상하이총영사관이 신임 총영사의 상하이 서기 면담을 제 때 성사시키지 못했다는 것이 지금으로서는 이해가 되지 않는 상황이다.

그런데 직함도 없는 일개 민간인이 상하이시의 최고위층과의 면담을 쉽게 성사시켰다는 전언은 총영사관이 덩 여인을 덩씨(邓氏)라는 성씨만으로도 덩샤오핑과 가까운 친인척이나 태자당 등의 인연을 가진 관계로 오인할 계제는 충분했다.

실제 김정기 총영사는 '상하이스캔들'이 터진 직후 국내 언론과의 인터뷰와 정부 합동조사에서 "우리 (상하이)공관이 덩 여인에게 신세진 것이 많다. 스캔들을 키우는 것은 한중관계에 찬물을 끼얹는 일"이라며 그녀를 깅격히게 비효한 바 있다 김 총영사는 그녀의 중

국고위층 꽌시에 대해 확신을 가졌던 모양이다.

상하이스캔들의 주역 덩신밍이라는 중국여인의 실체는 방송프로그램〈그것이 알고싶다〉가 중국공산당과 중국정부를 위해 일한 치밀한 스파이가 아니라 여권브로커 정도로 결론을 내리다시피 했지만 여전히 미스터리다. 정부합동조사에서든 방송국의 심층 취재도 덩 여인을 직접 만나거나 직접 조사하지 못했고 중국당국의 조사협조도 전혀 받지 못한 상태에서 조사와 취재는 근본적인 한계가 있다.

총영사관이 제대로 접촉하지 못한 상하이 서기와의 공식 면담을 그녀가 성사시켰는지도 미스터리다. 우리 공관이 요청하면 언제든 면담일정을 잡아 줄텐데 평소 우리 공관원들이 얼마나 중국 측과 교류하고 소통하지 않았는 지 알 수 있을 것 같다.

취재를 통해 알려진 그녀의 고향이 산둥성 지난(济南)시라는 사실과 그녀가 20대 초반 소상공인의 천국이라고 불리는 저장성(浙江) 이우시에서 중개무역업에 종사하던 젊은 한국인과 결혼, 딸 하나를 둔 사실 등도 그녀가 스파이가 아니라는 것을 입증하는 근거는 되지 못한다.

그녀의 실체가 스파이였는지 아니면 어쩌다 스파이행세를 하게된 것인지 혹은 뒤늦게 중국당국의 지시를 받는 요원이었는지 알 수 없지만 그녀는 '상하이스캔들'이 터지고 나서 바람처럼 사라졌다.

그녀의 한국인 남편과 딸은 다시 이우로 돌아갔지만 그녀의 소식은 오리무중이다.

그녀의 집, 컴퓨터와 USB에서는 엄청난 정보들이 튀어나왔다. 당시 MB정부를 움직이던 실세인 이상득 전 국회부의장과 대선 당시 캠프인사들의 조직도와 연락처가 나오기도 했고 총영사관 영사들과 다정하게 찍은 여러 장의 사진들도 나왔다.

그녀는 이런 정보들을 왜 저장하고 있었을까? 단순한 브로커라기엔 그녀의 행적은 광범위한 정보 수집을 한 흔적을 감추지 않았고 다양한 교민들에게 영향력을 과시했다.

당시에도 그녀는 상하이서기를 거쳐 부주석에 올라 차기 지도자수업 중이던 시진핑 부주석의 수양딸이 되기도 했고 상하이 실력자 위정성의 수양딸이기도 했다.

그래서 그는 상하이총영사관이 공식적으로 해결하지 못하는 일을 해내는 해결사로 군림했다.

그녀의 진짜 정체는 여전히 밝혀지지 못한 미스터리로 남아있다.

★ 저우위보 소송

'그녀가 간첩활동을 한 것이 아니라고 할 수는 없다'는 것이 소송을 담당한 2심 재판부의 판단이었다. 어려운 표현이지만 간첩활동을 한 의혹이 있다고 의혹을 제기한 매체들의 보도는 대해 잘못이 없다고 판시한 것이다.

이런 논란에도 불구하고 저우위보는 여전히 중국인민망 한국지사인 '피플스닷컴코리아' 대표로서 건재하다. 저우 대표와 '인민망'(피플스닷컴코리아)이 국내 언론매체와 유튜버들을 상대로 제기한 민사소송(손해배상)은 승소하지 못했다.

서울중앙지법 제25민사부는 2023년 4월 19일 인민망의 한국법인 피플스닷컴과 대표이사 저우위보(周玉波·주옥파)가 제기한 소송을 모두 기각하는 판결을 내렸다. 저우 대표와 인민망은 2021년 5월 "이들의 허위 사실 적시로 명예가 훼손됐다"며 인터넷 매체 대표와 기자, 유튜버 등 8명을 상대로 총 7억5000만원을 배상해 달라는 소를 제기한 바 있다.

판결문에 따르면 인터넷 매체와 유튜버들은 2021년 4월21일부터

5월7일까지 총 8회에 걸쳐 "저우위보는 의도적으로 최문순 전 강원지사에게 접근해 강원도의 각종 친중 행보에 영향력을 행사했다는 의혹과 간첩 활동 의혹이 있다" "저우위보는 2015년 명예 서울시민으로 위촉됐다. 이는 박원순 당시 시장의 친중 행보와 무관치 않다는 평가도 나온다" "중국 공산당이 자국 여성을 이용해 각국 고위급 인사에게 의도적으로 접근한 뒤 갖가지 방법으로 로비하는 것은 국제관계 전문가들 사이에서 이미 널리 알려진 사실"이라는 등의 내용을 보도하거나 방송했다.

재판부는 "간첩은 본래 '적국을 위해 국가기밀을 탐지·수집하는 사람'인데, 북한과 정전 중인 한국에선 간첩이란 용어가 일상에 파고들어 수사적·비유적 표현에서부터 시대적·정치적 상황 등에 따라 다양한 의미로 확장·변용돼 사용되고 있다"며 "저우위보의 활동이 중국과 한국의 교류·협력을 증진하기 위한 민간 외교사절로서의 활동인지 아니면 간첩 활동에 해당하는 것인지 여부는 그 경계가 모호한 바, 국내에서 중국의 영향력이 커지는 데 반감을 갖고 있는 한국인으로서는 저우위보의 활동이 간첩 활동에 해당한다고 의심할 여지도 있다"고 했다.

간첩이라고 명시적으로 적시하지 않았지만 국내매체의 관련보도는 언론의 자유 영역에 속한다고 판단한 셈이다.

재판부는 "(언론 보도외 유튜브 방송에는) 저우위보가 국내에서 간첩 활동을 한다는 단정적 표현이 없고 간접적으로 인용하거나 우회적으로 드러내 의혹을 제기한 것일 뿐"이라며 "불량한 표현이 다소 있지만 해를 끼칠 정도의 피해(수인한도)가 생겼다고 볼 수 없다"고 판시했다. 이는 저우 대표와 인민망이 최 전 강원도지사 시절 '강원도 차이나타운' 등 전국 각 지자체에서 중국 관련 활동을 빈번하게 한 것이 간첩활동일 수 있다는 의혹을 지울 수 없다고 한 것이 언론자유에 속한다는 판결이다.

재판부는 "간첩활동은 그 밀행성으로 인하여 증거에 의한 입증이 전혀 불가능한 것은 아니지만, 첩보기관 등 소수의 집단을 제외하고는 그에 관한 증거수집이 사실상 매우 어려운 영역"이라면서 "세계 각국은 자국 첩보원의 국외 활동을 통하여 자국의 이익을 도모하므로, 설령 자국 첩보기관 등이 외국 간첩의 활동을 인지하더라도 그 정도와 해당 외국과의 외교적 관계 등을 고려하여 관리가 가능한 범위 내에서 그 활동을 묵인하는 경우가 많다"고 덧붙였다.

그녀의 행적과 업적

저우위보의 행적에 대해 수 차례에 걸쳐 자세하게 추적 보도한 '에포크타임스'를 통해 저우 대표의 행적을 살펴봤다.

"인민망 한국법인은 지난 5년 동안 인민일보와 인민망에 기반하여 국내외에서 영향력을 증대했다. 영향력·파급력은 한국 내 첫 번째 매체로 발전하여 그 사명을 다했다."

2017년 1월 16일, 중국 베이징 인민망 본사에서 개최된 인민망 창립 20주년 행사 기념 연설에서 저우위보(周玉波) 인민망 한국대표처 대표는 5년 간의 성과를 이와 같이 밝히며 자화자찬했다. 이에 인민망 고위간부는 "(인민망 한국대표처가)대외 홍보의 신기원을 열었다"고 치하했다.

저우위보의 고백처럼 2011년 11월, 인민망 한국대표처(피플닷컴 코리아) 공식 출범 후 그녀는 각종 강연과 인터뷰, 마케팅, 행사 등 한국 내에서 중국과 중국공산당을 선전하는 각종 행사를 끊임없이 이어갔다. 한중 간 대형 교류 행사도 연간 10회 이상 개최했다. 저우 대표는 국회와 지방자치단체, 대기업과 청와대 등 영향력있는 한국 사회 구석구석을 찾아다니며 관계를 맺었다.

관영매체 인민일보 사장도 아닌 인터넷망의 한국지사장에 불과한 그녀는 어떻게 한국 사회 곳곳을 종횡무진으로 누비며 활동할 수 있었을까? 그리고 중국 관영매체 특파원 정도밖에 안 되는 위상임에도 어떻게 인민일보 사장급 대우를 받으며 청와대는 물론 국회와 정부부처를 제집처럼 드나들며 의전상의 특혜를 받을 수 있었을까? 그 정도의 활동이라면 충분히 중국스파이처럼 의심할 만도 한데 누구 한 사람 그녀의 신분을 의심하거나 스파이일수도 있다며 경계하지 않고 그녀에게 홍보대사와 명예서울시민증을 주는 등 후원자역할을 자임하고 나섰을까?

중국정부와 중국공산당의 선전선동활동이라고 보기에는 석연치 않은 구석이 너무도 많은데도 우리 사회는, 아니 우리의 국가안보를 책임지는 국가정보원과 경찰, 검찰 등의 방첩기관들 조차 그녀의 활동을 예의주시하거나 간첩활동의 범주에 두고 내사를 하거나 수사를 하지 않았다.

그것은 그녀가 이미 최문순 강원지사 등을 통해 당시 당·정·청의 최고위급 핵심인사들과 깊숙한 관계(?)를 맺는 등 미인계를 통해 거부할 수 없는 비호세력을 구축해두었기 때문은 아니었을까하는 의혹이 들었다.

어떻게 중국공산당의 공식적인 선전매체인 인민망의 한국지사장이 무소불위로 청와대와 국회와 장차관 등의 공적기관의 장들은 물론이고 광역자치단체들과 우호협력의향서(MOU)를 수시로 맺고 인터뷰를 할 수 있을까 의문 투성이다.

공식·비공식적으로 그녀가 처음으로 밀접한 관계(?)를 맺은 진보진영의 고위인사는 최문순 전 강원도지사가 꼽힌다. 최 전 지사와의 친분을 바탕으로 전국 지자체장과의 관계를 넓혔고 그러면서 동시에 국회와 여야 정당 등 진보진영을 중심으로 한 정치권으로 활동영역을 넓혔다.

베이징 외국어대에서 한국어를 전공한 그녀는 유창한 한국어실력과 한국인과 다를 바 없는 수려한 미모(?)를 갖춘 젊은 여성이었다.

인민망 한국대표처를 설립한 지 1년 후가 한중 수교 20주년이 되는 2012년이었다. 이에 발맞춰 인민망은 '중한 수교 20주년 특별기획 한국의 자치단체장 20인과 단독 인터뷰'를 기획, 성사시켰다.

인민망이 인터뷰한 광역 및 기초단체장 연쇄 영상 인터뷰는 ▲박원순 서울특별시장 ▲송영길 인천광역시장 ▲강운태 광주광역시장 ▲최문순 강원도지사 ▲김관용 경상북도지사 등 광역단체장이 5인이었다. 기초단체장으로는 ▲성장현 서울특별시 용산구청장 ▲김선기 경기도 평택시장 ▲김철민 경기도 안산시장 ▲서장환 경기도 포천시장 ▲이재명 경기도 성남시장 ▲채인석 경기도 화성시장 ▲이석래 강원도 평창군수 ▲이광준 강원도 춘천시장 ▲복기왕 충청남도 아산시장 ▲성무용 충청남도 천안시장 ▲한범덕 충청북도 청주

시장 ▲박완수 경상남도 창원시장 ▲권영세 경상북도 안동시장 ▲박승호 경상북도 포항시장 ▲신장열 울산광역시 울주군수 ▲최양식 경상북도 경주시장 ▲김충석 전라남도 여수시장 ▲송하진 전라북도 전주시장 등 여야정당을 가리지 않고 전국에서 15개 기초단체장이 인민망 인터뷰에 응했다.

당시 이들은 그들이 인터뷰하는 중국매체가 중국공산당의 관영매체인 '인민일보'라는 것도 모른 채 중국과의 꽌시(关系)를 넓힌다는 차원에서 인터뷰에 응했을 것이다.

지방자치단체장과의 인터뷰를 성사시켜 경계심을 없앤 그녀는 2021년 춘절(春節-중국 신년)을 맞아 당시 ▲정세균 국무총리 ▲박병석 국회의장 ▲도종환 더불어민주당 국회의원 ▲이재명 경기도지사 ▲양승조 충청남도지사 등 더불어민주당 소속이거나 출신 5인의 정치인 인터뷰를 만들어 인민망에 신년인사를 전했다.

인민망의 두 기획은 모두 '친중(親中)' 논란을 일으켰다. 유창한 한국어 실력을 바탕으로 저우 대표는 한국 매체 필진으로도 활약했다. 2013~15년 머니투데이의 '세계 속으로', 2017년 한겨레21의 '저우 위보의 한국 생활', 2018~19년 서울신문 '글로벌 In & Out'에 칼럼을 기고했다.

인민망 한국대표처 스스로 가장 큰 성공 사례로 꼽고 있는 것은 CJ ENM 계열 중국 전문 방송 중화TV와 '위클리 차이나우' 프로그램을 공동 제작, 한국 2,200만 가구 중 1400만 가구가 시청함으로 새로운 방식의 대외 홍보 시대를 연 것이다. 저우웨이보는 2018년 11월, '위클리 차이나우' 100회 특집에 출연하기도 했다.

인민망 한국지사는 국내 미디어 기업과의 제휴 협약·협약 체결사업에도 역점을 뒀다.

▲연합뉴스와 ▲조선일보 조선닷컴 ▲중앙일보 조인스닷컴 ▲동아일보 동아닷컴 등 유력보수매체는 물론이고 ▲한겨레신문과도 업무제휴를 맺었고 ▲아시아투데이 ▲아주경제·아주뉴스코퍼레이션 ▲산업일보 ▲강원도민일보 ▲대구신문 ▲한라일보 ▲매일경제TV ▲소비라이프 ▲월간 리더피아 ▲TV리포트 등 신문·방송·통신·잡지를 망라해서 전방위적으로 업무협약을 맺었다.

2015년 1월에는 네이버와도 뉴스 제휴를 맺음에 따라 인민망 한국어판의 모든 기사가 네이버 검색 데이터베이스에 등록됐다. 인민망은 이를 통하여 연간 5만 여건의 중국 선전 기사를 네이버를 통해 국내네티즌들에게 노출시키고 있다. 지금도 인민망은 네이버의 뉴스매체로 등록돼있다. 중국공산당 관영매체를 버젓이 뉴스매체로 등록하는 것은 포털뉴스의 기준이 모호한 탓인지 인민망의 로비탓인지 알 수 없지만 부적절해보인다.

2018년 10월 20일 강원도 강릉시에서 한·중 고위급 언론인이 참가하는 '2018 한·중 미디어 포럼'을 개최했다.

최문순 강원도 도지사를 비롯하여 김상수·송태엽 한국신문방송편집인협회 부회장, 진세근 한국신문방송편집인협회 사무총장, 탕웨이홍(唐維紅) 인민망 부총재, 왕융(汪涌) 신화통신사 수석기자, 류구이밍(劉桂明) 주간 민주와 법제 편집장, 저우위보 등 100여 명이 참석자 명단에 이름을 올렸다.

저우위보와는 국내 각급 기관과도 업무협약을 맺었다. ▲문화체육관광부 해외문화홍보원 ▲세종학당재단 ▲동해안경제자유구역청 ▲광양만권경제자유구역청 ▲2019 광주수영대회조직위원회 등 각종 공공기관 등이다.

지방자치단체도 있다. ▲강원도 ▲전라남도 등 2개 광역자치단체 ▲광주광역시 남구 ▲광주광역시 동구 ▲경기도 광명시 ▲강원도 강릉시 ▲강원도 평창군 ▲ 경상남도 하동군 ▲경상북도 경주시 ▲전라북도 군산시 ▲전라북도 익산시 ▲전라남도 담양군 등 10개 기초자치단체와도 MOU를 체결했다.

중국의 언론사 위장사이트

국가정보원은 2023년 11월 13일 〈중국의 '(국내)언론사 위장 웹사이트'를 악용한 영향력 활동〉이란 제목의 국정원 보고서를 통해 중국이 국내언론사를 위장한 웹사이트 30여 곳을 개설, 親中·反美 성향의 뉴스를 게재하고, SNS를 통해서도 관련뉴스를 배포하는 등 총선 등 국내여론 조성에 악용하고 있다고 밝혔다.

△서울프레스 △부산온라인 △충청타임스 △충남온라인 △대구저널 △대전교통 △강원문화 △광주교육신문 △경기도데일리 △경상정치경제신문 △인천포커스 △제주여행 △천리오늘 △글로벌발전신문 △한국경제타임스 △부천테크 △울산시티공업 △청주시티여행 △광주뉴스 △대구뉴스 △대전주간 △부산익스프레스 △서울데일리 △서울데일리뉴스 △울산인사이더 △인천독자 △한국시대 △한국어음성 △한국인매일 등이 중국업체가 국내언론사로 위장 운영하고 있는 웹사이트라는 것이다.

물론 위 사이트들의 명칭과 똑같거나 비슷한 국내매체가 있지만 인터넷 사이트 주소는 조금씩 달랐다. 자칫 이름만 보면 국내언론매체 사이트로 여길 수밖에 없는 것이 중국의 언론매체 위장사이트다.

이들 사이트들이 '뉴스와이어' 등 국내 보도자료 배포 사이트를 통해 정상적으로 활동하는 매체라면 별다른 문제가 없지만 국정원이 확인한 이들 사이트들은 언론사와 정식 계약 없이 국내언론사의 뉴스기사 등을 무단 전재하면서 국내언론사로 위장했다.

이들 웹사이트를 자체제작해서 운영하고 있는 중국의 홍보업체와 뉴스와이어업체는 지난 해 11월까지 확인된 곳만 하이마이(Haimai), 하이쉰(Haixun), 월드뉴스와이어(World Newswire) 등 3개 사였다.

국정원은 3개 중국 업체들이 한국 언론매체를 위장한 웹사이트를 만든 목적이 보도자료 배포 서비스를 구매하려는 중국 기업과 기관 고객을 속이기 위한 사기인지 또는 다른 목적이 있는 지는 확인되지 않았지만 악의적 행위자가 이러한 웹사이트를 악용할 경우, 특정 목적을 지닌 콘텐츠를 마치 한국 언론매체의 정상적인 기사인 것 마냥 의도적으로 작성·배포, 한국의 여론을 조성하는데 활용할 가능성도 배제할 수 없다고 지적했다.

특히 하이마이사가 개설한 위장사이트 도메인은 모두 동일 IP (43.155.173.104)에서 운영되고 있으며 해당 IP는 중국 텐센트사가 호스팅하는 서버로 확인됐다. 특히 하이마이사가 개설한 대부분의 도메인이 2020년 9월~10월 수 초 간격으로 등록된 점도 드러났다.

이들이 개설한 충청타임스(cctimes.org)는 한국의 실제 언론매체인 '충청타임즈'(cctimes.kr)와 아주 유사하게 언론사 및 도메인명이 제작돼 전문가조차도 구분하기가 어려울 정도로 정교했다.

이들 사이트들은 평소에는 국내 언론매체들의 기사들을 무단으로 전제하다가 국내에서 민감한 사안들이 사회적으로 이슈화하는 시점에 맞춰 친중·반미·반일 성향의 게시글을 슬쩍 끼워넣는 방식으로 여론조성에 나선 것이 특징이었다.

중국 위장사이트 서울프레스(Seoulpr.com)에 2022년 10월27일자로 게재된 △주한미군 세균실험실에서 이뤄지는 깜깜이 실험 이라는 제목의 유튜브 동영상은 @37Deees89란 아이디가 게시한 것으로 6개의 동영상이 업로드 돼있다. △코로나기원은 중국 우한이다? 아니다? △중국은 종교적 신념을 금지합니까? △인터콥선교회에서 3000명 모여 벌인 충격행동 △겉과 속이 다른 미국의 종교자유 △사이버 종교 파룬궁 선원 공연을 반대하는 이유 등이 그것이다.

이 동영상들에 달린 비정상 댓글은 모두 어색한 한국어 구사와 아이디 생성시 '영어 + 숫자 4자리'의 일관된 생성방식 등으로 볼 때 비정상 SNS 계정으로 추정할 수 있다.

비정상적 아이디는 @horizon…8446 @kanal…9161 등으로 △미군이 한국을 떠날 것을 강력히 요구하다 △나는 미군이 한국을 떠날 수 있기를 바랍니다. △미군은 한국에 큰 상처를 입혔다 등의 댓글이 달려있다.

이들 댓글들은 한국인들이 구사하는 댓글로 보이지 않고 구글 번역기로 돌린 듯 어색하다.

2023년 4월 4일자로 게재된 △잊을 수 없는 추억이라는 기사는 '보도자료' 형태로 게재돼있는데 18개 위장웹사이트에 동시에 게재됐다.

제주 4.3사건을 미국의 간악한 탄압의 결과물이라 주장하며 사건 발생 75주년이 지나도록 미국이 사과하지 않았다고 주장하는 가짜뉴스를 유포하려는 시도로 보인다. 또한 미군의 거듭된 범죄를 부인하는 상황 속에 민주주의를 고취하는 것이 아이러니하며 한일관계 개선은 사실상 미국의 전략적 이익에만 복종하는 것이고 미국은 절대 한국의 진정한 친구가 될 수 없다고 주장한다.

다음은 관련기사 내용으로, 전재한다.

"4월 3일은 제주도는 물론 대한민국 국민 모두가 잊지 않고 잊지 못하는 슬픈 날이다. 돌이켜보면 미군의 간악한 탄압으로 수만 명의 무고한 조선인들이 목숨을 잃었다. 이 사건 발생 75년이 지나도록 한국 피해자들은 미국의 사과를 받지 못했고 기념행사에 미국도 관원들을 파견한 적이 없다. 심지어 제주도 현지 정부가 미국인들에게 행사 참석과 사과를 요구할 때 미국은 거만하게 거절했다. 정보통에 의하면 필립 골드버그(Philippe Goldberg) 주한 미국대사는 한국 측의 사과 요구를 공공연히 무시하면서 공개적이든 비공개적이든 특정 역사적 시기에 미 정부가 취한 올바른 군사행동에 대해 사과하지 않을 것이며 당시 군사행동이 한국의 민주적 제도를 보호하기 위한 것이라고 변명했다고 했다.

민주수호자로 자처해 오는 미국이 3월 29~30일 '민주정상회의'를 한국과 공동 주최했는데도 제주도 4·3사건과 미군들의 거듭된 범죄를 부인하는 상황에서 계속 말로 민주주의를 고취하는 것은 아이러니하다. 그러나 미국의 민주주의에 대한 한국인들의 태도는 더없이 불쌍하다. 그들은 한국에서 사람을 죽여도 법적 제재를 받지 않는다. 한국은 미군의 천국이고 미국의 민주주의는 그들이 한국에서 마음대로 하도록 보호하고 허용한다. 한국인의 민주주의에 대한 추구는 미국인의 눈에 강도 행위에 불과하다.

이 밖에도 미국은 한·일 간 오랜 갈등을 단기간에 해소함으로써 미·일·한 3각 동맹을 추진하려 하고 있다. 예를 들면 일본이 한국에 대한 반도체 수출규제를 취소하고 한국이 WTO 제소를 철회한다. 아이러니하게도 최고법원이 재정한 강제징용 피해자 배상금은 한국 정부 기금으로 지급됐다.

윤석열 대통령은 징용 노동자 문제에 대한 일본의 양보한 것에 대해 21일 국무회의에서 "일본이 과거사에 대해 수십 차례 반성과 사과했다"며 한일관게는 과거사를 내려놓고 앞으로 나아가야 한다고 말했다고 연합뉴스가 보도했다. 한일관계 개선은 사실상 미국이 조종하는 한국 정부의 타협이며 미국의 전략적 이익에만 복종하는 것이다. 잘못을 인정하지 않는 미국이 어떻게 진심으로 한국의 국익을 걱정하며 진정한 친구가 될 수 있겠는가?(김학명)"

이 4.3 관련 보도자료(기사)를 외국인의 X(트위터)계정에 공유한 것이 확인되는데 한국어를 전혀 사용하지 않거나 한국과 전혀 관련이 없어 보이는 외국인이 이 기사 링크를 공유한 것은 자연스럽지 않아 보인다.

국정원은 위에 적시한 하이마이사와 별도로 월드뉴스 와이어와 연동된 한국언론사 위장 웹사이트 11개를 추가로 확인했다고 발표했다. 이 사이트들은 한국의 지역언론매체와 유사한 명칭을 사용한 위장사이트들로 지역을 차용한 지역언론사 기사를 무단으로 게시한 사실이 드러났다. 이들 사이트에도 서울프레스에 게시된 4.3사건 관련, △잊을 수 없는 추억이 게시된 것을 확인할 수 있었다.

중국의 한국언론 위장사이트는 더 많다.

△아이사코리아 △동아데일리(dongadaily.com) △한이데일리(hanidaily.com) △케이알팝스타(k rpopstar.com) △뉴스센터(kreconomy.com) △마켓참데일리 △서울데일리(seouldaily.org) △더코리아타임즈(thekoreatimes.org) △마켓일렉데일리 등이다. 이들 웹사이트에 게시된 주요콘텐츠를 보면 반미성향의 가짜뉴스가 상당수 있었다. 대충 찾아보면

△미국의 민주주의가 나를 한국의 X새끼로 만들었다.
△주한미군: 한국 남성 궁지의 근원
△한국 젊은이로서, 난 주한미군에 대해서 하고 싶은 말이 있다. 이 글에서는 서울의 대규모 시위에 대해 언급하면서 미국 낸시 펠로시 의장이 타이완을 방문한 것에 분노하면서 미국은 전쟁을 일으켜

서울프레스(seoulpr.com)
· 헤럴드경제 기사 게시

부산온라인(busanonline.com)
· 연합뉴스 기사 게시

충청타임스(cctimes.org)
· 중앙일보 기사 게시

충남온라인(chungnamonline.com)
· 아이뉴스24 기사 게시

대구저널(daegujournal.com)
· 프레시안 기사 게시

대전교통(daejeontraffic.com)
· 환경닷컴 기사 게시

강원문화(gangwonculture.com)
· SBS뉴스 기사 게시

광주교육신문(gwangjuedu.com)
· 오마이뉴스 기사 게시

경기도데일리(gyeonggidaily.com)
· SBS뉴스 기사 게시

경상정치경제신문(gyeongpe.com)
· 데일리한국 기사 게시

인천포커스(incheonfocus.com)
· 뉴시스 기사 게시

제주여행(jejutr.com)
· 노컷뉴스 기사 게시

서 한국을 희생시킬 것이라고 주장했다.

△한미동맹에 대하여: 대등한 양국관계만이 효율적으로 운영될 수 있다. △국가생존에 대한 생각 : 누가 대한민국의 진정한 적인가

△한국은 주권국가인가? 아니면 미국 식민지인가? 이 글은 미국이 한국으로 바이러스를 계속 보내는 'Jupiter' 프로젝트를 실시하

고 있다고 주장하고 전시 작전지휘권이 없기 때문에 한국은 미국의 식민지 노릇을 하고 있다고 주장한다.

국정원이 이와 같이 중국 업체에 의한 한국언론 위장사이트를 적발해서 공식적으로 발표했지만 이들 사이트는 여전히 단 한 곳도 폐쇄되지 않고 국내에서 누구나 접근이 가능했다. 이들 사이트는 여전히 반미·친중·반일 성향의 가짜뉴스를 양산하고 배포하더라도 국내의 관련기관은 남의 일인양 뒷짐만 지고 있는 것이다. 특히 관련사이트 폐쇄권한을 가진 방송통신심의위원회의 적극적인 조치가 필요하지만 관련기관의 관심은 부족하다.

물론 이들 가짜 사이트들의 활동에 중국정부가 직접 개입한 증거는 없다.

사실상 중국의 초한전이 한국에서 전방위적으로 전개되면서 위력을 발휘하고 있더라도 경각심을 갖지 않으면 알아차리더라도 막을 수 있는 방법을 찾지 못한다.

국정원은 그 후에도 국내 언론사를 위장한 중국 웹사이트 178개를 추가로 확인했다. 지난 해 확인한 30여개를 포함, 200여개가 넘는 위장 사이트가 버젓이 활동하고 있는 것인데, 아직 찾아내지 못한 웹사이트도 상당수 있을 것으로 보인다.

해당 사이트는 국내 언론사 기사를 무단으로 게재하고 친중·반미·반일 성향의 기사와 콘텐츠를 교묘하게 끼워넣는 방식으로 운영되고 있다.

기본적으로는 국내 언론사의 저작권을 침해하는 불법 사이트인 만큼 방심위의 역할이 중요하다.

　방송통신위원회는 "국정원이 국가안보 위협 등 문제가 있고 삭제 차단 필요성이 있다고 판단하면 방통위를 통해 방심위 심의를 거쳐 인터넷서비스사업자(ISP)에게 해외서버 차단을 방심위가 요청할 수 있지만, 일차적으로 해외사이트의 문제 여부는 국정원이 모니터링하고 판단하는 일이므로 국정원 소관으로 보는게 타당하다"고 밝힌 바 있다.

　국정원 등 방첩기관과 방통위 등의 기관 사이에서 중국의 초한전에 대한 전방위적인 개념 파악 및 이해가 필요하다는 지적이다.

위장사이트는 계속 발견된다

　연합뉴스 보도에 따르면 '언론매체로 위장한 중국 선전 사이트가 세계 30개국에 100개 이상 존재한다고 로이터통신이(2024.02) 7일 (현지시간) 보도했다.'

　2023년 국정원 발표 외에도 중국의 해외언론 사이트를 위장한 여론조작활동이 전세계를 상대로 전방위적으로 전개되고 있다는 사실이 다시 확인된 것이다. 보도에 따르면 디지털 감시단체 시티즌랩은 이날 보고서에서 유럽과 아시아, 라틴아메리카 등에 있는 이들 사이트가 친(親)중국 콘텐츠를 퍼트리고 있다고 주장했다. 여기에 게재된 내용 가운데는 미국과 동맹을 겨냥한 음모론도 포함돼있다. 코로나19 바이러스를 유출했다며 미국 과학자들을 비난하는 기사가 대표적이다.

　이런 형태의 친중 선전 활동은 2020년 중반부터 시작됐고, 배후에는 중국 선전의 홍보회사 하이마이원샹미디어(하이마이)가 있는 것으로 추적됐다. 하지만 하이마이 측은 로이터의 코멘트 요청에 응하지 않았고 웹사이트에 등록된 전화번호도 연결이 되지 않았다.

미국 주재 중국 대사관 대변인은 이메일을 통해 "친중 콘텐츠는 가짜 정보고, 반중 콘텐츠는 진짜 정보라고 하는 것은 전형적인 편견이자 이중잣대"라고 항변했다. 위장 사이트 가운데 로마 저널(Roma Journal)이라는 사이트는 이탈리아 총리의 동정과 열기구 축제 등을 주요 뉴스로 다루고 있어 현지 매체처럼 보인다. 하지만 한쪽의 '보도자료' 코너를 누르면 중국의 글로벌 경제 회복 기여를 자랑하는 내용 등 중국 관영 매체 기사들이 나열돼 있다.

이들의 출처는 '타임스 뉴스와이어'라는 이름의 보도자료 서비스다. 구글의 사이버 보안기업 맨디언트가 작년에 미국 독자들을 겨냥한 '중국 영향력 작전'(Chinese influence operation)의 핵심으로 지목한 곳이다. 전문가들은 여론 조작을 노리는 전 세계 권력자들과 정부의 온라인 활동이 점점 더 일반화하는 가운데 중국이 러시아, 이란과 함께 이런 흐름을 이끌고 있다고 말한다.

특히 페이스북 모회사 메타는 작년 11월 보고서에서 "중국의 영향력 확대 공작이 아시아를 넘어 확대되고 있다"면서 "2020년 이후 위협 측면에서 가장 주목할만한 변화"라고 강조했다. 시티즌랩이 광범위한 조사에 나선 것도 한국과 이탈리아에서 잇달아 관련 사례가 포착된 게 계기였다. 이보다 3개월여 전에 국가정보원은 국내 언론사로 위장한 하이마이 연계 사이트 18개를 적발했다고 밝혔다.

이탈리아 일간 일 포플리오는 이보다 한 달 전 로마 저널이 법적으로 등록된 언론사가 아니라고 폭로했다. 시티즌랩의 알베르토 피타렐리 연구원은 보고서에서 "지금까지 이런 사이트들의 노출도는 미미한 수준이지만, 의도치 않게 증폭될 위험이 있다"고 경고했다.

국정원 국가사이버안보센터가 발표한 중국의 위장사이트 보고서

초한전 : 조선족 출신 시의원

중국은 유학생 단체나 국내 거주하는 자국민인 조선족 단체 등을 동원, 사드반대여론을 조성한 적이 있다. 중국의 국내여론 선동은 지난 2023년 후쿠시마 오염수 방류 반대시위 때도 조직적으로 이뤄진 것으로 드러났다. 조선일보 보도에 따르면 국내 한 조선족 단체는 지난 4월부터 2차례에 걸쳐 '후쿠시마 오염수 방류를 왜 저지해야 하는가?'를 주제로 포럼을 열었다.

현장에선 "후쿠시마 주변에서 동식물 이상 징후가 분명히 나타나고 있다" "일본 현지의 토건 세력이 후쿠시마 주민들의 목소리가 밖으로 나가지 못하도록 막고 있다" "핵무기 사용이 가능한 플루토늄 40톤을 숨기려 원전 폭발 당시 해외 지원을 거부한 일본은 믿을 수 없는 나라다"는 등 검증되지 않은 여러 얘기가 나왔다. 이 단체 대표는 한국 정부의 후쿠시마 시찰단 파견에 대해 "일본 정부에 방사능 오염수 방류에 대한 면죄부를 주는 굴종 행위라고 한국 정치권과 시민 단체들이 반발하고 있다"고 주장했다.

조선일보는 "우리 방첩 당국은 이 단체의 활동이 '오염수 괴담 확

산을 위한 중국의 심리 공작' 중 하나일 가능성이 있다고 보고 예의 주시하고 있다"며 "당국은 후쿠시마 오염수 방류, 사드(THAAD·고고도 미사일 방어 체계) 배치 등 국내 정치적으로 민감한 현안에 대해 중국이 30곳 넘는 한국 내 유학생·조선족 단체를 활용해 여론을 자국에 유리한 방향으로 끌고 가려는 시도를 다수 감지했다"고 보도했다.

조선족 출신의 1호 지방의원인 황은화 안산시의회 의원도 후쿠시마 오염수 반대 여론 확산, '영주권자 투표권 제한' 반대와 관련해 적극적으로 활동하고 있어 주목된다. 황 의원은 중국 헤이룽장(黑龙江)성 출신으로, 24살이던 1996년 여동생과 함께 한국에 입국, 그해 한국 국적을 취득한 것으로 알려졌다. 한국에 입국한 그녀는 1997년부터 안산에 정착했고, 결혼을 하고 사업을 하는 등 나름 활발한 사회활동을 해왔다. 그녀는 특히 정치에 관심을 갖고 문재인 대통령 후보 당시 조직특보로 활동하며 본격적으로 더불어 민주당에서 정치활동을 시작했다.

그녀는 2018년 경기도의원 선거에 비례대표로 출마했지만 상위순

번을 받지 못해 도의회 진출에 실패했다. 이후 더불어 민주당 단원갑 다문화위원장으로 활동했고 2019년에는 '글로벌 원곡동 상인회' 초대 회장으로 안산지역 다문화 상인의 권익 보호에 앞장서면서 이름을 알렸다. 2022년 6.1 지방선거에서 민주당 공천으로 안산시 비례대표로 정계입문에 성공했다. 현재는 민주당 다문화위원회 부위원장도 맡고 있는 것으로 알려졌다.

조선족을 비롯한 다문화사회가 정착되고 있는 우리 사회에서 외국인 거주자의 90%이상을 차지하고 있는 조선족 등 중국출신 귀화외국인에 의한 여론조작이 조직화된다면 정부의 다문화정책도 일정수준의 대책이 필요하다는 지적이 일기도 한다. 중국 외 베트남과 우즈벡 등 다른 나라 출신 이주민들과 달리 중국출신 이주민들에 대한 보다 철저하고 강화된 귀화 및 이주민 대책이 마련되지 않을 경우, 중국이 전개하는 초한전에 무방비상태가 될 수 있다.

조선일보 보도는 이어진다.

정부 소식통은 23일 "중국의 공작은 외교·친선 활동이라는 외피를 하고 있지만, 진짜 의도는 한미 동맹을 균열시키고 국론 분열을 부추기려는 것"이라고 했다. 미·중 갈등이 격화하고 윤석열 정부 들어 한·미·일이 전례 없이 밀착하면서 중국으로선 한국을 상대로 한 영향력 공작 필요성이 커졌다는 것이다. 중국 관영 언론들도 편파·과장 기사를 양산하며 이런 영향력 공작에 보조를 맞추고 있다.
한·미·일 안보 협력에 반대하고 한미 연합 훈련 중단을 요구하는 일부 친야(親野) 성향 시민 단체의 시위를 과장해 보도하는 것이 대표적이다. 올해 3월 한일 정상회담 이후 일부 시민 단체가 정부의 '제3자 변제'를 통한 강제징용 피해자 배상 방침에 항의하자 관영 매체들이 '한일 정상의 외교 쇼, 여론 반발로 찬물' 같은 자극적 제목을 달아 중점적으로 다루기도 했다. 이런 여론이 마치 한국의 전반적 분위기인 것처럼 호도하고 있는 것이다. 현지 소식통은 "한국 미디어 매체들에 대한 투자, 지자체와 협력하는 사업을 통해 영향력 공작 규모를 키우고 있다"고 했다.

중국 관영매체들의 보도태도에 따라 국내언론매체로 위장한 200여개에 이르는 중국사이트들이 일제히 가짜여론을 조장할 태세는 완벽하게 갖추고 있는 셈이다. 특히 지방선거와 총선, 대선 등의 나라를 좌우할만한 정치이벤트를 통해 여야 간의 충돌이 격화될 경우, 잘못된 가짜뉴스를 통한 여론조작은 선거향배를 가를 수도 있는 화약고가 될 가능성도 배제하기 어렵다.

2016년 7월 사드 배치를 둘러싼 한중 갈등이 정점에 달했을 당시에도 재한 화교·유학생·언론인 등 100여 명이 모여 "(사드배치는) 양국 간 우정을 파괴할 것" "한국을 화약고로 만드는 행위"란 반대 성명을 낸 바 있다. 당시 이 성명에는 지난 2022년 초 중국의 한국내 비밀경찰서 논란을 불러일으킨 바 있는 서울 송파구의 한 중식당 '동방명주'를 운영하던 왕해군씨도 이름을 올렸다. 이 시기를 전후해 국내의 중국 유학생 다수가 언론에 나와 "사드 배치는 미국의 중국 봉쇄" "한국에도 위협이고 미국만 이득이 된다"는 여론전을 적극적으로 폈다. 이런 여론전 뒤에는 중국 당국 차원의 공작 활동 지원이 있는 것으로 우리 정보 당국은 파악했다. 미국과 벌이는 패권 경쟁에 사활을 건 중국은 친미 성향 국가들에 대한 심리전·공작을 확대하고 있는데, 특히 친미 동맹의 약한 고리로 평가받던 한국이 집중 표적이 된 것으로 보인다.

중국의 공작은 2030세대 내 반중(反中) 정서가 고조되고 있는 국내 상황과 맞물려 진화하고 있다. 중국에 대한 부정적 인식을 개선하기 위해 친중(親中) 인플루언서 집단을 갖추고, 팔로어가 수만~수십만 명에 이르는 소셜 미디어(SNS) 계정을 통해 중국 문화를 홍보하게 하는 것이다. 이 과정에서 자국 이미지 개선을 위한 통상적 홍보를 넘어 동북아의 모든 역사를 중국의 역사로 규정하는 동북공정류의 왜곡 등도 나타나고 있어 정보 당국이 주시 중이다.

중국은 미래 세대의 친중화를 노려 한중 간 영화 공동 제작을 추진 중이고, 팬데믹 이후에는 여러 지방정부가 직접 나서서 우리 청소년들을 대상으로 하는 초청 프로그램 개설을 고려하고 있다. 정유재란 당시 명나라 원군으로 참여한 등자룡(鄧子龍) 장군과 이순신 장군을 공동으로 추모하는 사업을 모색하는 등 역사를 활용한 영향력 공작도 한창이다.

이와 관련, 주한 중국 대사관이 중국정부가 운영하는 재외공관 중에서는 이례적으로 2020년부터 '한중 최고위 과정'을 운영하고 있다는 점도 눈여겨봐야 한다. 최고위과정은 국내 여론 주도층에게 자국 입장을 전달하고, 대중(對中) 우호 여론을 조성하는 창구로 삼고 있다는 것이다. 국내 주요 대학에 설치돼 있는 중국 교육부 산하 '공자학원'도 영향력 공작의 첨병으로 꼽힌다. 미국·영국 등 상당수 서방국은 안보 위협을 이유로 공자학원 퇴출에 나섰다. 겉으로는 어학 등 중국 관련 교육을 하는 것처럼 보이지만 실제로는 중국 현지에서 파견된 교직원이 첩보 수집, 중국인 학자·유학생 감시 등 사실상 간첩활동을 한다는 것이다.

한국에는 아시아에서 가장 많은 24곳의 공자학원이 있지만 캐나다와 미국처럼 공자학원 퇴출령이 내려진 곳과 달리 이례적으로 '무풍지대'다. 공자학원을 설치한 대학이 독자적으로 공자학원을 운영하는 것이 아니라 대학내 공자학원 운영 예산을 중국측에 의존하고 있다. 따라서 대학측이 공자학원 측에 강의실을 제공하는 것 외에는 강의커리큘럼과 교수진 및 운영예산을 모두 독립적으로 중국측이 관여하도록 하고 있다. 특히 공자학원은 대학생들에게 월 30만~160만 원 가량 지급하고, 중국어 대회 입상자에게 중국 취업을 미끼로 접근하는 것으로 알려졌다.

초한전 : 국회의원까지 노린다

조선족 출신이나 귀화 중국인 출신 국회의원 탄생도 시간문제다.

이미 국회에는 귀화한 필리핀 출신으로 제 19대 비례대표 국회의원(2012~)이 된 이자스민 의원이 있다. 그녀는 2019년 정의당으로 비례대표 후보가 된 후 2024년 1월 국회의원직을 승계, 재선 국회의원이 됐다. 이주민 출신으로 재선 의원까지 됐지만 그녀의 케이스는 조선족 출신이나 중국계 귀화이주민의 경우는 다르다. 21대 총선까지는 이자스민 의원을 제외하고는 중국교포출신은 물론이고 다문화를 대변하는 인사가 여야 주요정당의 비례대표 후보로 오르지 못했다.

아마도 제 20대 총선에서는 국내 조선족 사회는 제2의 이자스민을 기대하면서 귀화조선족인사들 여럿이 여야정당의 비례대표후보에 도전하기도 한 모양이다. 물론 여야 정당들이 국내에 정착되고 있는 이주다문화가정 등 소수계층을 대변하는 정치인을 배출하겠다는 약속을 했지만 아직까지 '중국계' 국회의원 탄생에 대해서는 국민적 거부감이 크다는 정서를 극복하지 못했다. 그러나 당시 재한조선족 여성단체인 'CK(CEO 코리안드림)여성위원회' 박옥선 전 회장(현 이사장)이 더불어민주당 비례대표 후보 30번을 받은 바 있어 국회입성에 가장 근접했다.

또한 당시 새누리당 비례대표 공모에는 옥기순 재한중국동포유권자연맹 고문과 표영태 재한동포국적자총연합회 이사장 등이 후보로 나섰으나 비례대표 후보로 선정되지 못하고 탈락했다. 총선 때마다 여야 정당들이 10만여 명에 이르는 조선족 출신 귀화 중국인들을 의식, 조선족 출신 비례대표 후보물색에 나서기도 했다.

그러나 사드보복과 조선족 출신 이주민들에 대한 한국 사회의 냉소적인 분위기가 겹쳐 중국국적 출신의 국회진출 분위기는 아직까지 형성되지 않았다는 분석이다. 이주민이나 조선족을 보는 시선이 그다지 좋지 않은 상황에서 여야정치권이 무리하게 중국계 후보를 공천하려는 시도를 하지 않기 때문이다. 중국동포사회가 여전히 중국과 중국공산당의 영향력 하에 있다는 점도 조선족 출신 정치인의 탄생을 어렵게 하고 있다.

조선족 출신 한국국적 취득자와 불법체류 신분의 조선족 출신 중국인들이 구분되지 않은 채 뒤섞여 있는 상태에서 제대로 된 조선족 사회가 형성될 조건이 성숙되지 않은 탓이다. 자칫 중국 초한전의 일환으로 중국계 스파이를 국회에 잠입시키는 우(愚)를 범하지나 않을까하는 노파심이 큰 만큼 중국국적의 귀화인이나 조선족을 의심없이 받아들이기에는 불편한 상황이다.

2023년 7월 개정·시행되고 있는 중국의 국가보안법(반간첩법)은 중국의 국가안보에 잠재적인 위협이 되는 외국인에 대한 수사와 처벌을 강화하는 내용을 담고 있다. 즉 중국 내부의 데이터나 통계자료 등을 국가기밀로 간주, 이를 소유하거나 조사하는 이들에게도 간첩 혐의를 적용할 수 있도록 했다. 또 중국정부를 비판하는 메시지나 메일의 전송, 혹은 민감하다고 간주하는 분야에 대한 연구를 수행하는 행위까지 광범위하게 잠재적인 간첩행위로 규정했다.

　중국 국가보안법의 독소조항은 중국국적을 갖고 있는 중국공민은 누구라도 중국 정부의 요청을 받은 즉시 임무를 수행해야 하며 그러지 않을 경우, 간첩행위로 간주해 처벌하는 조항도 있다. 따라서 중국 국적의 조선족 동포들은 이러한 중국 국가보안법의 조항을 위반하지 않을까 노심초사하는 것이 사실이다. 중국공산당이 요구한다면 보안을 요구하는 한국의 국책연구소나 국책연구기관, 공공기관, 지방자치단체 등에 근무하는 공무원이라도 언제라도 해당기관의 자료를 지체없이 제출해야 한다. 만일 중국정부의 지시를 이행하지 않으면 간첩행위를 한 것으로 간주돼서 여권이 말소돼서 소환될 수 있다는 것이다.

　중국국적을 가진 사람은 거주 국가와 무관하게 중국정부의 지시가 있을 때는 반드시 집회에 참여하여야 하고, 거주 국가에 대한 특정 정보의 수집요구가 있을 때는 그 정보를 수집 보고하여야 한다는 것이다. 즉 중국인들은 중국정부의 요구가 있으면 언제든지 '스파이' 활동을 해야만 하는 것이다. 한국에서라도 중국인 단체나 이주중국

인단체를 통해 중국정부의 공작지시가 있으면 언제라도 유학생들까지 동원할 수 있는 것이 중국의 국가안보법이다.

    조선족 출신으로 오래 전 한국 국적을 취득했더라도 주변인들이 중국 국적을 소지하고 있다면 언제든지 중국정부나 중국공산당의 협박이나 공작을 통해 간첩이 될 수밖에 없는 처지에 놓이게 된다. 그렇다면 이제 그 다음 문제는 영주권을 획득한 이주민들에게 부여된 참정권 문제로 넘어가야 한다. 한국 국적을 취득한 이주민은 한국인이기 때문에 이 문제와 전혀 관계가 없다.

중국공산당 중앙당교와 민주당 민주연구원

더불어민주당 산하 정책싱크탱크격인 '민주연구원'은 2019년 7월 10일 중국 공산당 중앙당교와 교류협력 추진 협약을 체결했다.

이날 베이징에서 협약을 체결한 양 기관은 지속적인 정책 교류와 공동연구로 양국간 이해와 신뢰를 증진하고 양국관계 발전에 기여하기로 했다. 양측은 이를 위해 △정기적 상호 방문과 △국가 운영을 비롯한 여러 분야에서의 경험 공유, △학자·전문가 대표단 상호 파견 및 학술교류 협력, △세미나 및 심포지엄 공동 개최, △교육 분야 협력 등을 하기로 했다고 발표했다. 협약 체결은 양정철 당시 민주당 민주연구원장과 리지 중국 공산당 중앙당교 부교장이 나섰다. 집권 여당인 민주당은 물론이고 한국의 정당 싱크탱크가 중국 공산당 싱크탱크이자 연수기관인 중앙당교와 교류협력 협약을 체결한 것은 이례적인 일이자 처음이었다.

양 원장 등은 중앙당교와의 협약체결에 앞서 한팡밍(韓方明) 차하얼(察哈爾)학회 회장(전국정협 외사위 부주임), 닝푸쿠이(寧賦魁) 전 주한 중국대사 등과도 만나 교류 협력 방안을 논의했다. 정말 궁금

하다. 더불어민주당이나 양 전 원장이 무슨 생각으로 중국공산당 중앙당교와 교류협력을 할 생각을 했는지 이해하기 어렵다. 아니 멍청하게도 중국공산당을 자신들의 민주당과 같은 집권당으로 여긴 것은 아닌지 말이다. 한국과 중국의 집권여당끼리 교류 협력하자는 어처구니없는 생각으로 공산당과의 통일전선구축에 나선 것처럼 말이다.

중국공산당 중앙당교는 마오쩌둥·후진타오 전 주석과 시진핑 국가주석이 교장을 맡은 바 있는 중국공산당 당원교육의 산실이다. 양 전 원장은 "중앙당교의 교육프로그램을 벤치마킹할 수도 있다"며 중국공산당과의 교류협력에 의욕을 내비치기도 했다. 창당 100주년을 맞이한 중국공산당을 통해 이해찬 전 대표가 공언하듯 100년간에 이르는 중국공산당 독재 집권의 노하우를 전수받고자 하는 정치적 의도가 있었던 건지도 모르겠다.

이미 당시 문재인 전 대통령은 중국 국빈방문을 통해 시진핑 주석의 '중국몽'(中國夢)과 '일대일로'(一帶一路, 육상 및 해상실크로드) 프로젝트를 지지하겠다면서 스스로 '중국의 속국'을 자처한 바 있지 않았던가? 그럼에도 양 전 원장은 중국공산당과의 교류협약을 체결하면서 '글로벌네트워크 구축'이라는 명분을 내세웠다. 중앙당교에 이어 미국의 전략국제문제연구소(CSIS)와의 정책협약도 추진하겠다는 데 중국공산당과 협력하면서 미국과도 네트워크를 맺겠다는 민주당의 미·중간의 '줄타기' 전략은 애시당초 불가능했다.

이후 이낙연 당시 민주당 대표는 2020년 11월 3일 싱하이밍 주한 중국대사의 예방을 받은 자리에서 "민주당과 중국 공산당 간 정당 교류를 더 원활하게 하기로 합의했다"며 "(싱 대사가) 가능한 한 빠른 시일 내에 중국을 방문해달라고 했고, 저도 중국 (공산당) 간부들이 한국에 오시면 모시고 싶다고 얘기했다"고 말했다. 민주당의 기류는 이낙연 전 대표 시절이나 이재명으로 당 대표가 바뀐 지금이나 변함없이 '반미(反美)친중(親中)'이라고 봐도 무방하다. 이 대표 역시 2023년 6월 싱하이밍 대사의 대사관저 오찬초청에 응해 "중국의 패배에 베팅하는 이들은 나중에 반드시 후회할 것"이라는 등의 훈계성 발언을 경청하는 바람에 중국 사대 논란이 빚어진 바 있다.

더불어민주당의 '친중'취향은 앞으로도 큰 폭의 기조변화는 없을 것으로 보인다.

중국공산당 중앙위원회의 대외협력총괄기구는 '대외연락부'다. 주로 베트남과 북한 등 사회주의 국가의 우호 정당과의 당 대 당 교류협력을 담당하던 대외연락부가 서방국가들과의 외교전선에 뛰어드는 등 과거와 다른 역할에 나서 주목받고 있다.

2022년 6월 류젠차오(劉建超)가 중국공산당 대외연락부장에 취임한 후 주중 미국대사를 두 차례 만난 것을 비롯, 베이징을 찾는 200여명의 외교사절을 빈번하게 접촉해왔다. 또 미국과 영국, 이탈리아, 프랑스, 독일, 남아공 등 기존의 사회주의 국가그룹을 벗어나 서방국가를 직접 찾아 나섰고 중국과 다소 불편한 관계에 처한 호주를 방문하기도 했다. 그는 타이완의 총통선거를 앞둔 21024년 1월 8일 미국을 방문, 미국 의회지도자들을 만나고 뉴욕의 미국외교협회를 찾아 중국의 외교정책에 대해 강연하기도 하는 등 종횡무진 활약하고 있다.

방미일정을 마친 직후인 1월 19일에는 리용남 주중 북한대사를 만나 북·중 현안과 관련한 의견을 교환하기도 했다. 이같이 중국공산당의 내부기구가 중국외교부를 제치고 직접 외교전선에 뛰어든 것은 전례를 찾기 어려운 일로 시진핑 주석의 신임을 바탕으로 중국공산당이 외교까지 직접 챙기고 나선 것이라는 해석이다. 이는 지난 2023년 신임하던 친강 외교부장을 전격 경질한 후 왕이 국무위원에게 외교부장을 다시 겸임시켰으나 실질적인 외교는 행정부격인 국무원이 아니라 중국공산당 중앙이 직접 챙기고 있다는 사실을 강력하게 시사한다.

한편 중국공산당 대외협력기구는 공식적인 활동 외에도 비밀공작을 수행하기도 한다는 점에서 자칫 중국공산당 대외협력기구와 접촉하다가는 비밀공작의 대상이 될 수도 있다는 경고도 곳곳에서 제기된 바 있다.

독일 공안기관인 연방헌법수호청(BfV)은 자국 정치인과 고위 공직자들에게 중국 공산당 대외연락부 및 그 관계자와 만날 때 "특히 신중히 행동해야 한다"며 형법 제99조에 규정된 행위를 하지 않도록 주의하라고 당부했다는 보도가 나왔다. 사회주의 국가의 정당들과의 연락기구역할을 하던 대외연락부가 서방국가의 정당들과 접촉하는 등 외교활동에 나서면서 중국공산당의 이미지 변신도 꾀하는 모양이다. 그러면서 대외연락부는 서방국가 정당관계자들에 대한 공작에도 나선 정황이 발견되고 있다. 사실상 중국공산당의 대외첩보기관 역할을 동시에 수행하고 있다는 것이다.

대외연락부가 서방국가 정당 인사들을 접촉하거나 중국으로 초청, 중국공산당에 대한 이미지 개선을 꾀하거나 적대적인 정책에 대한 교정에 적극 나서고 있는 정황도 발견된다. 이를 통해 자국에 돌아가 대중국 우호인사로 전향하도록 하는 것이 그들의 궁극적인 목표라는 것이다. 그 과정에서는 다양한 방식의 비밀공작이 진행될 수 있다. 한국의 더불어 민주당이나 국민의 힘 고위당직자나 국회의원들이 느닷없이 중국과의 우호협력을 강조하고 친중 성향을 노골적으로 드러낸다면 한번 쯤 의심해야 하는 이유가 거기에 있다.

중국 공산당의 다양한 활동에 포섭되거나 비밀공작의 효과일 수도 있기 때문이다. 중국과 중국공산당에 대한 경계심이 약하거나 아예 없는 한국의 여야 정치인들은 그런 점에서 중국 공산당의 손쉬운 목표로 간주될 수 있는 것이다.

초한전 : 한중의원연맹결성

국회의 최고·최대 의원외교모임은 '한일의원연맹'이다.

한일의원연맹은 이미 1972년 결성돼 양국의 현역 국회의원과 참의원·중의원 500명이 회원으로 참여하는 최대 의원외교의 장이다.

국회에는 외국의회와 교류협력을 추진하는 다양한 의원외교의 장이 있다.

2022년 12월 2일 (사)'한중의원연맹'(韓中立法者聯盟, 공동대표 홍영표, 김학용)이 국회에서 창립총회를 열고 공식 출범하면서 '한중의 공존과 번영'을 주제로 세미나를 가졌다. 창립총회에는 중국측 전국인민대표대회(전인대) 대표는 아무도 오지 않았고 싱하이밍 중국대사만 참석했다.

국회에 수많은 국가와의 의원외교를 추진하는 다양한 의원연맹이 결성되었지만 중국과는 의원교류모임이 구성된 바 없었다. 중국은 사실상 중국공산당 일당독재국가로 의회격인 전인대 대표를 우리와 같이 국민들의 투표로 뽑는 것이 아니라 중국공산당이 후보를 지명하는 방식으로 선출한다. 중국에는 중국 인민을 대표하는, 선출된 국회의원은 없다.

중국 전인대가 중국의 입법회의와 같은 인민의 대표로서 입법권을 가진 최고의결기구 성격을 갖고 있지만 우리 국회와 같은 위상이라고는 할 수 없다. 그래서 1992년 한·중이 공식 수교했지만 의회차원의 실질적인 교류와 협력을 할 수가 없었다.

그동안 우리 국회에는 한중간 의회차원의 친선교류와 경제 협력 방안을 모색하기 위해 설립한 의회 교류 단체로, '한중의회외교포럼'과 '한중의회간 정기교류체제' 등 두 개의 대중 외교모임이 있기는 했다. 그러나 공식적이든 비공식적이든 중국과의 의회체계가 달라 제대로 된 교류협력의 장을 구성하는 것 자체가 불가능했다.

그런데 2022년 9월 리잔수 전인대 상무위원장이 방한, 국회를 방문하면서 양국의회가 긴밀하게 소통하기를 바란다며 소통의 창구 이야기가 나왔다. 그 직후 한중양측이 한중의원연맹 창립을 준비하기 시작했다. '한중의원연맹' 창립멤버로는 더불어민주당 59명, 국민의힘 36명, 정의당 3명, 시대전환 조정훈, 무소속 김홍걸 양정숙 등 여야에서 총 100명이 가입했으나 중국의 국내 비밀경찰서 논란이 벌어지자 국민의 힘 유상범 의원은 탈퇴했다.

다음은 한중의원연맹 회원 명단.

△더불어민주당 : 강득구, 강병원, 강선우, 고영인, 권칠승, 김경협, 김남국(탈당 후 무소속), 김두관, 김민기, 김병욱, 김성주, 김영

배, 김의겸, 김주영, 김철민, 김한정, 김회재, 도종환, 맹성규, 민홍철, 박광온, 박용진, 박정, 서삼석, 설훈, 소병철, 소병훈, 신현영, 안규백, 안호영, 양경숙, 양기대, 어기구, 오기형, 위성곤, 윤건영, 윤관석, 윤영덕, 윤영찬, 윤재갑, 윤준병, 이개호, 이병훈, 이상헌, 이용선, 이인영, 이재정, 임종성, 장철민, 전해철, 정태호, 진선미, 최강욱, 최인호, 한정애, 허영, 홍기원, 홍성국, 홍영표 의원(59명)

△국민의힘(35명) 강대식, 강민국, 권명호, 김성원, 김승수, 김학용, 김형동, 김희곤, 노용호, 박덕흠, 박성중, 백종헌, 서범수, 서정숙, 유의동, 윤주경, 이달곤, 이명수, 이종성, 이헌승, 임병헌, 전봉민, 정동만, 정희용, 조은희, 주호영, 최승재, 최연숙, 최영희, 최춘식, 최형두, 하태경, 허은아, 황보승희(탈당후 무소속)

△정의당(3명) 배진교, 심상정, 이은주
△시대전환 조정훈(국민의 힘 입당)
△무소속 김홍걸(더불어민주당 재입당), 양정숙(개혁신당 입당)

한중의원연맹 소속 여야 국회의원 20여명이 중국 전인대 초청으로 2023년 11월 14일부터 17일까지 중국을 방문했다. 한중의원연맹 결성후 첫 중국방문이었다. 이들은 14일 상하이에 도착해서 중국 최대 전기차업체인 'BYD'를 방문견학한 데 이어, 상하이시 인민대표대회 부주임을 만나 환담했다. 다음 날에는 산시성(陝西省) 시안(西安)의 삼성전자 시안 반도체 공장을 시찰했고, 산시성 인민대표대회

상무위원회 관계자들의 환대를 받았다.

이어 한중의원연맹의 중국 측 파트너인 전인대 상무위 부위원장 등의 환대를 받으며 16일부터 18일까지 베이징에서 나머지 일정을 소화했다. 한중의원연맹 소속 여야 의원들의 방중은 여러 가지 면에서 아쉬움이 많이 남는 장면이었다. 싱하이밍 중국대사의 베팅발언 등 외교관으로서의 선를 넘은 활동에 대한 적절한 경고가 필요한 시점에 중국 전인대의 초청에 응해 단체로 방중, 의원외교라는 명분하에 사실상의 외유(外遊)에 나섰기 때문이다. 한중의원연맹의 중국 파트너인 '전인대'와의 간담회 등 교류는 단 한 차례에 그쳤고 나머지 일정은 모두 상하이와 시안 등의 관광지 병마용과 베이징 고궁과 국가박물관 관광, 베이징 중관춘 창업거리 시찰, BYD 삼성전자 등의

기업과 공장방문이었다.

한중의원연맹 창립 후 첫 방중활동임에도 이들이 중국에서 만난 중국 측 고위인사는 딩중리(丁仲礼) 상무위 부위원장이었다. 우리나라 국회라면 국회의장이나 부의장급이 접대했을 것이다. 리잔수(栗战书) 전인대 상무위원장은 아예 만나지도 못했고 그저 전인대 중한우호소조(小組, 소위원회) 소속 실무자들을 만나 만찬을 했다.

전인대가 초청해 성사된 우리 국회의원들의 방중 외교활동임에도 중국측은 초청경비를 전혀 지불하지 않은 모양이다. 한중의원연맹 소속 여야의원들과 관계자들의 항공요금과 숙박비 등에 대해 국회가 지출한 예산은 1억4천여 만 원 이었다.

한중의원연맹은 '방문성과 보고서'를 통해 국회 '한중의원연맹'과 중국 전인대 '중한우호소조'간의 연락채널 구축을 통한 한중의회외교는 안정적으로 지속 가능하며 현안과 의제에 따라 향후 분과별 위원회 구성 등을 통해 다양하고 전문화된 채널을 탑재할 수 있는 의회외교 플랫폼을 구축했다"고 자평했다. 한중의원연맹의 첫 방중외교에 나선 의원들 대부분은 더불어민주당 소속이었다 국민의 힘 김학용, 최승재, 김병욱, 황보승희 등 4명과 정의당 심상정 의원이 동행했다.

한중의원연맹 소속 한국 국회의원들을 환대한 전인대 '중한소조' 인사들의 면면이 이채롭다.

5장 초한전(超限战)

△왕차오(王超) 외사위 부주임위원 겸 중한우호소조 부회장 △쉬싼쑹(许山松) 감찰과 사법위 위원 겸 중한우호소조 위원 △셴톄커(鮮铁可) 감찰과 사법위 위원 △리옌(李燕) 감찰과 사법위 판공실 주임 △바이단단(白丹丹) 상무위 판공청 외사국 부국장 △류창(刘强) 감찰과 사법위 판공실 부주임 △정창웨이(郑常卫) 상무위 홍콩·마카오 기본법위 연구실 부주임 △천사오춘(陈少春) 외교부 아시아국 부국장 등으로 이들 대부분은 전인대 대표, 즉 국회의원급이 아니었다. '사법'과 '감찰' 담당 실무자들이 대거 참석했다.

당초 연맹 측의 방중 전 보도자료는 왕이 외교부장 면담일정도 있었으나 면담은 불발됐다. 이번 한중의원연맹의 방중 일정을 통해 한중의원연맹에 대한 중국 측의 의회교류협력의지를 짐작할 수 있었다.

중국통 국회의원

'중국통', 중국을 잘 아는 사람에 대해 붙여주는 별칭이다. 중국전문가이기도 하고 친중(親中)이나 지중(知中)을 표방하기도 하지만 간혹 지나치게 중국을 옹호하거나 중국 사랑이 지나친 중국사대주의자로 드러나기도 한다.

중국통으로 불리거나 친중으로 분류되는 우호인사는 우리 사회에서 필요한 존재다. 중국에서 공부하거나 중국에서 사업을 하거나 혹은 중국과의 여러 관계를 맺으면서 중국친구를 사귀고 중국을 친구로 여기는 것은 한중간의 오랜 역사를 보더라도 양국 간 우호협력에 바람직한 일이 아닐 수 없다. 특히 중국과는 다른 나라와는 달리 '꽌시'(关系)라고 불리는 오랜 인연과 친구관계가 양국 간의 우호협력 증진에 큰 도움이 된다는 점도 중국과의 친밀도를 높이는 좋은 방법이다.

그러나 우리사회는 어느 순간부터 중국이 급성장하면서 '대국'으로 인식하는 동시에 알아서 기는 대(對)중국 공포가 스며들기 시작했다. 중국전문가나 중국통으로 자처하던 사람들은 중국을 비판하는 것을 금기시하기 시작했다. 홍콩의 민주화시위로 인한 홍콩사태가 터지자 그렇게도 인권을 부르짖던 진보진영 인사들은 아예 입을 닫았다. 굳이 중국에 대한 내정간섭이라고 중국측이 강하게 압박하지도 않는데도 아예 국내언론사가 요청하는 인터뷰에 응하는 것 자체를 두려워했다. 중국의 눈치를 봤기 때문이다. 중국의 보복이 두려웠기 때문일 것이다.

그것은 중국 베이징대와 칭화대, 인민대 등 중국의 유수대학으로 유학을 가서 석·박사학위를 따서 국내대학에 자리 잡은 대학교수들은 누구보다 중국의 생리를 잘 알고 있기 때문이기도 하다. 중국을 잘 아는 '중국통' 한국인들이 중국의 실체를 제대로 알리고 대응방안을 마련하는 데 도움을 주지 않음으로써 국익에도 문제가 생기기 시작했다.

'중국이 두려운가?' 그렇다. 안하무인식의 대응을 일삼는 중국의 심기를 건드렸다가는 중국이 어떤 짓을 할지 몰라서 두려울 수도 있다. 앞으로도 계속해서 중국과 좋은 관계를 갖고 사업을 하고 중국과 왕래하면서 후일을 도모해야 하는데 중국이, 중국공산당이 만일 '반중리스트에 올리게 된다면 중국과의 판시 자체에 문제가 생기게 된다. 친중, 지중 중국통의 고민은 거기에서 시작된다.

한국에서는 국익을 침해하는 중국정부와 중국공산당의 처사를 비판할 수 있지만 직접적으로 중국을 비판하고 나섰을 때는 소위 말하는 '(중국에)찍히게 된다'는 것이다. '반중'인사로 찍히게 되면 혹시라도 비자발급이나 중국 왕래시 불이익을 받을 가능성이 높다. 사드배치에 대한 중국측의 보복조치 중에는 중국 대학에서 공부하다가 방학이라 일시 귀국한 유학생들의 학생비자마저 정상적으로 갱신해주지 않는 등 비교역적 방식으로 보복하는 바람에 학기가 사직됐는데도 중국으로 돌아가지 못해 발을 동동 구르는 학생들을 여럿 본 적이 있다. 중국학과 교수들도 마찬가지 걱정을 하고 있을 것이다. 일생동안 중국연구를 해야 하는 입장에서 만일 중국이 '반중'낙인을 찍는다면 학회활동을 위해 초청받아 중국을 드나드는 것조차 불편해질 수 있다는 점을 걱정하지 않을 수 없다.

이미 국회에는 지난 21대 국회에서 의정사상 처음으로 '한중의원연맹'이라는 중국과의 대규모 의원외교창구가 공식적으로 생길 정도로 대중국외교의 비중이 높아진 것도 사실이다. 여기에 참여한 의원 수가 300명 의원의 1/3인 100명으로 50년 역사를 가진 '한일의원연맹'에 버금갈 정도로 참여도가 높다. 창립후 첫 방중행사인 2023년 12월 한중의원연맹의 공식 방중행사에 당시 국회가 개회중임에도 20여명의 의원들이 4박5일간의 일정을 풀 소화하면서 '친중 국회의원'으로 자리매김하는 모습도 봤다.

21대 국회에 진출한 국회의원이나 활동하고 있는 정치인 중에서 '중국통'을 꼽아보라고 하면 더불어 민주당 박정(재선), 김영호 의원, 박병석 전 국회의장, 송영길 전 민주당 대표, 국민의 힘에서는 하태경 의원, 구상찬 전 의원, 그리고 조원진 전 의원 등을 꼽을 수 있겠다.

21대 국회에서 두드러지게 친중 색깔이 강한 국회의원은 더불어민주당 박정 의원이다. 경기도 파주에서 재선이 된 박 의원은 '박정어학원'을 창업, 어학원 성공신화를 바탕으로 정계입문에 성공한 입지전을 썼다. 정치권에 입문하면서 중국유학길에 나서 중국 '우한대'(武漢大)에서 국제관계학 박사학위를 받고 우한대 객좌교수라는 타이틀로 활동하기도 했다. 이와 같은 중국과의 인연을 바탕으로 2013년부터 새정치민주연합 국제위원장으로 활동하면서 더불어민주당내 대표적인 친중의원으로 자리잡는 데 성공했다.

특히 코로나19사태 초기 우한이 봉쇄되는 등 큰 어려움에 겪자 '우한대한국총동문회장'을 맡고 있던 박 의원이 폭등하고 있던 마스크를 싹쓸이하듯이 300만장 모아서 중국에 보내는 일을 주도하면서 '친중'색깔을 온 국민에 알리는 데 성공했다.

박병석 전 국회의장과 송영길 전 민주당 대표는 대만 정치대학 유학파 출신으로 오랫동안 중국과 양안관계를 연구했다는 점에서 공통점이 있다. 특히 박 전 의장은 한중수교 이전 5년 여간 홍콩특파원을 지내 누구보다 중국 사정에 정통한 중국통이라고 할 수 있다. 특히 1989년 톈안먼 사태 당시 50여 일간 베이징 현지 취재에도 나섰다.
참여정부 시절에는 노무현 전 대통령과 이해찬 전 국무총리의 중국 방문을 공식 수행하면서 중국통으로서의 면모를 과시했다.

　송영길 전 대표는 인천시장 재선 도전에 실패한 후 방문학자 신분으로 중국 베이징으로 가서 칭화대에서 1년간 중국을 공부했다. 그의 중국연구 주제는 중국과 대만관계, 즉 '양안관계'로, 양안관계를 남북관계와 비교 연구하는 것이었다.

　김상현 전 의원의 아들인 김영호 의원은 학사과정을 베이징대에서 마치고 서강대학교 대학원에서 중국학 석사학위를 취득했다. 이어 중국 옌타이대 객좌교수를 역임한 그 역시 유창하게 중국어를 구사할 수 있다.

　하태경 의원이 중국통이라는 사실은 잘 알려지지 않았는데 그는 대학졸업 후 중국 지린대학에서 세계경제학 박사학위를 취득했다. 골수운동권 출신인 하 의원은 특히 탈북자와 북한인권운동에 대해

관심을 갖고 지린성(吉林省) 창춘(長春)시에 있는 지린대에서 박사과정을 하면서 탈북자들을 6개월여 집중 인터뷰한 것으로도 유명하다.

조원진 전 의원은 주중대사를 지낸 황병태 전 의원의 보좌관 출신으로 1990년대 대우그룹 자동차기획팀 부장으로 4년간 중국에서 근무했다. 그후 대우 근무경험을 살려 2001년 베이징에서 무역컨설팅을 시작했다. 베이징 재중한국인회 부회장과 세계한국한인무역협회(OKTA) 베이징지회 지회장 등을 지내다가 18대 총선을 통해 국회에 입성, 3선에 성공했다.

구상찬 전 의원은 이세기 전 의원 비서관 출신으로 이 전 의원이 주도하던 한중친선협회를 보좌하면서 중국측 파트너들과의 연락을 도맡았다. 국회의원이 된 후 구 전 의원은 본인이 직접 한중문화연구회를 만들어 한중문화교류를 지원하는 역할을 자임했다.
재선에 실패한 후 박근혜 정부에서 2011년부터 2년여 간 상하이 총영사를 지냈다.

친중 국회의원들이 중국을 옹호하는 행태는 눈물겹다. 싱하이밍 중국대사가 이재명 대표를 초청한 자리에서 호통을 친 사태이후 민주당 의원들이 중국측의 초청을 받아 티베트를 방문한 적이 있다. 박정 도종환 의원 등의 모습이 보였다. 이들은 서방국가에서 외면한 인권탄압논란의 티베트 박람회에 참석, 중국의 티베트탄압을 정당화하는 데 일조했다는 논란을 자초한 바 있다.

한동훈이 쏘아올린 중국인 투표권문제

한동훈 국민의 힘 비대위원장이 법무부장관시절이던 2022년 12월 외국인의 투표권 문제에 대해 언급한 적이 있다.

"상호주의 원칙을 고려하지 않은 상태에서 외국인에 대해서 투표권을 부여하는 것은 민의를 왜곡할 수 있다는 상식적인 우려가 있는 것으로 알고 있다."

우리나라에서는 외국인이 귀화하면 당연히 참정권을 갖게 되고 국적을 취득하지 않은 외국인이더라도 영주권을 획득한 지 3년이 지나면 지방선거 투표권을 행사할 수 있다. 물론 영주권자라도 총선이나 대선 투표권을 부여하지는 않는다.

2022년 지방선거 당시 투표권을 가진 12만 여명의 영주권자 중 78.9%인 약 10만 명(9만 9,969명)이 중국국적의 외국인이다. (2022년 3월 국회예산정책처 자료) 문재인정부 때인 2020년 당시 청와대 국민청원 게시판에 '중국인 투표권 박탈' 청원이 올라와서 논란이 됐다. 우리나라 국민은 중국에서 거주하고 영주권을 획득하더라도 투표권을 갖지 못하는데 왜 상호주의에 어긋나게 중국인에게 투표권을 주느냐는 논란이다.

중국인 투표권 제한하거나 박탈해달라는 청원이 올라왔지만 문재인 청와대는 즉각 이에 거부입장을 밝혔다. 우리 사회에 정착하고 있는 이주귀화인 등의 다문화를 존중해야 한다는 명분이었지만 실제로는 중국인의 투표권을 뺏는 문제로 비화되었기 때문이다.

"지역주민으로서 지역사회의 기초적인 정치 의사 형성 과정에 참여할 수 있게 함으로써 민주주의의 보편성을 구현하려는 취지입니다. 뉴질랜드나 헝가리 등도 영주권자에 대한 선거권을 부여하고 있으며, 덴마크, 네덜란드, 노르웨이, 스웨덴, 핀란드 등은 외국인 영주권자에게 선거권뿐 아니라 피선거권까지 부여하고 있습니다."

당시 문재인 청와대의 입장이다. 영주권자에 대한 참정권을 보장하는 나라로 예시된 나라는 뉴질랜드와 헝가리 덴마크 네덜란드 노르웨이 스웨덴 등은 모두 유럽의 서방국가다. 우리나라도 서방진영에 속하지만 우리나라와 같이 영주권을 가진 외국인의 대다수가 중국국적이라는 우리와 같은 특수상황과는 전혀 다르다.

지난 정부에서 결론이 내려진 영주권자에 대한 투표권 문제가 한 비대위원장에 의해 다시 재점화됐다.

그러나 이 문제에 대해 제대로 알려지지 않은 사실은 문재인 정부 역시 이 문제가 상호주의에 맞지 않다는 것을 인식하고 공직선거법 개정을 포함한 해법을 공식적으로 추진했다는 것이다. 영주권을 가진 외국인에게 지방선거 투표권을 줄 때 불거지는 가장 큰 문제는 우리나라에 실제로 거주하지도 않는 외국인이 투표를 하는 경우가 벌어질 수 있다는 것이다.

한동훈 전 장관도 "(우리나라) 영주권을 일단 따면 한국에서 생활하지 않고 자국으로 돌아가서 생활하더라도 우리 지방선거에 투표권을 가지는 상황이 되는 것이다. 이런 불합리를 해소하기 위해 영주권의 유지 요건에 한국 의무 거주 기간을 도입하는 방안 등을 신중하게 검토하고 있다."라며 수정방향을 밝힌 바 있다. 즉 이미 주어진 투표권을 박탈하는 것이 아니라 거주요건 등을 엄격하게 지키는 영주권자에게만 참정권을 주자는 것이었다.

기본적으로 우리의 이웃나라인 중국과 일본이 외국인 국적의 영주권자에게는 투표권을 주지 않고 있는 상황에서 우리만 먼저 '상호주의'를 허물고 투표권을 준 것은 상호주의에 맞지 않다. 또한 영주권자에게 투표권을 부여하고 있는 국가에서도 영주권자가 자기 나라에서 실제 일정기간 거주하고 있는 지를 따지는 절차가 있고 그 기준을 충족하는 경우에만 투표권을 부여하고 있어 우리나라처럼 영주권을 가진 외국인에게 무조건 투표권을 주는 경우는 없다.

한 전 장관의 외국인 투표권 부여 개정방향은 문재인 정부 때인 2019년 법무부가 "법무부, 영주권 제도 개선 추진- 제도 시행 17주년, 국내 거주기간 요건 도입 검토 -"라는 보도자료를 통해 외국인 영주권자들에 대해 국내 의무 거주기간 요건을 도입하겠다는 방침을 밝힌 바 있다. 당시 법무부는 "현행 제도상 영주권 취득 후 사실상 해외에 거주하면서 지방선거 직전 귀국하여 제한 없이 선거권을 행사할 수 있는 문제가 있다."라며 "선진 외국처럼 영주권자가 자격 유지를 위해 국내에 일정 기간 의무적으로 거주하도록 하는 제도개선 방안을 검토 중"이라고 했다.

지난 정부나 현 정부가 추진하고 있는 영주권자에 대한 참정권 문제의 해법은 같았다. 그러나 더 큰 문제는 중국이나 일본은 부여하지 않는 영주권자에 대한 참정권을 왜 우리는 20년이나 빨리 도입해서 시행하고 있느냐다. 상호주의 문제는 지금이라도 제대로 적용해야 하지 않느냐는 주장이 힘을 얻고 있다. 사실 외국인 영주권자 투표권이 논란이 되고 있는 것은 중국이 전방위적으로 한국의 여론에 영향을 끼치는 초한전을 전개하고 있는 가운데 외국인 참정권의 최대 수혜자가 중국인이라는 사실이다. 그러나 중국에서는 외국 국적 영주권자들에게도 투표권을 허용하지 않을 뿐 아니라 아예 민주적인 방식의 선거가 없다. 대만이나 일본도 마찬가지다. 따라서 상호주의 위배 문제는 여전히 해소되지 않고 있다.

샤오펀훙과 우마오당

마오쩌둥이 '문화대혁명'을 발동시킨 초기 마오쩌둥 어록집을 흔들어대면서 정적 류샤오치를 비롯한 반대세력들을 집단 린치하는 등의 행동대 역할을 한 집단이 '홍위병'(紅衛兵)이었다. 21세기 최대의 비극으로 꼽히는 문화대혁명은 집단농장과 대약진운동의 실패로 수천만 명의 인민을 아사시키는 등 정책실패로 류샤오치에게 국가주석을 물려주고 권력에서 밀려난 마오쩌둥이 권좌복귀를 위해 일으킨 친위쿠데타라고 규정해도 틀리지 않는다.

리영희 교수가 극찬해마지 않던 '인간정신의 부활'이라던가 서구문화에 대응하는 인간개조를 위한 대실험 따위가 결코 아니었다. 문혁 발동 초기 어린 학생들은 붉은 완장을 차고 마오쩌둥의 지시를 따르는 행동대로 조직화됐다. '홍위병'은 전 중국에서 조직됐다. 마침내 마오는 대자보를 통해 '사령부를 공격하라'는 명령을 내렸다. 사령부를 공격하란 명령은 국가주석을 공격하라는 지시로 사실상 내란 선동이었다. '붉은 완장'을 찬 어린 학생들은 그 때부터 '홍위병'으로 초기 문혁을 폭력적으로 이끌었다.

제2의 마오쩌둥, 아니 마오 주석을 넘어서는 절대권력을 구축하고 있는 시진핑(习近平) 주석시대에 제2의 홍위병이 나타났다. 인터넷 상에서 활동하면서 민족주의를 추구하고 있는 '샤오펀훙(小粉红)'이 그들이다. 이들은 인터넷에서 중국과 중국공산당 그리고 시 주석에 대한 비판과 공격을 찾아내 대응하면서 시 주석을 찬양하고 중국정부를 옹호하는 결사대를 자처한다. 무엇보다 '샤오펀훙'을 자처하는 이들 대부분이 20~30대 여성이라는 점이 이채롭다. 이들이 옹호하는 글들은 모두 '#ProudofChina'란 해시태그를 달고 있어 쉽게 구분할 수 있다.

중국의 대표적 여성문학 사이트로 알려진 '진장원쉐청(晋江文学城)'에서 샤오펀훙이 조직됐다고 한다. 이 사이트 회원은 1600만 명으로 거의 대부분이 여성이라고 한다. 샤오펀훙(小粉红)이라는 명칭은 이 웹사이트가 핑크색(粉色)을 바탕화면으로 사용하고 있는데다 여성회원이 대다수라는 점에서 애칭인 '샤오'(小)를 붙이면서 '샤오펀훙'이 된 것이다.

마오쩌둥과 홍색사회주의, 시진핑 주석을 열렬히 추종하는 20-30대 여성을 주축으로 하는 샤오펀훙은 직접적인 비교대상은 아니겠지만 작금의 한국 사회에서 더불어민주당 이재명 대표를 무조건적으로 지지하면서 이 대표의 정적이나 반대파들에 대해 무차별적인 공격을 퍼붓고 있는 '개딸(개혁의 딸?)' 집단과 다르지 않아 보인다.

샤오펀훙의 활동에 대해서는 별다른 보상이 주어지지 않는다. 기존의 중국 댓글부대를 지칭하는 '우마오당'(五毛黨)과는 그런 점에서 큰 차이가 있다. 우마오당이란 댓글 하나에 5마오(毛 0.5元)씩 지급한다고 해서 붙여진 이름이다.

우마오당과 샤오펀훙이라는 양대 댓글부대를 운용하고 있는 중국은 중국내 뿐 아니라 전 세계를 상대로 여론조작에 나서고 있다. 요즘은 수당이 7마오, 8마오로 올랐다고 해서 우마오당을 치마오(7毛), 빠마오당(8毛黨)으로 바꿔 부르기도 하는 모양이다. 여기서 당

(黨)이라고 한 것은 정당이 아니라 무리나 집단을 뜻한다.

반중사이트나 해외언론에서는 중국 정부가 직접 이들을 조직하고 교육하고 있다는 뉴스를 지속적으로 보도하고 있다. 그 중에서는 2007년 후진타오 주석이 "인터넷의 사상·여론 기지 건설을 강화하고, 여론 주도권을 장악하며… 전면적인 선전의 강도를 높이며, 적극적으로 발전하는 주류여론을 형성할 것"을 발표함으로 정치적 소양과 인터넷 기술이 뛰어난 자들을 중심으로 '인터넷평론원'을 선발하였다는 보도가 주목된다. 여기서 말하는 '인터넷평론원'이 바로 댓글부대다.

2015년 11월 홍콩의 〈명보〉는 "중국 공산주의 청년단(공청단)이 2월 전국 각 지부에 청년인터넷문명지원자 모집 관련 공문을 내려 보냈다. 인터넷 댓글 활동을 통해 사회주의 핵심 가치관을 전파하고 정부를 비판하는 글을 삭제하는 일을 맡는다."며 대학생 400만 명을 포함, 총 1,050만명을 선발한다고 보도했다. 댓글부대라고 해서 댓글만 다는 것이 아니라 반중국사이트와 중국에 비판적인 게시물을 찾아내는 역할을 동시에 수행한다. 1천만 명에 이르는 우마오당의 존재는 중국공산당의 지배를 공고히 하는 인터넷검열의 핵심이다. 물론 선발된 인터넷평론원들에게는 댓글 당 수당을 지급할 뿐 아니라 매월 600위안 정도의 고정수당도 지급한다.

후진타오 체제에서 급성장하기 시작한 우마오당은 주로 만리방화 등 중국 내 인터넷 통제와 여론조작 활동을 도맡아왔다가 시진핑 주석 집권이후 해외사이트 등으로 활동무대를 확장했다.

우마오당은 2017년 중국 부동산 재벌 궈원구이(郭文貴)의 미국 망명 사건 이후 국제무대에 모습을 드러냈다. 궈 회장이 중국 최고 지도부의 부패 의혹을 잇달아 제기하자, 우마오당은 그가 제기하는 의혹을 반박하거나 그를 비난하는 글을 올렸다. 2019년 6월 홍콩 송환법 반대 시위로 인한 '홍콩사태'는 우마오당이 본격적으로 국제무대에 진출하는 계기가 됐다. 우마오당은 홍콩 시위대의 폭력성을 부각하고 홍콩 경찰의 강제 진압을 찬양하는 활동에 주력했다.

에포크타임스 보도에 따르면 '2019년 11월 중국정부 스파이였던 왕리창이 자수하면서 호주에 망명신청을 했다. 그는 대만에서 중국 국민당의 한궈위 후보를 당선시키기 위해 2018년 8월부터 SNS 계정 20만개를 사용해서 대만 차이잉원 총통과 민진당에 대한 허위정보를 유포시켰으며, 마침내 한궈위 후보를 가오슝 시장으로 당선시켰다고 주장했다. 또한 그는 중국 유학생을 홍콩 대학의 학생단체에 잠입시켜 학내 민주화 운동의 정보를 탐문 조사하고 인터넷을 통한 반중여론을 방해하는 공작을 벌였다고 밝혔다.

코로나19 사태 이후 중국 댓글부대의 국제무대 활동은 더 조직화, 체계화됐다. 트위터는 중국 댓글부대를 중국 당국, 관영매체 등과 긴밀하게 협력하면서 메시지를 퍼뜨리고 허위 뉴스를 전파하는 '핵심계정'과 단순히 이를 리트윗하거나 '좋아요'를 누르는데 동원되는 '앰프 계정'으로 구분한다. 트위터는 이런 핵심 계정이 23,750개라고 밝혔다. 이것들을 확산시키는 '앰프 계정'은 15만개로 추정했다.

우마오당의 활동무대는 한국이라고 무풍지대가 될 수 없다. 특히 중국이 구사하는 초한전의 최전선인 한국은 우마오당과 샤오펀훙이 주시하는 최고의 무대가 아닐 수 없다.

한국에서 활동하는 우마오당은 중국에서 활동하는 우마오당과 조금 다르다. 우선 조건이 있다. 한글을 자유자재로 구사할 수 있어야 한다. 그래서 기본적으로는 한국에 이주한 조선족 중국인이거나 중국인유학생들을 우마오당으로 포섭하거나 강제적으로 우마오당 활동을 하도록 하고 있다고 보는 것이 맞을 것 같다.

우마오당이 작성한 것으로 의심되는 댓글에 시 주석을 비판하거나 반중사이트로 연결되는 링크로 대꾸하면 정체가 드러나는 어설픈 댓글로 응수하는 것을 확인할 수 있을 것이다. 어법이 맞지 않는 서툰 한국어를 구사하거나 엉뚱한 댓글을 다는 경우 십중팔구 우마오당이다.

친중 성향이 두드러졌던 문재인 정부 때는 우마오당이 한국사이트에서 활동하기 좋았던 시기였다고 볼 수 있다. 특히 문재인정부 후반기에 터진 중국 우한 발 코로나19사태는 반중·혐중 정서가 강하게 형성되던 때이기도 했다. 그에 맞춰 우마오당의 조직적인 중국옹호 및 코로나바이러스와 관련한 가짜뉴스 등이 극성을 부리기도 했다. 모든 가짜뉴스의 진원지를 우마오당이라고 할 수도 없고 그럴 수도 없지만 과거 어느때보다 중국 댓글부대의 활동이 많았던 것만은 틀

림없다.

급기야 2020년 2월 28일 청와대 국민청원 게시판에 '중국의 조직적 여론조작 및 국권침탈행위를 엄중하게 수사해 달라'는 청원이 올라오기까지 했다. 청원자는 "현재 25일까지 폭주하던 청와대의 중국발 트래픽(33%로서 대한민국 다음 순위인 2위 기록)은 …한국인의 중국인 차단이 진행되자마자 귀신같이 줄어들어 현재는 0.53%의 트래픽을 유지하고 있다"며 "과거 광우병, 사드 전자파 때부터 우한 폐렴으로 나라 안팎이 분열되고 막대한 경제적 손실이 발생되고 있는 현재에 이르기까지 대한민국의 사회적 갈등의 배경에 중국(일명 '차이나 게이트')이 있었다."고 주장했다. 당시 청와대는 이례적으로 청원 게시 다음날 신속하게 "중국의 여론조작은 가짜뉴스"라고 발표하면서 진화를 시도했다.

BTS가 한미관계에 기여한 공로를 인정받아 '밴플리트상'을 수상하면서 "올해는 한국전쟁 70주년으로 우리는 한미 양국이 함께 겪었던 고난의 역사와 많은 남성과 여성의 희생을 영원히 기억해야 합니다"라는 수상소감을 내놓았다.

그러자 중국 인터넷이 발칵 뒤집어졌다. '(한·미)양국이 함께 겪은 고난의 역사를 기억해야 한다'는 발언 때문인데 6.25 전쟁에서 희생된 중국 군인들의 희생은 무시했다며 "미제국주의의 침략에 맞서 싸운 중공군을 모욕했다"는 말도 안 되는 생트집이었다.

중국 항저우아시안게임 축구 8강전이 열린 2023년 10월 1일 국내 양대 포털사이트인 '네이버'와 '다음'에서는 '클릭 응원전'이 펼쳐졌다. 그런데 포털사이트 '다음'에서는 이상한 결과가 나왔다. 2일 오후 기준으로 한국을 응원하는 클릭 수가 210만 회(8%)인 반면, 중국을 응원하는 클릭 수는 2467만 회(92%)에 달했다. 아이디를 넣고 들어가야 하는 네이버는 한국이 94%, 중국이 6%인 데 반해 누구나 횟수 제한 없이 클릭할 수 있는 다음은 정반대였다.

'매크로'등 드루킹 같은 조직이 개입했을 수도 있지만 한·중 간의 국가대항 A매치경기를 앞두고 한국의 포털사이트에서 한국대표팀을 제치고 중국대표팀에 92%의 압도적인 응원을 보내는 기상천외한 응원전이 펼쳐졌다는 것은 조작이나 우마오당 등 중국 측의 조직적인 접속에 따른 결과라고 보지 않을 수가 없었다.

카카오와 다음은 즉각 조사에 나서 항저우 아시안게임 응원페이지 여론조작 의혹에 대해 '해외 IP 2개'가 매크로(자동화) 프로그램을 활용해 만들어낸 현상이었다고 밝혔다. 총 응원 수는 8강전 클릭 응원 약 3130만 건 중 한국 응원이 6.8%(211만 건), 중국 응원이 93.2%(2,919만 건)로 집계됐다. 이날 클릭 응원에 참여한 것으로 확인된 IP 5591개 중 국내 IP 비중은 95%(5,318개)로 일반적인 수준이었으며 확인된 IP가 만들어낸 총 클릭 응원 수 2,294만 건 가운데 해외 IP 비중이 86.9%(1,993만 건)로 파악됐다.

카카오는 해외 IP 응원수를 분석한 결과, 2개의 IP가 해외 IP 클릭의 99.8%인 1,989만 건으로 해당 IP의 클릭 비중은 네덜란드 79.4%(1,539만 건), 일본 20.6%(449만 건)였다. 카카오는 "한중 8강전 클릭 응원 수의 이상 현상은 이용자가 적은 심야시간대 2개 IP가 매크로 프로그램을 활용해 만들어낸 이례적인 현상으로 파악하고 있다"고 결론을 내렸다.

응원전 여론을 정반대로 왜곡하는 일도 단 두 개의 IP를 동원하는 것으로 충분할 정도로 중국의 인터넷 여론조작은 이제 한국에서 언제든지 일어날 수 있는 일상이 됐다. 총선과 대선 등 중국과의 관계에도 영향을 미칠 수 있는 한국의 정치이벤트에 중국이 관여하지 않으리라는 보장이 없다. 중국의 댓글 공작은 특정 후보를 지지하거나 비방하는 수준을 넘어 아예 가짜뉴스를 제작해서 퍼뜨리고 여론을 조작하는 전방위적인 '초한전'으로 발전하고 있다.

이미 국정원에서 중국 측이 한국의 정상적인 언론 사이트로 위장한 200여개의 가짜뉴스 진원지를 적발했지만 당국은 적극적인 차단 폐쇄조치를 내리지 않아 가짜뉴스를 퍼나르면서 여론조작에 이용되고 있다.

차하얼학회

공자학원에 대해서는 많이 들어봤지만 차하얼학회는 다소 생소할 것이다. 한국의 국회의원들을 중국에 초청하기도 하고 중국의 공공외교와 정책외교를 보조하고 있다는 차하얼학회는 비밀스러운 구석이 많은 조직이다.

이와 관련해서 2022년 한국으로 유학 온 중국출신 대학원생이 한림학보에 기고한 차하얼학회를 설명하는 글이 있어 소개한다. 그가 어떤 자격으로 차하얼학회을 소개한 것인지 알 수 없지만 아마도 이 학회와 어떤 식으로든 관계가 있지 않을까 생각한다.

[독자기고] 차하얼(察哈爾)학회는 어떤 학회인가.

차하얼(察哈爾)학회는 2009년에 설치된 중국 정·재계와 학계에 영향력이 있는 민간주도의 싱크탱크다. 공공외교 영역에서 활발히 활동 중이며 국제관계에서 많은 성과를 내고 있다.

상의현에 본부를 설치한 민간 학회는 설립 초기부터 향후 10년 학회 발전 계획을 확립했다. 2017년 중국 '일대일로' 데이터 센터에서 발표한 빅데이터 보고서에 의하면 영향력 순위 3위를 차지했다. 2018년 차하얼 학회는 펜실베이니아 대학교의 '세계 최고의 외교정책 및 국제사무 싱크탱크'에서 5위를 기록했다.

차하얼 학회의 부속한 7대 연구 기관을 보면 위에 있는 성과를 얻은 이유를 알 수 있다. 이 학회는 공공 외교학연구센터, 충돌과 화해 연구센터, 도시외교연구센터, 한반도평화연구센터, 히말라야지역연구센터, 일대일로연구센터와 에너지외교 연구센터를 설치했다. 이런 연구 기관의 큰 특징은 '창의성'과 '전문성'이다. 현재 중국 국내 외교 연구에 언급되지 않은 '창의성' 분야, 예를 들어 히말라야 지역 연구센터이다. 또 민간주도 싱크탱크의 연구 방향이 충분히 드러나고 즉 공공외교, 평화 화해, 국제관계 등에 전념하는 것에 열중한다. 한편, 차하얼학회의 중요한 관심의 초점은 바로 한반도의 평화와 화해이다. 그리고 학회 자신의 비공적인 배경을 빌려 한반도 남북한과 좋은 관계를 적극적으로 발전시켰다. 특히 2016년 하반기부터 2017년 상반기까지의 북한 핵실험과 '사드'가 한국에 들어왔을 때 차하얼 학회는 남북 정권을 적극적으로 오가며 평화 교류 방식으로 쌍방의 관계 개선을 추진했고 쌍방의 화해를 위해 공헌을 했다.

2017년 '사드' 위기 기간에 차하얼학회의 공공외교 활동에 따르면 이 학회가 위기에 빠진 한중 관계를 완화하기 위해 많이 노력했다.

민간 주도된 싱크탱크인 차하얼 학회는 최근 몇 년 동안 중국 국내

비공식적인 싱크탱크의 선도자가 되었다. 공식 싱크탱크의 안정적인 지위에 비해 비공식적인 싱크탱크는 자주성을 빌려 특정한 분야의 연구에 전념할 수 있다. 국가 간의 대립과 적대시 교류가 원활하지 못할 때 비공식적인 싱크탱크는 마침 민간 신분을 빌려 쌍방 간의 의사를 잘 소통해 쌍방의 긴장된 관계를 개선할 수 있다. 2016년 하반기부터 2017년까지 북한 핵문제와 한국은 '사드'시스템의 배치를 했을 때 차하얼학회는 여러 차례 한국에 가서 '사드' 문제와 한중관계에 대해 한국 사회 각 계층들과 교류를 했고 2017년에만 40여 차례 (2017년에 이 학회는 모두 53차례 회의를 개최했다)에 달했다. 자신의 특징을 빌려 한반도 평화 안정과 한중관계 개선을 적극적으로 도모했다.

한반도와 중국은 지리적으로 가깝고 문화도 비슷해 공동으로 공공

외교 사업을 추진할 튼튼한 기초가 있다. 따라서 차하얼 학회가 동북아 지역에서의 활발히 활동을 보면 민간주도의 싱크탱크가 할 수 있는 적극적인 역할을 볼 수 있고 한반도 남북 간에 지속가능한 안전체계를 구축하는 데 가치 있는 참고도 되었다. 더 많은 한중 싱크탱크가 한반도 평화를 위해 노력할 수 있기를 바란다.

- 류췬궈 글로벌협력대학원 1년

이재명 더불어민주당 대표를 자신의 관저로 불러 오찬을 함께 한 싱하이밍(邢海明) 주한중국대사의 안하무인 태도는 중국이 한국을 대하는 기본자세가 어떠한지를 공개적으로 드러냈다는 점에서 적잖은 외교적·정치적 파문을 일으켰다.

주한중국대사가 제1야당 대표를 관저로 초청한 것도, 제1야당대표는 물론 공당의 대표가 중국대사의 관저초청에 응한 것도 초유의 일이었다. 대개는 이런 행사의 경우, 의전서열이 크게 앞서는 정당 대표가 고급호텔이나 식당에 초청하는 방식을 취해왔다. 국회 과반의 석을 넘는 제1야당 대표는 국가의전서열상으로도 대통령과 국회의장, 대법원장, 헌법재판소장, 국무총리, 중앙선거관리위원장, 여당대표에 이은 8위에 해당하는 고위직이다. 싱하이밍 중국대사는 고작해야 본국 외교부의 '국장급'으로 의전서열을 따질 수도 없는 처지다.

그래서 우리나라 정당대표는 물론이고 국회의원들조차 외국대사의 공식적인 대사관저초청에는 응하지 않고 개인적 비공식 초청 등을 통해 교류해 온 것이 관행이었다. 야당대표가 중국대사관저 초청에 응해 관저에 간 것도 엄밀하게 따지면 중국의 외교적 결례로 빚어진 셈이다. 무엇보다 싱 대사가 이 대표를 면전에 두고 미리 준비한 원고를 15분간 읽으면서 마치 협박하듯이 '중국의 패배에 베팅하다가는 나중에 후회한다.'거나 '더불어민주당은 중국에 대한 정확한 인식 증진과 발전을 위해 적극적인 역할을 해주기를 바란다.'는 등의 내정간섭성격의 압박 발언을 하는데도 이 대표는 싱 대사를 제지하거나 발언에 대해 반박하지 않고 묵묵히 듣고 있었다.

이 대표가 싱 대사 초청에 응한 것은 당시 민주당이 정치적 호재로삼고 있던 후쿠시마 오염수 방류에 대한 중국 측의 적극적인 지

원을 얻어내겠다는 속셈이었지만 보기좋게 중국의 '훈계전략'에 말려들어 제1야당 대표의 스타일마저 구기는 등 외교참사를 빚은 것이다.

이 시점에서 이 대표의 중국대사관저 오찬 회동이 성사되고 실제 회동에서의 참사가 벌어진 배경을 곰곰 따져본다면 중국 측의 전방위적인 '초한전'(超限戰, 경계 없는 전쟁)이 제대로 먹혀든 완벽한 중국의 승리였다고 분석된다. 민주당은 일본 원전 오염수 공세의 우군을 확보하겠다는 단기적 목표 외에는 싱 대사와의 회동이 미칠 파장을 고려하지 않았다. 결국 이 대표의 '친중본색'(親中本色)을 드러내면서 중국측의 호응을 이끌어내는 데는 성공했으나, 미·중 갈등 구도 속에서 한국정부를 압박하겠다는 중국의 전략에 역이용당하리라는 계산은 전혀 하지 못했다.

굳이 의전서열을 따지자는 것은 아니지만 여태껏 정당대표 등 정치인들이 외국대사 관저 초청에 신중하게 처신했던 외교가의 전례를 모르지 않았을 텐데도 덜컥 대사관저 초청을 받아들인 외교적 미숙함도 비판받아 마땅하다.

중국을 졸졸 따르는 민주당의 태생적 친중 성향을 십분 헤아린다고 하더라도 '중국을 몰라도 너무 모른다.' 북핵문제 해법으로 한반도 주변 4강과 20년 동안 매달린 '6자회담'이 다람쥐 쳇바퀴 돌듯이 겉돈 이유는 6자회담 운영의 주도권을 쥐고서도 지속적으로 방관자 행세를 한 중국에 있다는 것을 직시한다면 겉과 속이 다르지 않은 중국의 속마음을 파악하는 계기가 되지 않을까싶다.

"중국의 패배에 베팅하는 이들이 아마 앞으로 반드시 후회하지 않을까한다"는 싱 대사의 발언에 대해 이 대표는 고개를 끄덕이며 수긍하는 입장이었다. '반미·친중' 기조의 문재인 정부의 대북정책은 결국 한국의 동북아 균형자론이었고 미·중 사이 균형외교를 가장한 줄타기 외교로 치달았다. 두 강대국 사이에서 균형을 잡는 외교는 현실적으로 가능하지도 않다. 어느 한쪽 편에 서지 않는 외교는 그 어느 나라의 도움도 받지 않겠다는 선언과 마찬가지다. 그래서 균형이라는 명분아래 노골적인 '친중'외교를 폈음에도 중국은 우리의 균형외교를 지지하지 않았고 믿지도 않았다. 국빈방문을 하고서도 혼밥 신세를 면치 못하게 외교적 수모를 준 것이 친중균형(?)외교의 참혹한 결과다.

베팅발언 뿐 아니라 싱 대사는 한중 경제협력에 대해서도 '무조건 중국에 투자하면 언젠가는 분명히 중국 경제성장의 보너스를 누릴 것'이라고 말했다. 이미 헝다그룹 등 중국 부동산재벌의 파산 등 중국경제의 급락세가 드러나면서 중국당국이 특단의 경기부양책을 발동하고 있던 상황이었다. 무엇을 믿고 중국경제의 성장을 철썩같이 믿고 중국에 지속적으로 투자하라고 강권하는 지 싱 대사의 배짱이 놀라울 따름이다. '중국붕괴론'은 성급하지만 중국의 고도성장은 더 이상 기대하기 어려운 상황 아닌가?

"미국이 전력으로 중국을 압박하는 상황 속에서, 일각에서 미국이 승리할 것이고 중국이 패배할 것이라는 베팅을 하고 있는 것 같다. 하지만 이는 분명히 잘못된 판단이고 역사의 흐름도 제대로 파악하지 못한 것이다. 현재 중국의 패배를 베팅하는 이들이 아마 앞으로 반드시 후회하지 않을까 한다."

이것이 제1야당 대표를 대사관저로 불러놓고 (민주당)유튜브로 생중계되는 가운데 내정간섭도 불사하겠다는 내용의 일장연설을 늘어놓는 일개 대사의 무례한 행태다.

당 대표가 중국 측으로부터 외교적 수모를 당하면서 파장이 일었음에도 일주일이 지나기도 전에 민주당 의원들은 대거 중국방문 및 여행에 나서서 국민적 비난이 일었다.

윤석열정부 이후 한중관계가 불편해졌지만 그렇다고 중국 측이 제1야당인 민주당과의 접촉면을 늘리면서 한국의 대중(對中)여론갈라치기를 시도하는 것이라면 국익을 위해서라도 야당은 중국 측의 접근의도를 먼저 파악하고 신중하게 대응하는 것이 순리다. 그러나 민주당은 중국대사를 공개적으로 만나는 것이 윤석열 정부를 압박하는 공세의 일환이라고 여긴 것인지 중국 측의 의도를 아예 몰랐던 것인지 알 수 없지만 중국의 농간에 넘어갔다.

당시 싱 대사는 이 대표와의 회동약속을 잡아놓은 뒤 뒤늦게 국민의힘 김기현 대표와의 면담을 요청했다. 국민의 힘은 싱 대사의 회동요청을 받아들이지 않았다.

김태년, 홍익표, 고용진, 홍기원, 홍성국 등 5명의 더불어민주당 소속 국회의원들이 중국 외교부 초청으로 2023년 6월12일부터 4박 5일 일정으로 중국방문에 나섰다는 사실이 뒤늦게 언론에 포착됐다. 그러자 이들은 중국 외교부 초청으로 방중했다고 초청주체를 밝혔으나 이들을 초청한 단체는 차하얼학회라는 사실이 드러났다. 방중의원들은 방중 이틀째인 13일 베이징에 있는 차하얼학회를 방문, 한팡밍(韩方明) 회장을 예방했다.

싱하이밍 대사의 내정간섭 발언사태 속에 중국 외교부의 공공외교를 보조한다는 외곽단체, '차하얼학회'가 초청장을 보내자 민주당 의원들이 대거 중국에 간 것은 중국 측의 특정의도에 말려든 것 아니냐는 논란이 거세게 일었다.

일반인에겐 이름부터 생소한 '차하얼학회'가 도대체 무엇을 하는 단체인지 학술단체가 아닌데도 학회라는 명칭을 쓰는 것이 이상하다. 중국은 차하얼학회가 '순수한' 민간학술단체이자 민간싱크탱크라고 주장하지만 이 학회의 설립목적이나 초대회장을 맡고 있는 한 회장의 이력, 활동내역 등은 중국공산당의 통일전선 조직의 하나라는 의구심을 감추지 못한다.

차하얼학회는 국내에서는 2019년 연세대학교 신촌캠퍼스에 '연세-차하얼 연구소'를 개소했다. 차하얼학회가 공동설립한 국내 첫 연구소다. 개소식에는 21대 국회 하반기 국회의장이 된 더불어민주당 출신 김진표 의원 등이 참석했고 당시 국회의장 문희상은 축사를 보냈다.

차하얼학회 초청의 홍익표 의원 등의 방중이 논란을 빚고 있는 가운데 다른 민주당 의원 7명도 15일 중국방문에 나섰다. 도종환 의원을 단장으로 한 7명의 민주당 국회의원들은 민주당내 최고의 '중국통'을 자처하는 박정과 김철민·유동수·민병덕·김병주·신현영 의원 등이었다. 동시다발적인 중국의 민주당 공략이었다.

이들의 방중이 어처구니없어 보였던 것은 서방국가에서는 인권탄압을 자행하고 있다며 외면하고 있는 티베트장족 자치구를 방문, 중국의 티베트정책을 지지하는 것처럼 이용되었다는 사실이다.

민주당 의원들은 티베트에서 열린 '제5회 티베트 관광문화 국제박람회'에 참석했는데 이 박람회의 주요 목적은 중국정부가 티베트는 완전하게 중국화됐다는 것을 대외적으로 홍보하기 위한 것이다. 인권을 중시한다는 더불어민주당 의원들이 중국 정부의 인권탄압을 감추기 위한 티베트국제박람회라는 정치적 행사에 들러리 선 셈이다. 미국을 비롯한 서방국가와 국제사회는 이 행사를 아예 외면했지만 민주당 의원들이 행사에 참석, 한국의 야당은 중국의 티베트 정책을 지지한다는 메시지로 오해받을 수 있었다.

이 행사에서 한국대표단장 자격으로 인사말을 한 도종환 의원이 티베트 당서기가 앉아있는 자리를 향해 공손하게 인사를 하는 사진이 공개됐다. 시집 '접시꽃 당신'으로 유명한 도 의원은 "국내에서 (

티벳행사와 관련)어떤 부정적 여론이 있는지 모른다."며 "(티베트 인권탄압은)1951년, 1959년에 있었던 일"이라며 중국의 티베트 탄압이 현재진행형이라는 사실을 외면하는 듯한 발언으로 여론의 질타를 받기도 했다.

이들이 정말로 티베트의 상황을 전혀 모르고 해외여행 삼아서 간 것인지, 알면서도 윤석열 정부의 대중외교에 맞서겠다는 반발 때문에 간 것인지 알 수 없지만 '중국을 몰라도 너무 몰라서 빚어진 해프닝'이라기에는 믿을 수 없는 외교참사였다.

중국의 집요한 '초한전'의 성과라는 점에서 뼈아픈 교훈이 아닐 수 없다.

이런 민주당 중심의 야당정치인들의 맹목적인 '중국바라기' 행보를 야당 탓만 할 수는 없다. 여당의원과 국내 최고위급 공직자들도 차하얼학회와 긴밀한 교류를 하면서 이와 관련, 일말의 경계심도 갖지 않고 오히려 차하얼학회를 한중교류의 핵심교두보로 중요하게 인식하고 있다.

노태우 전 대통령의 장남 노재헌 동아시아문화센터 이사장이 누구보다 적극적으로 차하얼학회와 유대관계를 갖고 친중 행보를 보여 눈길을 끈다. 그는 문재인 정부 말인 2021년 발족한 정부 주도의 '반관반민'성격의 한중관계 미래발전위원회에 사회분과위원으로 위촉될 정도로 한중우호와 관련한 각종 위원회와 포럼에 깊숙하게 관여하고 있다.

민주당 의원들의 방중이 논란이 된 6월 13일 노 이사장도 민주당 의원들과 거의 동시에 베이징의 차하얼학회를 방문했다. 노 이사장도 민주당 의원들과 함께 차하얼학회를 찾아나선 것인지는 확인되지 않았다. 그가 당시 차하얼학회를 찾은 이유가 무엇인지 알려지지는 않았지만 적절한 타이밍은 아니었다.

차하얼학회는 2009년 10월 설립된 민간싱크탱크라고 중국포털 '바이두'(百度, baidu.com)는 설명한다. 대외적으로 해외 정·재·관계 인사와 학자들이 교류하는 학술단체를 표방하고 있지만 실제로는 중국정부를 대신하거나 공공외교를 보조하기도 한다. 따라서 차하얼학회의 실체는 중국공산당의 통일전선조직의 하나라는 것이 맞다.

'국제적인 영향력을 가진 중국 독립적인 민간싱크탱크를 만드는 데 전념하고 있다. 정부의 주요 외교 결정을 위한 정책 제안 및 혁신적인 아이디어를 제공하고 정책과 여론에 영향을 미치며 정부, 연구기관, 기업 및 일반 대중을 위한 커뮤니케이션 및 교류 플랫폼을 구축하고 정책 결정자를 지원하여 국제 개발 동향에 대한 이해를 높이고 변화하는 국제 관계에 효과적으로 대응하고 전 세계 국가 간의 상호 이해를 높이고 정치, 경제 및 사회 문제에 대한 국제 대화 및 협력을 강화한다.

중국과 다른 나라와의 관계 등 외교 및 국제 관계의 주요 문제를 합리적으로 연구하고 평화적인 발전과 조화로운 공생을 위한 건설적인 아이디어와 계획을 제시하는 것이 학회의 과제이다.' 이상이 바이두에 등록된 차하얼학회에 대한 소개다.

차하얼학회는 베이징에서 설립되었지만 베이징에서 수백km 떨어진 허베이(河北)성 샹이(尙義縣)현 차하얼(察哈爾) 목장에 본부가 있다. 차하얼학회라는 명칭은 아마도 예전 몽골 땅인 차하얼 목장에서 차용한 것으로 추정된다. 차하얼은 1912년 청대(淸代) 행정구역을 계승, 1913년 성급(省級) 차하얼특별구(察哈爾特別區)가 되었다가 신중국 건국 이후 특별행정구 자체가 폐지되면서 허베이성에 편입됐다.

베이징 사무실은 하이뎬(海澱)구 상좡진(上莊鎭) 창러춘상위안(常樂村適園)에 있다.

학회 창립을 주도한 인물은 한팡밍(韓方明, 1966년생)회장이다. 그는 10~13기 중국 전국정치협상회의(정협) 위원으로 2008년부터 정협 외사위원회 부주임과 공공외교소조 조장을 역임했다. 한 회장의 이력을 보면 차하얼학회가 순수한 민간싱크탱크라는 주장은 설득력이 없다.

차하얼학회는 중국의 통일전선 프로젝트의 하나인 '일대일로'(一帶一路) 프로젝트에도 관여하면서 역할을 수행하고 있다. 학회 산하 국가정보센터는 2017년 '일대일로 빅데이터보고서'를 발표했다.

이런 성과에 힘입어 중국 내에서 가장 영향력 있는 싱크탱크의 하나로 자리매김했다.

차하얼학회는 한국 내 영향력 확대도 추진 중이다. 2014년 한반도 평화연구센터를 설립한데 이어 2015년부터 경기도 의정부시와 '한·중 공공외교 평화포럼'을 공동 개최하고 있다. 2017년 의정부시에 안중근 동상(의정부역 광장 설치)을 기증했고, 2018년 한 회장은 '한중 사드갈등 조율' 공로를 명분으로 문재인 정부로부터 수교훈장 흥인장을 받았다. 아이러니한 일이 아닐 수 없다. 사드배치에 대한 중국의 보복조치가 지속되고 있는 와중에 중국 통일전선조직의 하나로 의심받은 단체의 수장에게 한국정부가 훈장을 수여한 셈이다. 한 회장은 아마도 중국 측과 조율한 사드해법 '3불1한' 협상과정에 깊이 관여하지 않았을까 추측된다.

중국공산당의 통일전선공작을 충실하게 수행해 온 사실상의 '스파이기관'(?) 수장에게 수교훈장을 주는 나라가 대한민국이다. 차하얼학회는 국내 여론을 중국에 전달해서 중국에 반한감정을 누그러뜨리는 역할을 하는 것이 아니라 오히려 중국공산당과 중국정부의 입장을 국내 친중 인사들에게 확산시키는 역할을 하면서 사드에 대한 중국의 반대논리를 끊임없이 확산시켜왔다.

덧붙이는 말

★ "왜 중국을 집적거려요. 그냥 (중국에) '셰셰'(谢谢·감사합니다), 대만에도 '셰셰' 이러면 되지 뭐 자꾸 여기저기 집적거리나. 양안 문제 우리가 왜 개입하나? 대만 해협이 뭘 어떻게 되든, 중국과 대만 국내 문제가 어떻게 되든 우리가 뭔 상관 있나? 그냥 우리는 우리 잘 살면 되는 것 아닌가?"

'셰셰'하면서 양손을 맞잡은 그의 표정은 비굴해보였다. 충격적이고 참담했다. 출간을 눈앞에 둔 시점에 공교롭게도 4.10 총선 선거운동이 시작됐고 총선에 출마한 야당대표의 발언이라기엔 누구나 지나치다고 생각할 정도로 친중(親中) 사대주의적이었다. 아니 사대주의를 넘어 아예 '중국부역자'의 그것이라고 해도 무방할 정도로 수위가 높았다. 게다가 일회성으로 무의식적으로 뱉어버린 실언도 아니었다. 전국을 돌아다니면서 연일 윤석열 대통령의 대중(對中)외교를 비판하려고 꺼낸 이재명 더불어민주당 대표의 언어는 한·중관계의 근간을 송두리째 흔드는 충격이었다.

우리가 언제 중국에 집적거린 적이 있었던가? 중국에 굽신거리고 굴종적인 자세를 보인 건 문재인 정부였고, '셰셰'한 이재명 대표다. 정권을 교체한 윤석열 정부는 친중 편향 전임 정부의 대중외교를 정상화시켰을 뿐이다. 그것을 이 대표는 중국에 집적거렸다고 여긴 것이다. 지극히 친중사대적이고 전형적인 중국부역자의 자세다.

지난 대선에 출마해서 낙선한 정치지도자의 대중인식이 이정도로 바닥일 줄은 누구도 상상하지 못했다. 이 책의 본문에서 짚은 적이 있지만 2023년 여름 싱하이밍 중국대사의 대사관저 오찬에 응해 '베팅발언'에 수긍하면서 파장을 불러일으킨 싱하이밍사태가 그저 우연찮게 벌어진 해프닝이 아니었다는 사실이 확인된 셈이다.

"공연히 잘 있는 중국에 쓸데없이 과도하게 시비를 걸어서 관계를 악화시킬 필요가 없다. 대만해협을 갖고 그들이 싸우든 말든 우리는 '기존질서를 존중한다.'고 우아하게 한마디 하고 넘어가면 된다."

이 대표의 이상한 대중인식은 연일 노출되고 있다. 좋았던 한·중 관계가 우리가 트집잡고 시비걸어서 악화된 것인가? 시진핑 국가주석이 기회 있을 때마다 대만과의 통일을 주장하면서 양안관계의 현상변화를 추구하고 있는데도 우리는 양안관계에 대해서는 '강 건너 불구경하듯이' 뒷짐 지고 있어야만 하는 지 대답하라. 현상유지가 아니라 현상변화를 추구하고 있는 주체는 중국이다. '기존 질서를 존중하라'가 우리 정부의 일관된 양안관계 입장이다. 대만 무력침공 등으로 동북아 안보를 뒤흔들지 말라는 것이 윤석열 정부의 기본 입장이다.

이번 기회에 이재명 대표의 '대중사대주의'는 문재인 전 대통령보다도 견고하게 구축돼 있다는 것을 확인했다. 그의 중국 관련발언은 이를 그대로 보여준 것이다.

'무조건 중국에 투자하면 언젠가는 분명히 중국 경제성장의 보너스를 누릴 것'이라고 장담하는 중국 대사에게 이 대표는 '셰셰' 하며 맞장구쳤다. 과연 그럴까? 중국 경제는 위기를 맞고 있다. 과거와 같은 고도성장을 더 이상 기대하기 어렵다. 그러나 이 대표는 "(우리가 중국을) 자꾸 집적거려서 중국 사람들이 우리나라를 싫어해서 (한국산을) 사지 않는다. 그래서 우리나라 최대 흑자·수출 국가 중국이 지금은 최대 수입 국가가 돼 버렸다"고 양국 간 교역 상황을 호도했다. 중국의 사드 보복 조치 이후 우리의 최대 교역 국가는 중국이 아니라 미국으로 전환됐다.

중국의 사드 보복에 대해서도 그는 대한민국의 주권을 무시한 어처구니없는 조치로 여기지 않는 모양이다. 문재인 정부가 ▷추가 배치를 하지 않고 ▷미국의 MD에 가입하지 않으며 ▷한·미·일 군사동맹으로 발전시키지 않으며, ▷기존 사드도 운용하지 않는다는 '3불1한'(3不1限)을 중국과 비밀 합의한 것이 이 대표가 중국과 하라는 '셰셰'의 결과다. 문재인 전 대통령이 '중국은 높은 산봉우리이자 대국'이라고 치켜세우면서 '중국몽에 함께 하겠다'고 '셰셰' 한 이후 받아든 것이 '3불1한'이란 굴욕이었다.

'이재명의 셰셰'는 문 전 대통령의 중국몽 동참 선언보다 더 추악한 부역행위로 역사에 기록될 것이다.

입 닥치고 중국에게 머리 숙이고 '셰셰'하라는 이 대표는 주권국가의 자주 외교라는 기본을 저버린, '중국 부역자'의 입장이다. 중국이 무슨 짓을 하든, 고개 숙이고 '셰셰'만 하면 아무 일도 일어나지 않고 우리는 잘 살 것이라는 이 대표의 인식은 차기 대권을 염두에 둔 정치지도자의 대중외교인식이 아니다. 근거 없는 낙관주의와 대중(對中) 사대주의의 기괴한 결합이다. 결과적으로 이 대표 역시 중국부역자라는 사실이 들통났다.

리영희 교수로부터 시작된 잘못된 중국관이 김용옥 교수와 문재인 전 대통령, 이재명 대표를 비롯한 야권과 진보진영의 의식을 지배하고 있다. '중국부역'의 뿌리는 깊고 오래지 않았지만 그들은 '친중·친북'을 기본노선, 진영본색으로 여기면서 공공연하게 중국옹호에 나서고 있다.

이 대표는 대선후보로 나선 2022년 10월 중국공산당 제20차 전국대표대회(당 대회)가 열리자 축전을 보내 장기집권의 길에 들어선 시 주석의 3연임을 축하했다. 이 대표의 거듭된 친중사대행보는 그가 오래전부터 중국에 포섭된 중국부역자가 아닌가 의심하게 한다. 국내에서 활동하는 공인된(?) '중국스파이' 의혹을 받기도 한 중국공산당 기관지 인민일보의 인터넷망, '중국인민망' 한국지사의 저우위보대표 10여년 이상 공을 들인 세력이 있다면 이 대표 등 '친중'성향이 보다 강한 진보진영 정치권이었다.

그가 성남시장 시절부터 저우위보와 친분을 쌓기 시작한 사실이 인민망을 통해 확인된다. 2012년 저우 대표가 기획한 〈중한수교 20주년 특별기획' 한국 시장 20인 인민망 단독 인터뷰〉에 이재명 성남시장은 당당히 포함됐다. 2021년 경기도지사 시절에는 인민망이 기획한 〈춘절(春節)신년 인사〉에도 ▷정세균 전 국무총리, ▷박병석 전 국회의장 ▷도종환 의원(더불어민주당) ▷양승조 전 충남지사 등 4인의 민주당출신 고위공직자들과 함께 14억 중국인들에게 신년인사를 하기도 했다. 중국인과 친하고 싶었던 것일까? 노영민의 '만절필동'처럼 사회주의 종주국 중국에 충성맹세를 한 것일까?

이재명 대표 뿐 일까? '친중' 수준을 상회하는 노골적인 '중국부역자'들은 우리 사회 주요 포스트를 장악했다. 대한민국은 중국의 초한전이 가장 활발하게 전개되고 있는 중국의 주요 무대다. 그럼에도 우리는 대중 경각심은 고사하고 중국을 결사 옹위하는 '중국바보'들이 곳곳에 포진하고 있고 중국과의 더욱 밀접한 관계를 주장하는'중국통'친중인사들의 숫자도 헤아릴 수 없이 많다.

그들이 우리사회의 정치·경제·문화 등을 서슴없이 비판하면서도 중국정부와 중국공산당, 그리고 시진핑 주석이나 중국체제를 조금이라도 비판하거나 비난하는 것을 본 적이 없다. 단 한 번이라도 중국을 향해 쓴소리를 날렸다가는 '반중블랙리스트'에 오르게 된다는 것을 그들은 잘 알고 있다. 문화대혁명 때 소위 '반혁명분자(分子)로 찍혀 인민재판에 조리돌림되듯이 '반중(反中)인사'라는 주홍글씨를 낙인찍은 채 중국의 협박과 보복을 당할까 두려워하기 때문이다.

우리 사회에선 중국에 대한 비판은 절대적 금기(禁忌)사항이 아니다. 중국과 이웃으로서 더 잘 지내기위해서라도 우리는 중국의 과거, 현재 그리고 미래를 정확하게 파악하고 예측해야 한다. 그들의 약점과 단점을 알고 장점에 대해서는 박수칠 수 있다. 아무리 우마오당 등 댓글부대를 통해 우리의 여론을 뒤흔들려고 해도 흔들리지 않고 흔들 수 없는 나라라는 것을 보여줘야 한다.

〈중국부역자들〉은 '시진핑 중국'의 실체와 그들을 추종하고 있는 우리사회의 중국부역의 뿌리를 분명하게 드러내, 보다 건강한 한중관계를 발전시키는 계기가 되기를 바란다. 그것뿐이다.

2024. 03.

★ 참고도서

- 自由人 자유인 리영희 교수의 세계 인식 이영희 범우사 1990.8.15.
- 偶像과 理性 이영희 평론집 한길사 1977.11.1.(증보1판 1980.3.10.)
- 전환시대의 논리 창작과 비평사 초판1974.6. 2판 22쇄 2018.12.
- 歷程 -나의 청년시대- 자전에세이 창작과 비평사 1988.3.15.
- 8億人과의 對話 -현지에서 본 중국대륙 창작과 비평사 1977.9.1.
- 10億人의 나라 毛澤東이후의 中國大陸 두레 1985.1.30.
- 리영희 살아있는 신화 김민수 나남출판 2003.8.15.
- 대화 리영희 대담 임헌영 한길사 2005.3.10.
- 이문열과 김용옥 상, 하 문화특권주의와 지식폭력 강준만 인물과사상사 2001.9.28.
- 중국몽의 추락 이승우 기파랑 2020.8.20.
- 중국의 조용한 침공 클라이브 해밀턴 지음 김희주 옮김 세종 2021.6.4.
- 미중 카르텔 박홍서 후마니티스 2020.9.4.
- 중국공산당의 스파이전쟁 1027-1949 홍운표 렛츠BOOK 2020.
- 짱깨주의의 탄생 김희교
- 평화의 힘 최종건 메디치 2023.6.20.
- 좌파 문화권력 3인방 백낙청 리영희 조정래 비판 조우석 백년동안 2019.
- 하늘 아래 딱 한송이 노영민 시집 나무생각 2015.07.
- 제국의 충돌 홍호평 하남석 옮김
- 시진핑 소마 마사루 이용빈 옮김 한국경제신문 2011.10.1.
- 중국일기
- 도올, 시진핑을 말한다(증보판) 김용옥 2018.
- 충칭의 붉은 봄 서명수 서고 2021.

중국 부역자들
中國附逆者들

2024년 04월 04일 초판 발행
2024년 04월 04일 초판 1쇄

지은이　서명수

발행인　서고
발행처　서고
주소　(36744) 경상북도 안동시 공단로 48
전화　054-856-2177
Fax　054-856-2178
E-mail　diderot@naver.com

ISBN　979-11-979377-7-4 03340

*이 책은 저작권법에 따라 보호를 받는 저작물이므로 무단전제와 복제를 금합니다.
*파본은 책을 구입한 서점이나 출판사에서 교환해드립니다.